훈민정음(언문 · 한글)
논저 · 자료 문헌 목록

훈민정음(언문·한글)
논저·자료 문헌 목록

김 슬 옹 엮음
정 우 영 감수

역락

글쓴이가 대학과 대학원을 다니던 1980년대만 하더라도 국문과라면 으레 '훈민정음강독'이라는 강좌가 따로 있었다. 그러나 요즘은 이런 과목을 개설한 대학교는 손에 꼽을 정도다. 국어 선생님이 될 학생들을 가르치는 사범대에서조차 '훈민정음(訓民正音)'을 제대로 가르치지 않는다. 교육대학 역시 마찬가지다. 훈민정음을 전문적으로 연구하는 이조차 손에 꼽을 정도다. 얼마 전, 훈민정음학회 학술대회에 참석하였는데 원로 선생님들께서도 훈민정음 연구하는 젊은이들이 적다고 탄식을 하셨다.

훈민정음이라는 문자의 역사도, 그 문자를 해설한 훈민정음 해례본의 역사도, 그러한 문자나 해례본을 연구해온 역사도 모두 고난의 연속이었지만, 그러한 고난 속에서도 훈민정음이 끊임없이 연구되었기에 더욱 값지다. 오늘날 전 세계의 권위 있는 문자학 연구자들이 한결같이 훈민정음(한글)을 극찬해 '인류의 위대한 지적 성취'로 평가하고 있지만, 실지로 한국에서는 그에 대한 연구가 그리 활발하지 못한 듯해 안타깝다.

필자도 2005년 훈민정음 역사 연구로 박사학위를 받았지만 비전임교수로 떠돌다 보니 한 번도 정규 강의를 해 본 적도 없고 제대로 연구를 할 형편도 되지 못하였다. 그러나 훈민정음 연구에 대한 열정은 멈출 수 없어 2007년도에, 스스로 연구에 채찍을 가하기 위해 "김슬옹(2007). '훈민정음' 영인본과 연구 문헌 목록 구성. 한글 278호(겨울호). 한글학회. 139-224쪽."을 만들어 보았었다. 오늘날 관련 연구자들이 그 연구의 일부를 활용하고 있는 것은 매우 감사한 일이기는 하나, 필자의 눈으로 볼 때 그 목록은 미흡한 점이 많지 않았나 생각된다. 이제 수정과 보완을 거쳐 그 목록을 완성하여 세상에 내놓게 되었다.

이 자료가 훈민정음에 애정을 가지고 연구하고자 하는 지구촌의 많은 분들께 조금이나마 도움이 되었으면, 그리고 이미 여러 선학들이 이룩해 놓은 훈민정음 연구 수준을 한층 더 끌어올리는 데 작은 씨앗이나 되었으면 한다.

삼가 김슬옹 적음

··· 일러두기

이 자료는 2015년 8월 31일까지 발표된 <훈민정음> 해례본과 언해본의 영인본, 그리고 훈민정음 연구 문헌에 대한 종합 목록이다. 전체를 영인본과 단행본, 학위 논문, 일반 논문으로 나누어 구성하였다. 이 분야의 연구 목록은 그동안 여러 학자들이 작성해온 바 있는데, 이 책에서는 그 목록을 모두 수렴한 후 대폭적으로 보완하여 종합·집성하였다.

이번 목록 구성의 주요 특징은 분류를 세분한 것이다. 분류 기준과 방식을 더 자세히 나누어 정보 이용의 생산성을 높였다. 영인본은 원 텍스트 갈래에 따라 '해례본·언해본', 그리고 영인 방식에 따라 크게 단행본식과 부록식으로 나누었다. 일반 논문은 문자론, 동기와 목적론, 기원론, 창제 주체론과 세종, 제자 원리와 발음, 서지, 보급, 번역과 주석, 연구사, 연구학사, 훈민정음 창제 기관 등의 주제어로 분류하였다.

01. 논문 제목 표기 방식은 서지 정보의 충실성을 위해 되도록 제목의 원문 표기를 그대로 살리고자 하였다.

02. 기존의 연구 목록 및 '훈민정음' 영인본과 연구문헌 목록 구성에서 발견되는 여러 오타를 바로잡고자 하였다.

03. 현대 한글만을 다룬 문헌은 제외하였으나, 15세기의 훈민정음과 비교하였거나 훈민정음의 역사적 맥락을 다룬 문헌은 목록에 포함시켰다.

보기 : 홍종선 외(2008). <세계 속의 한글>. 박이정.

04. 출전 책자 '호, 집'의 명칭은 생략하였다(예 : 인문과학 4호 → 인문과학 4). 단, 권과 호가 같이 나올 경우는 '4권 1호'와 같이 그대로 두었다.

05. '세종 시대의 보건 위생 연구'와 같은 훈민정음 연구와 직접 연관이 안 되는 것은 모두 제외하였다. 그러나 훈민정음 연구와 관련이 있는 음악, 천문학 관련 연구는 이 목록에 포함시켰다.

06. 여러 논문을 모아 단행본으로 펴낸 경우, 단행본 목록과 논문 목록 모두에 포함시켰다.

07. 주제가 여러 분야에 걸친 경우는 주된 분야에만 실었다. 어느 한 분야에 포함시킬 수 없는 것은 '종합·기타'편으로 분류해 놓았다.

08. 외국인의 글이라 하더라도 국내에서 한글 표기로 실린 논문은 국내 편에 소개하였다.

09. 논문이나 자료 소통의 맥락을 중요하게 여겨 다음 보기와 같이 재수록 출전을 밝혔다.

보기 :

김완진(1975). 訓民正音 子音字와 加劃의 原理. <어문연구> 7·8 합병호(일석 이희승 팔순기념 특대호). 한국어문교육연구회. 일조각. 186-194쪽. 재수록1 : 김완진(1996). <음운과 문자>. 신구문화사. 346-357쪽. 재수록2 : 이기문(1977). <국어학 논문선> 7(文字) 민중서관. 217-227쪽. 재수록3 : 고영근 편(1985). <국어학 연구사-흐름과 동향>. 학연사. 232-242쪽.

10. 이 목록의 기초 작업에는 다음과 같은 종합 서지 목록을 많이 참조하였다.

보기 :

김윤경(1932). 한글 研究 材料의 文獻. <한글> 6. 조선어학회. 236-255쪽. 재수

록 : 한결 金允經全集 2 : 朝鮮文字及語學史(연세대학교 출판부. 1985). 678-767쪽.

최범훈(1985). 國語史 論著目錄. <韓國語 發達史>. 통문관. 193-249쪽.

신창순(1990). 訓民正音 硏究 文獻 目錄. <정신문화 연구> 38. 한국정신문화연구원. 213-229쪽.

이현희(1990). 訓民正音. 서울대 대학원 국어연구회 편(1990). <국어 연구 어디까지 왔나>. 동아출판사. 615-631쪽.

박지홍(1992). 초창기 '한글'에 실린 글에 대한 평가와 검토-'훈민정음 연구' 분야에 대하여. <한글> 216. 한글학회. 115-142쪽.

이근수(1992). 訓民正音. 고영근·성광수·심재기·홍종선 편. <국어학 연구 100년사>(약천 김민수 선생 정년퇴임 기념) II. 일조각. 491-500쪽.

홍윤표(1993). 국어사 관계 문헌 연구논저 목록. <國語史 文獻 資料 硏究 1 : 近代篇>. 태학사. 443-552쪽.

이현희(1996). 중세 국어 자료(한글 문헌). <국어의 시대별 변천·실태 연구> 1. 국립국어연구원. 210-524쪽.

김민수 외(1997). <외국인의 한글 연구>. 태학사.

김영배(2000). 연구 자료의 영인 : 훈민정음의 경우. <새국어생활> 10권 3호. 국립국어연구원. 161-169쪽.

문화관광부 한국어세계화재단(2004). <100대 한글 문화유산 정비사업 결과 보고서>. 문화관광부. 13-28쪽.

박창원(2005). <훈민정음>. 신구문화사. 313-329쪽.

김슬옹(2007). '훈민정음' 영인본과 연구 문헌 목록 구성. 한글 278(겨울호). 한글학회. 139-224쪽.

Hyeon-hie Lee(이현희, 2010). "A Survey of the History of Hunminjeongeum Research. *SCRIPTA vol.2.* The Hunminjeongeum Society(훈민정음학회). pp.15-59.

11. 비학술인 자료라 하더라도 중요한 사건이나 주제를 다룬 것 가운데 훈민정음과 직접 관련된 것은 포함시켰다.

12. 훈민정음 음운론 분야 세부 주제(초성, 중성, 종성)별 목록은 별도로 보완해나갈 예정이다.

13. 단행본의 일부로서 '훈민정음'을 비중 있게 다룬 문헌도 포함시켰으며, 가능하면 관련 부분을 주석으로 표시하였다.

보기 :
최준식(2007), 세계가 높이 산 한국의 문기, 소나무.
　('미스터리 문자, 한글/한글 배우기 쉬운 데는 어떤 원리가 있다/한글의 무한한 가능성/한글의 발달사 및 수난사' 등을 다루었다.)

14. 1부는 저자별 가나다순, 2부는 발표순으로 구성하였고, 구체적인 분류 구성 항목은 이 책의 차례와 같다.

15. 같은 저자, 같은 연도가 이어져 나올 때는 다음과 같이 '가, 나'로 구별하였다. 먼저 나온 논문이 어느 것인지 확실하지 않을 때는 제목의 기준으로 가나다 순서로 배열하였다.

보기 :
이정호(1972가), 訓民正音의 易學的 硏究, <논문집>(인문·사회과학 편) 11,
　　　　충남대학교, 5-42쪽.
이정호(1972나), 訓民正音圖에 對하여, <백제연구> 3, 충남대 백제연구소,
　　　　99-110쪽.

16. 제목에서 분류 근거를 찾기 어려운 것은 주석으로 분류 근거를 밝혔다.

제1부

연도순

<훈민정음> 해례본 영인본과 활자본 목록*

1. 단행본식 영인본(일부 석판본 포함)1)

1.1. 해례본

조선어학회 편(1946). <訓民正音>. 보진재.1)

조선어학회 편(1948). <訓民正音>. 보진재(정인승 해제본).2)

한글학회 편(1985). <訓民正音>. 한글학회.3)

한글학회 편(1998). <訓民正音>. 해성사.4)

오옥진 판각(2003). <訓民正音>. 통문관.

간송미술문화재단 편(2015). <訓民正音>. 교보문고.5)

---

* 영인본의 문제와 상호 관계에 대해서는 김영배(연구 자료의 영인 : 훈민정음의 경우.
   <새국어생활> 10권 3호. 국립국어연구원. 2000. 161-169쪽)의 글 참조.
1) 훈민정음 원본과 같은 방식으로 하되. 지저분한 곳을 없애고 다듬어 영인한 최초의
   다듬본 영인본. 발행일 : 4279년 10월 9일. 다듬었지만 첫 두 장은 1940년에 발견된
   간송미술관 소장본을 그대로 따름으로써 세종 서문 끝 글자가 '-耳'자가 아닌 '-矣'
   자로 되어 있다.
2) 조선어학회 편(1946)을 해제(별책)를 붙여 다시 펴낸 것임. 이 책의 정인승 해제는 古
   本 訓民正音의 연구(<한글> 82. 조선어학회. 1940)를 재수록한 것임.
3) 이 책은 조선어학회(1946)의 영인본을 축쇄 영인한 것이다.
4) 원본 형태 그대로 하되, 잘못된 점은 수정한 다듬본 영인.

1.2. 언해본

박승빈 편(1932). <訓民正音>. 동광당서점.6)

1.3. 해례본과 언해본 합본

한국고전총서간행위원회 편(1973). <訓民正音>. 대제각.7)
글무리 편(1992). <訓훈民민正정音音>. 솔터.8)

1.4. 해례본과 언해본 합본과 여러 판본 입체 영인

세종대왕기념사업회 편(1996). <세종학 연구> 11. 세종대왕기념사업회.9)
세종대왕기념사업회 편(2003). <훈민정음>. 세종대왕기념사업회.10)

---

5) 간송본(1940)과 똑같이 펴낸 최초의 복간본. 김슬옹 해제/ 강신항 감수.
6) 언해본 영인. 판심 있음. 바탕면 다듬음. 부록 1. 훈민정음원서의 고구. 부록 2. 조선어
   학강의 발록(拔錄). 솔무리 편(1992)에서 영인.
7) 해례본 : 다듬본. '-矣' 계열. 판심 제거.
8) 박승빈본(1932)과 대제각 영인본(해례본. 언해본)을 재영인. 해례본 : 판심 제거, '-矣'
   계열. 사진본 바탕 다듬음.
9) 훈민정음 한문본 아홉 종과 언해본 네 종 수록. 한문본. 1. 훈민정음 원본 : 간송미술
   관 소장(정음문고 111호 : 훈민정음 원본 역주 : 박종국). 2. 훈민정음 원본 : 조선어학
   회 영인본(1946년). 3. 훈민정음 원본 : 한글학회 영인본(1997년). 4. 훈민정음 원본(책
   판) : 1979년 오옥진 판각. 5. 세종실록 훈민정음 원본(태백산본) : 정부기록보존소 부
   산지소 소장본. 6. 세종실록 훈민정음 원본(정족산본) : 규장각 소장본. 7. 훈민정음 원
   본 배자예부운략본(세종대왕기념사업회 소장본). 8. 훈민정음 원본 열성어제본(박종국
   님 소장본). 9. 훈민정음 원본 경세훈민정음 원본도설본(연세대학교 인문과학연구소
   영인본) 언해본. 1. 서강대학본 : 서강대학교 도서관 소장본. 2. 박승빈본 : 고려대학교
   도서관 소장본. 3. 희방사본 : 세종대왕기념사업회 소장본. 4. 일본 궁내성본 : 서울대
   학교 도서관 소장본.
10) 세종대왕기념사업회가 <세종학 연구> 11(세종대왕기념사업회. 1996)의 영인본에
    세 이본을 추가하여 재영인.

2. 다른 국어사 자료와 함께 영인한 책

우현기 엮음(1938년/1944년 : 재판). <한글 歷代選>. 중앙인서관장판.[11]

국어학회 편(1972). <국어학자료 선집> Ⅱ. 일조각.

국어학회 편(1973). <국어학자료 선집> Ⅳ. 일조각.

한국어문학회 편(1973). <중세어문선>. 형설출판사.

권재선·이현규 공편(1982). <고어자료선>. 학문사.[12]

박은용·김형수 공편(1984). <國語資料 古文選>. 형설출판사.[13]

이명규 편저(1984). <註解 中世國語選>. 동성사.[14]

한국학연구소 편(1985). <原本 訓民正音·龍飛御天歌·訓蒙字會>. 대제각.

조선어학과연구실(朝鮮語學科硏究室)(1987). <中世朝鮮語 資料選>. 日本 : 東京
          外國語大學校.[15]

한국어학연구회 편(1994). <국어사 자료선집>. 서광학술자료사.[16]

고영근·남기심 공편(1997). <중세어 자료 강해>. 집문당.[17]

한말연구회 편(2000). <국어사 강독선>. 박이정.

---

11) 활자 재현본으로 "훈민정음, 용비어천가, 월인천강지곡, 두시언해, 훈몽자회, 송강가
    사, 사서언해, 소학언해, 창세기" 등이 일부 해제와 함께 재현 활자로 실려 있다.
12) 훈민정음 해례본 다듬본.
13) 훈민정음 해례본, 언해본 모두 판심 제거 다듬본.
14) 훈민정음 해례본은 판심 제거 다듬본.
15) 훈민정음 해례본, 김민수(1957) 수록 영인본 재수록. 판심 제거 다듬본.
16) 훈민정음 언해본. 영인 출처 없음. 판심 제거 다듬본.
17) 언해본 영인. 영인본 출처 없음. 판심 제거 다듬본.

3. 단행본 부록과 잡지 속 영인본

3.1. 해례본

조선어학연구회 편(1940). 訓民正音. <정음> 33. 조선어학연구회. 1-22쪽.18)

김윤경(1948/1954 : 4판). <韓國文字及語學史>. 동국문화사.19) 재수록 : 한결 金
        允經全集 1 : 朝鮮文字及語學史(연세대학교 출판부. 1985).

이상백(1957). <한글의 起源>. 통문관.

Lee Sang-baek. Litt. D(1970). A History of Korean Alphabet and Movable
        Types. Ministry of Culture and Information Republic of Korea.20)

이정호(1972). <(해설 역주) 訓民正音>. 한국도서관학연구회.21)

이정호(1974). <역주 주해 훈민정음>. 아세아문화사.

이정호(1975). <訓民正音의 構造原理 그 易學的 硏究>. 아세아문화사.22)

렴종률·김영황(1982). <훈민정음에 대하여>. 평양 : 김일성종합대학출판사.23)

윤덕중·반재원(1983). <훈민정음 기원론>. 국문사.

이정호(1972·1986 : 개정판). <국문·영문 해설 역주 훈민정음>. 보진재.24)

강신항(1987·1990 : 증보판·2003 : 수정증보). <훈민정음연구>. 성균관대학
        교출판부.

---

18) 전형필본을 베껴 쓴 필사본(모사본)을 필기체 인쇄로 재현하였다.
19) 책 중간에 번역과 함께 해례본 영인본이 실려 있다. 이 책의 최초 원판은 "김윤경
    (1938). 조선문자급어학사. 조선기념도서출판관."이나 이때는 번역이 실리지 않았다.
20) 조선의 초기 활자본(Early Movable Types in Korea)에 대한 김원룡의 글과 고금진보
    등 17개의 옛 특정 사진 자료가 실려 있다. 해례본 : 사진본 일부 다듬음.
21) 영인본 출처 안 밝힘. 판심 제거 다듬본 계열. 첫 장 서문 '-矣'
22) 영인본 출처 안 밝힘. 사진본(간송미술관 소장본 계열 사진본 계열. 단 세종서문 두
    장은 필사본, 다른 필사본과도 다름). 이정호(1986 : 개정판) 다듬본 첫 두 장과 같음.
23) 북한쪽 영인본 수록. 영인본 출처 안 밝힘. 차례를 현대식(오른쪽에서 왼쪽)으로 쪽
    수 재배열. 판심제거. 제자해부터 영인.
24) 이정호(1972). "<(해설 역주) 訓民正音>. 한국도서관학연구회."에 대한 개정판. 영인
    본 출처 안 밝힘. 판심 제거 다듬본 계열. 첫 쪽 서문 '-耳'.

신상순·이돈주·이환묵 편(1988). <훈민정음의 이해>. 한신문화사 : (Translated
  by Language Research Center Chonnam National University. 1990.
  Understanding Hunmin-jongum. Hanshin Publishing Company)[25]

김정수(1990). <한글의 역사와 미래>. 열화당.[26]

권재선(1992). <한글 연구(I)>. 우골탑.[27]

권재선(1994). <바로잡은 한글-국문자론->. 우골탑.

반재원(2002). <한글의 세계화 이대로 좋은가 : 한글 국제화를 위한 제언>.
  한배달.

김명호(2005). <한글을 만든 원리-누구나 아는 한글 아무나 모르는 음양오
  행>. 학고재.

한국어연구회(2007). <한국어연구> 4(서울대 규장각 상백문고본). 역락.[28]

박문기(2011). <정음 선생 : 문화대국을 여는 길>. 엠에스북스.[29]

趙義成 譯註(2010). <訓民正音>. 平凡社(일본).[30]

---

25) 영인본 출처 안 밝힘. 판심 제거 다듬본 계열. 첫 장 서문 '-矣'

26) 영인본 출처 안 밝힘. 판심 제거 사진본 계열. 첫 장 서문 '-矣'. 장 표시를 해례본
  방식 따름(正音 一 -四. 正音解例 一 - 正音解例 二十九.

27) 복원되었다고 하는 표지와 1-4쪽을 뺀 나머지 사진본 수록(309-369쪽). 현재 전하
  는 원본을 바탕으로 세종 당대의 초간본이라 생각하는 권재선 복원본을 최초로 실
  음(565-591쪽).

28) 안병희(2007). 송석하(宋錫夏) 선생 투사(透寫)의 '훈민정음(訓民正音)'. <한국어연구>(안
  병희 교수 추념호) 4. 한국어연구회. 127-130쪽. 이 판본 유래는 방종현(1946. 역자의 말
  1쪽)의 글에 다음과 같이 기록되어 있다.
  "慶北 義城에서 訓民正音의 原本에 가까운 古本이 나와서 市內 全螢弼氏 所藏으로 貴重
  하게 保存이 되었다. 이 古本이 나타날 때에 그 模寫本의 二部가 同時에 世上에 나왔다.
  그런데 이 二部中 一部가 洪兄의 손에 들어왔고 他一部가 宋錫夏氏에게 차지된 것을 알
  았다. 그리하야 洪兄의 것은 곳 그 飜譯으로 朝鮮日報에 나타나고 또 朝鮮語學硏究會의
  發行誌인 <正音> 第三十五號에 原文全部의 그대로를 揭載하여 一般의 資料로 提供하게
  되었다. 또 宋兄의 模寫本은 朝鮮語學會의 <한글> 誌 第八卷 第九號에 <古本訓民正音
  의 硏究>라는 題目으로 鄭寅承氏가 發表하는 資料로 된것을 우리는 잘 안다."

29) 해례본 가운데 제자해부터 영인. 축소영인. 판심제거. 다듬본.

30) 사진본.

3.2. 언해본

조선어학회 편(1927). <한글 동인지> 1. 조선어학회.31)

서강대 인문과학연구소 편(1972). <월인석보(月印釋譜)> 권1·2. 서강대학교.

세종대왕기념사업회 역주(1992). <역주 월인석보> 제1·2. 세종대왕기념사
업회.

강규선 편(1998). <월인석보> 권1·2. 보고사.

조규태·정우영 외(2007). <훈민정음 언해본 이본 조사 및 정본 제작 연구>
(학술연구용역사업보고서). 문화재청.

최명재(2011). <訓民正音의 숨겨진 진실>. 한글정음사(복원본 수록).

3.3. 해례본과 언해본 합본

김민수(1957). <註解 訓民正音>. 통문관.32)

강신항(1974). <訓民正音> (문고본). 신구문화사.33)

서병국(1975). <新講 訓民正音>. 경북대 출판부.

유창균(1977). <訓民正音>(문고본). 형설출판사.

서병국(1978). <新講 訓民正音>. 학문사.34)

---

31) '世宗御製訓民正音原本'이란 이름으로 영인되어 있다. 영인 서문에 의하면 이 언해
본은 박승빈 소장본, 광문회 소장본, 어윤적 소장본(일본궁내성소장본의 소장본)을
동일본으로 보아 사진본으로 영인한 것이다. 정확히 어떤 본을 사진을 찍었는지가
나와 있지 않지만 전후 맥락으로 보아 박승빈본을 기준으로 삼은 듯하다. 다만 박승
빈본 맨 앞장이 후대에 고친 것이므로 이 부분만 광문회본을 따랐다고 하였다. <한
글 동인지> 창간호(1927)와 <한글> 창간호(1932)는 다르므로 구별해야 한다. 조선
어학회는 <한글>을 창간하기 전에 동인지를 1927년 2월부터 1928년 10월까지 9호
를 발간한다. 동인지 제호도 <한글>이다.
32) 이희승 추천 발문과 한글 頒布의 時機 問題가 실려 있다. 해례본 : 간송본 사진본 언
해본 : 출처 없음.
33) 영인본 출처는 없음. 축소 영인. 언해본은 주석 붙임. 해례본 : 다듬본. '‑矣' 계열.
판심 제거.

박병채(1976). <(譯解) 訓民正音>(문고본). 박영사.

박종국(1976). <주해 훈민정음>(문고본). 정음사.

동악어문학회(1980). <訓民正音>. 이우출판사.

박지홍(1984). <풀이한 訓民正音－연구·주석>. 과학사.

이성구(1985). <訓民正音 研究>. 동문사.35)

조선어학과연구실(朝鮮語學科研究室)(1987). <中世朝鮮語 資料選>. 日本 : 東京
　　　　外國語大學校.

강길운(1992). <訓民正音과 音韻體系>. 형설출판사.

최국봉(2002). <訓훈民민正정音흠 성명학>. 서진출판사.

강길운(2005 : 2판). <改新版 訓民正音과 音韻體系(강길운 전집 Ⅳ)>. 한국문
　　　　화사.36)

민현식(1992). <中世國語 講讀>. 개문사.

유창균(1993). <訓民正音 譯註>. 형설출판사.37)

박은용·김형수(1994). <국어자료 고문선>. 형설출판사.

조배영(1994). <반 천년을 간직한 훈민정음의 신비>. 발행처 표기 없음(연세
　　　　대 도서관 소장).

이근수(1995). <訓民正音 新研究>. 보고사.

김근수 편(1996). <한국학 연구> 42. 한국학연구소.38)

최명재(1997). <訓民正音과 崔恒 先生 : 訓民正音創制의 主體와 東國正韻 및 龍
　　　　飛御天歌의 撰述에 관한 研究>. 정문당.

이성구(1998). <訓民正音 研究>. 애플기획.

---

34) 해례본 : 다듬본. -矣 계열. 판심 제거.
35) 해례본 : 다음본. -耳 계열. 판심 제거. 언해본 : 다듬본. 판심 있음.
36) 해례본. 언해본 모두 다듬본. 출처 안 밝힘. 해례본은 서문과 예의는 뺌.
37) 해례본. 언해본 모두 다듬본(서문 끝자는 '-矣'). 출처 안 밝힘. 판심 없음. 최만리반
　　대상소문 영인본도 실림.
38) 잡지 특집 부록으로 훈민정음 이본 5종이 실려 있다.

조규태(2000·2007 : 수정판·2010 : 개정판). <번역하고 풀이한 훈민정음>. 한국문화사.[39]

강규선(2001). <訓民正音 硏究>. 보고사.[40]

반재원(2001). <한글과 천문>. 한배달.

Sek Yen Kim-Cho(2001). The Korean Alphabet of 1446 : Exposition. OPA. the Visible Speech Sounds. Annotated Translation. Future Applicability Hwun Min Ceng Um. Humanity Books & AC Press(아세아문화사).

김동소(2003). <중세 한국어 개설>. 한국문화사.[41]

이상혁(2004). <훈민정음과 국어 연구>. 역락.[42]

박창원(2005). <훈민정음>. 신구문화사.

강규선·황경수(2006). <훈민정음 연구>. 청운.

이동화(2006). <훈민정음과 중세국어>. 문창사.

반재원·허정윤(2007). <한글 창제 원리와 옛글자 살려 쓰기 : 한글 세계 공용화를 위한 선결 과제>. 역락.[43]

박종국(2007). <훈민정음 종합연구>. 세종학연구원.[44]

국립국어원 편(2008). <알기 쉽게 풀어 쓴 훈민정음>. 생각의나무.[45]

---

39) 수정판부터 영인본 출처 밝힘. 해례본(한문본) : <訓民正音> 원본은 유일본으로 간송미술관에 소장되어 있다. 이 영인본은 1957년 국립박물관총서 甲第三 <한글의 起源>에 영인되어 있는 것을 재영인한 것이다(부록 1쪽).
40) 영인본 출처 안밝힘. 해례본 : 다듬본(서문 : -矣). 판심제거. 언해본 : 다듬본.
41) "김동소. 2002. <중세 한국어 개설>. 대구가톨릭대학교 출판부"의 재출판.
42) 해례본은 단기 4290년 통문관 영인본(다듬본). 언해본 출처는 없음.
43) 해례본, 언해본 모두 판심 제거. '-耳' 계열 복원다듬본. 출처 안 밝힘.
44) 해례본 : 간송미술관소장본(사진본). 세종장헌대왕실록 훈민정음(태백산본. 정족산본). 언해본 : 세종어제훈민정음(희방사본).
45) 영인본 외 두 편의 해설과 영문 번역. 해례본 전문 번역(강신항)과 영문 번역(신상순)이 실려 있다. 서지 소개글인 대한민국을 넘어 인류 문화유산으로(김주원). 영문 번역은 "Kim Juwon. Mankind's Cultural Heritage Beyond the Republlic of Korea(Hunmin jeongeum : Intoduction and Meaning)." 내용 소개글인 <훈민정음> 제대로 이해하기(훈민정음 창제와 제자 원리)(이상억). 영문 번역인 "Lee Sangoak. Understanding

박기완 역(Bak. Giuan. 1989). <Esperantigita Hun Min Gong Um(에스페란토
로 옮긴 훈민정음)>. 한글학회.

3.4. 해례본과 언해본 합본과 여러 판본 입체 영인

권재선(1988 · 1995 : 깁고 고친판). <훈민정음 해석연구>. 우골탑.46)
김슬옹(2010/개정판 : 2011). <세종대왕과 훈민정음학>. 지식산업사.47)

4. 온라인판 영인본

문화재청 누리집(http://www.cha.go.kr/). <문화유산정보 '세계의 기록유산'>.

'Hunmin jeongeum'(The Correct Sounds for the Introduction of the People)"
46) 활자로 재현한 다섯 가지 본이 실려 있다. 훈민정음(1) : 세종 25년(1443년) 훈민정음
(추정본 : 서문과 예의) 훈민정음(2) : 세종 28년(1446) 훈민정음(추정본, 서문과 예
의), 훈민정음(3) : 언해 훈민정음 원문, 훈민정음해례(초간본)(추정본)(4) 민정음해례
(현존본)(5).
47) <훈민정음> 해례본의 앞부분인, 세종 서문과 예의만을 언해한 언해본이 단독으로
간행된 책은 발견되지 않았다. 세조 5년(1459)에 나온 <월인석보> 앞머리에 실린
것이 유일하다. 초간 원본인 서강대 소장본은 1972년에 영인, 출판되었다. 이는 원
본을 교정한 다듬본이다. 원본 그대로는 <번역하고 풀이한 훈민정음>(조규태. 한국
문화사. 2007 : 수정판. 2010 : 개정판)에 실려 있다. 국어사학회와 문화재청은 현존
최고(最古)의 언해본보다 앞서 제작된 최초의 언해본을 상정하여 재구(再構)한 원본
인 '재구 정본(부록 3에서는 '정본'이라고 씀)'을 만들었다. 세조 때 나온 언해본 원
본은 권두서명이 "世·솅宗종御·엉製·졩訓·훈민民正·졍흠音"이고, 재구한 정
본(定本)은 세종 때이므로, "訓·훈민民正·졍흠音"이다. 자세한 비교 설명은 <훈민
정음 언해본 이본 조사 및 정본 제작 연구>(문화재청. 2007)에 나와 있다. 이 책 부
록 3에서는 <월인석보>(서강대 도서관 소장본) 언해본의 사진본과 <훈민정음 언해
본 이본 조사 및 정본 제작 연구>의 재구 정본을 입체적으로 비교할 수 있도록 원
본 크기의 약 25퍼센트(판면 기준)로 함께 실었다. -부록 일러두기.

5. 활자모사본

조선어학연구회 편(1940). 훈민정음(해례본 활자 재현). <正音> 35.[48] 1-22쪽.[49]

이 청 편(1946). <한자해례본·월인석보본 합부 훈민정음>(석판본). 창란각.[50]

---

48) 1940.10.14. 발행
49) 편집자의 말 : 편집자는 아직 원본을 보지못하얏고 방종현 홍기문 양씨의 공동소유
   인 원본 사진본에 의하야 정음지에 전문을 실리게 된 것이다. 박승빈 선생의 소장인
   훈민정음과 이 훈민정음과를 비교연구하야주기 바란다. 미구에 영인본이 발간될 것
   이라하니 우선 조븐 지면 저근 활자로 전문을 소개하는것도 중대한 의의가 잇다고
   생각한다.
50) 원본이 계명대학교와 영남대학교 도서관에 보관되어 있고 "백두현(2010). <훈민정
   음> 해례본의 영인과 <합부 훈민정음> 연구. <朝鮮學報> 214. 일본 : 조선학회.
   1-29쪽."에서 자세한 해제가 이루어졌다.

일반 단행본
(영인본 제외, 연구 보고서 포함)

1. 전문 번역(연도순)[51]

방종현(1940). 原本 訓民正音의 發見(1). <조선일보> 7월 30일. 조선일보사. 4쪽.[52]

방종현(1940). 原本 訓民正音의 發見(2).[53] <조선일보> 7월 31일. 조선일보사. 4쪽.

방종현(1940). 原本 訓民正音의 發見(3).[54] <조선일보> 8월 1일. 조선일보사. 4쪽.

방종현(1940). 原本 訓民正音의 發見(4).[55] <조선일보> 8월 2일. 조선일보사. 4쪽.

방종현(1940). 原本 訓民正音의 發見(완).[56] <조선일보> 8월 4일. 조선일보사. 4쪽.

홍기문(1946). <正音發達史> 상·하 합본. 서울신문사 출판국.

방종현(1946). <(原本解釋) 훈민정음>. 진학출판협회.[57]

---

51) 전문 번역 외에 자세한 내용이 덧붙여진 책은 해당 분야에도 있음.
52) 단행본은 아니지만 최초 번역 연재글이라 여기 싣는다. 1940년에 발견된 훈민정음 해례본에 대한 최초의 번역이다. 1회 소개말에서 홍기문과의 공역임을 밝히고 있다 (이름은 언급 안 함). 세종 서문과 예의, 정인지 서문은 세종실록에 수록되어 이미 알려져 있어서 이 신문 연재물에서는 다루지 않았다.
53) 훈민정음 해례본 제자해 중간 부분 번역.
54) 훈민정음 해례본 제자해 뒷부분과 초성해 번역.
55) 훈민정음 해례본 중성해와 종성해와 합자해 앞부분 번역.
56) 훈민정음 해례본 합자해 뒷부분과 용자례 번역.
57) 방종현의 원본 훈민정음의 발견 5회(<조선일보> 1940.7.30-8.4.) 재수록분이다. 역자의 말에서 "그 발표자의 명의는 비록 내 이름으로 되어 있었으나 이것을 실제로

유 열(류 렬)(1946). <원본 훈민정음 풀이>(조선어학회 편). 보신각.58)

유 열(류 렬)(1947). <원본 풀이한 훈민정음>. 보신각.59)

방종현(1948/1963). 훈민정음. <현대문화독본>(김정환 편). 문영당. 재수록 :
    <일사국어학논집60)>(1963). 민중서관. 31-54쪽.

김윤경(1948/1954 : 4판). <韓國文字及語學史>. 동국문화사.

전몽수 · 홍기문 역주(1949). <訓民正音 譯解> 조선어문고 1책. 평양 : 조선어
    문연구회.61)

김민수(1957). <註解 訓民正音>. 통문관.

김동구 편(1967/1985 : 수정증보판). <訓民正音 : [原典籍과 그 現代譯]>. 명문당.

이정호(1972). <(해설 역주) 訓民正音>. 한국도서관학연구회. 이정호(1986 :
    개정판). <국문 · 영문 해설 역주 훈민정음>. 보진재.

강신항(1974 · 1995 : 증보판). <譯註 訓民正音>(문고본). 신구문화사.

번역한 이는 홍기문형이다.”라고 밝히고 있다. 방종현(1940)에서는 세종 서문과 예
    의는 생략. 서문 번역은 “방종현(1963/재판 : 1972). 세종서문. <일사국어학논집>.
    민중서관. 32쪽”에 실려 있다.
58) 유열은 북으로 넘어간 뒤 ‘류렬’로 이름을 바꾸었다. 이름 정보의 혼란을 줄이기 위
    해 원 이름(유열) 옆에 나중 이름(류렬)을 병기한다. ‘류렬’로 발표한 경우에는 ‘유열’
    을 괄호로 병기한다. 그리고 이 책은 필사본 형식으로 조선어학회와 보신각을 왔다
    갔다 하면서 여러 판본을 찍어내 도서관마다 보관 판본에 따라 펴낸 곳 이름(조선어
    학회. 보신각)과 연도가 조금씩 차이가 난다. 그래서 ‘조선어학회/보신각’으로 병기
    한다. 이 책은 ‘이극로. 최현배’의 추천 머리말과 유열(류렬) 자신의 해제 꼬리말이
    있다.
59) 편이 : 조선어학회. 박은이 : 보진재. 파는이 : 보신각. 1년 앞서 나온 조선어학회판의
    수정보완판임. 최범훈(1985. 國語史 論著目錄. <韓國語 發達史>. 통문관. 213쪽) 목
    록에서는 ‘한글사’에서 1947년 8월 15일 발행된 것으로 되어 있어 주요 도서관을 확
    인하였으나 ‘한글사’본을 찾지 못했다.
60) 방종현 추모 방종현 글 모음집(이숭녕 외 편).
61) 앞부분에 홍기문의 “訓民正音의 成立 過程”(1-37쪽). 전몽수의 “訓民正音의 音韻 組
    織”(38-81쪽)이 실려 있다. 후기에 역주는 홍기문이, 어휘 주해는 전몽수가 했다고
    밝히고 있다. 부록으로 訓民正音 諺譯. 東國正韻 序. 四聲通考 凡例. 洪武正韻 譯訓
    序이 실려 있다. 김일성 종합대학 김승화 부총장 서문 수록. 경상대 도서관 소장 고
    영근 기증본 참조. 영인본은 실려 있지 않다.

서병국(1975). <新講 訓民正音>. 경북대 출판부.

박병채(1976). <譯解 訓民正音> 문고본. 박영사.

박종국(1976). <주해 훈민정음> 문고본. 정음사.

김석환(1978). <현토주해 훈민정음>. 보령 : 활문당.

렴종률・김영황(1982). <훈민정음에 대하여>. 김일성종합대학출판사.

윤덕중・반재원(1983). <훈민정음 기원론>. 국문사.

박지홍(1984). <풀이한 訓民正音 : 연구・주석>. 과학사.

이성구(1985). <訓民正音 硏究>. 동문사.

권재선(1988・1995 : 깁고 고친판). <훈민정음 해석 연구>. 우골탑.

강길운(1992). <訓民正音과 音韻體系>. 형설출판사.

유창균(1993). <訓民正音 譯註>. 형설출판사.

이근수(1995). <訓民正音 新硏究>. 보고사.

한글학회 편(1998). <訓民正音>. 해성사.62)

김성대(1999). <역해 훈민정음>. 하나물.63)

조규태(2000). <번역하고 풀이한 훈민정음>. 한국문화사.

박창원(2005). <훈민정음>. 신구문화사.

강규선・황경수(2006). <훈민정음 연구>. 청운.

이동화(2006). <훈민정음과 중세국어>. 문창사.

고태규(2007). <훈민정음과 작가들>.64) 널개.

반재원・허정윤(2007). <한글 창제 원리와 옛글자 살려 쓰기 : 한글 세계 공
　　용화를 위한 선결 과제>. 역락.65)

국립국어원 편(2008). <알기 쉽게 풀어 쓴 훈민정음(강신항 개정 번역본66)

---

62) 번역이 별책으로 구성.
63) 해례본 필사본(김성대)이 부록으로 실려 있다.
64) 부록 : 훈민정음 해례 번역본 첨부.
65) 해례본. 언해본 모두 판심 제거 다듬본. 출처 안 밝힘.
66) 강신항(1974・1995 : 증보판. <譯註 訓民正音> 문고본. 신구문화사) 번역에 대한 수

수록)>. 생각의나무.

나찬연(2012). <훈민정음의 이해>. 월인.

이현희 외(2014). <『訓民正音』의 한 이해>. 역락.

김승권(2015). <사람이 하늘과 땅을 품는다-훈민정음해례본>. 도서출판한
울벗.

김승환(2015). <과학으로 풀어쓴 訓民正音>. 이화문화출판사.

김슬옹(2015). <훈민정음(훈민정음 해례본 간송본 해제)>. 교보문고.

‣ 다른 문자로 번역 – 영문 번역

Gari Keith Ledyard(1966). *Translation of Hunminjeongeum-The correct
sounds for the Instruction of the People and Hunminjeongeum
haerye Explanation and Examples of The Correct Sounds for the
Instruction of the People.* "The Korean language reform of 1446 :
the origan. background. and early history of the Korean alphabet."
Thesis (Ph.D.) Univ. of California. pp.221-260.

＊ '훈민정음' 현대 로마자표기법으로 바꿈.

Ahn Ho-Sam(안호삼)·J. Daly(정일우). Right Sounds to Educate the People.
이정호(1972). <(해설 역주) 訓民正音>. 한국도서관학연구회. 쪽수 별
도. 이정호(1986 : 개정판). 이정호(Jung Ho Yi).<국문·영문 해설 역
주 훈민정음(The Korean Alphabet Explanation in Korean and
English)>. 보진재(Po Chin Chai Printing Co.Ltd). 30-63쪽(이정호 역
주 포함).67)

Sek Yen Kim-Cho(2001). ANNOTATED TRANSLATION OF Hwunmin

정 번역.

67) 이정호(1972. 1986 : 개정판) 서문에서 해례본 영역은 안호삼, 해설 영역은 정일우
신부라고 밝히고 있다.

Cengum(HC-例義本) and Hwunmin Cengum Haylyey(HCH-解例本). *The Korean Alphabet of 1446 : Exposition. OP.A. the Visible Speech Sounds. Annotated Translation. Future Applicability Hwun Min Ceng Um.* Humanity Books & AC Press(아세아문화사). 197-254쪽 (역주 포함).

Shin Sangsoon(신상순)(2008). Hunmin jeongeum as Read in the Modern Korean Language : Hunmin Jeongum(the correct sounds for educating the people). 국립국어원 편. <알기 쉽게 풀어 쓴 훈민정음>. 생각의 나무. 117-161쪽(강신항 현대말 번역에 대한 영문 번역).

-일본어로 번역

김지용(1978). 訓民正音 解例. 일본 도쿄 한국연구원 별책 자료.

-에스페란트어 번역

박기완 역(Bak. Giuan. 1989). <Esperantigita Hun Min Gong Um(에스페란토로 옮긴 훈민정음)>. 한글학회.

국립국어원(2008. 강신항). <훈민정음>의 영어판・중국어판・베트남판・몽골판・러시아판.

2. 훈민정음・언문 단독 연구나 이야기(1900년대 이후)

권덕규(1923). <朝鮮語文經緯>. 광문사.

최현배(1942・1982 : 고친판). <한글갈>. 정음문화사.[68]

---

[68] 부록은 아니지만 본문 가운데 전문이 실려 있다.

이극로(1942). <훈민정음과 용비어천가>(반도사화와 낙토만주 잡지사 펴냄).
　　　만주 신경 : 만선학해사.

홍기문(1946). <正音發達史> 상·하. 서울신문사 출판국.

유　열(류　렬)(1947). <원본 훈민정음 풀이>. 조선어학회.

방종현(1948). <訓民正音通史>. 일성당서점. 홍문각(1988) 영인본 펴냄.

방진수(1949). <朝鮮文字發展史>. 대양프린트사.

서상덕(1953). <審究解釋 訓民正音> 프린트판. 일광출판사.

유창돈(1958). <언문지 주해>. 신구문화사.

이상백(1957). <한글의 起源－훈민정음 해설>. 통문관.

임임표(1965). <訓民正音>. 사서출판사.

강신항(1967). <韻解 訓民正音 研究>. 한국연구원.69)

김동구 편(1967/1985 : 수정증보판). <訓民正音 : [原典籍과 그 現代譯]>. 명문당.

성원경(1969/1976). <十五世紀韓國字音與中國聲韻之關係>. 捲域書齋.70)

Lee Sangbaek. Litt. D(1970). *A History of Korean Alphabet and Movable*
　　　Types. Ministry of Culture and Information Republic of Korea.

이정호(1972·1986 : 개정판). <국문·영문 해설 역주 훈민정음>. 보진재.

정연찬(1972). <洪武正韻譯訓의 研究>. 일조각.

김석환(1973·1975 : 수정판·1995 : 재판). <한글문견>. 한맥.

강신항(1974). <訓民正音> 문고본. 신구문화사.

이정호(1974). <역주 주해 훈민정음>. 아세아문화사.

허　웅(1974). <한글과 민족 문화>. 세종대왕기념사업회.

서병국(1975). <新講 訓民正音>. 경북대학교출판부.

---

69) 실학자 신경준의 <운해 훈민정음>에 대한 연구. <운해 훈민정음>의 정식 책 제목은
　　<邸井書>. 이상규(2014). 여암 신경준의 저정서(邸井書) 분석. <어문론총> 62. 한국
　　문학언어학회. 153-187쪽 참조.
70) 중국어판 : 1969, 한국어판 : 1976.

이정호(1975). <訓民正音의 構造原理 그 力學的 硏究>. 아세아문화사.

유창균(1977). <訓民正音> 문고본. 형설출판사.

강신항(1978). <韻解 訓民正音>. 형설출판사.

서병국(1978). <訓民正音>. 학문사.71)

조건상(1978). <해설역주 諺文志>. 형설출판사.

김석환(1979 · 1995 : 개정판). <한글의 子音名稱과 밑뿌리(起源)에 對하여>.
　　　한맥.

유정기(1979). <국자문제론집>. 상지사.

이근수(1979). <朝鮮朝 語文政策 硏究>. 개문사.

　　　* 박사학위 논문의 단행본 출판 : 이근수(1978). 朝鮮朝의 語文政策 硏
　　　究. 고려대 박사학위 논문.

허　웅(1979). <우리말 우리글>. 계몽사.

이숭녕(1981). <世宗大王의 學問과 思想 : 學者들과 그 業績>. 아세아문화사.

이현복(1981). <국제 음성 문자와 한글 음성 문자-원리와 표기법>. 과학사.

최세화(1982). <15세기 국어의 중모음 연구>. 아세아문화사.

윤덕중 · 반재원(1983). <훈민정음 기원론>. 국문사.

강신항(1984 · 1990 : 증보판). <訓民正音 硏究>. 성균관대 출판부.

박종국(1984). <세종대왕과 훈민정음>. 세종대왕기념사업회.

전상운(1984). <세종 시대의 과학>. 세종대왕기념사업회.

이성구(1985). <訓民正音 硏究>. 동문사.

이근규(1986). <중세국어 모음조화의 연구>. 창학사.

최석기(1986). <東洲蔓說 及 經解疑節 · 國文正音 合編>. 백산자료원.72)

이근수(1987 : 개정판). <朝鮮朝의 語文政策 硏究>. 홍익대학교출판부.

　　　* 이근수(1979. <朝鮮朝 語文政策 硏究>. 개문사)의 개정판.

---

71) 1982년에 <新講 訓民正音>으로 다시 펴냄.
72) 후반부에 '國文正音解'라는 제목으로 훈민정음 해설이 실려 있다.

권재선(1988·1995 : 깁고 고친판). <훈민정음 해석 연구>. 우골탑.

신상순·이돈주·이환묵 편(1988). <훈민정음의 이해>. 한신문화사.

권재선(1992). <훈민정음의 표기법과 음운－중세 음운론>. 우골탑.

권재선(1992). <한글 연구(Ⅰ)>. 우골탑.

권재선(1992). <한글 연구(Ⅱ)>. 우골탑.

강길운(1992). <訓民正音과 音韻體系>. 형설출판사.

전남대 어학연구소 편(1992). <훈민정음과 국어학>. 전남대학교출판부.

강신항(1993). <ハングルの成立と歷史>. 동경 : 대수관서점(강신항. 1990 : 증
　　보판의 번역판).

문화체육부(1993). <외국 학자가 본 훈민정음과 북한의 훈민정음 연구>. 문
　　화체육부·국어학회.

유창균(1993). <訓民正音 譯註>. 형설출판사.

권재선(1994). <바로잡은 한글－국문자론－>. 우골탑.

박양춘(1994). <한글을 세계문자로 만들자>. 지식산업사.

조배영(1994). <반 천년을 간직한 훈민정음의 신비>. 발행처 표기 없음(연세
　　대도서관 소장).

나카무라 간(中村完)(1995). <訓民正音の世界>. 創學出版.

이근수(1995). <訓民正音 新硏究>. 보고사.

김완진(1996). <음운과 문자>. 신구문화사.

김민수 외(1997). <외국인의 한글 연구>. 태학사.

김석환(1997). <훈민정음 연구>. 한신문화사. → 김석환(2010). <훈민정음의
　　이해>.73) 박이정.

최명재(1997). <訓民正音과 崔恒 先生 : 訓民正音創製의 主體와 東國正韻 및 龍
　　飛御天歌의 撰述에 대한 硏究>. 정문당.

---

73) 김현수(서문)가 그의 돌아가신 아버지, 김석환(1915-1984)의 업적을 널리 알리기 위
　　해 절판된 책을 다시 펴냈다.

한글학회 역(1997). <訓民正音>. 한글학회.

권재선(1998). <훈민정음 글월의 구성 분석적 이해>. 우골탑.

이성구(1998). <訓民正音 硏究>. 애플기획.

한국정신문화연구원 연구부 편(1998). <世宗時代 文化의 現代的 意味>. 한국
    정신문화연구원.

Gari Keith Ledyard(1998). The Korean language reform of 1446(국립국어연
    구원 총서 (2). 신구문화사.74)

김성대(1999). <역해 훈민정음>. 하나물.

김봉태(2000). <훈민정음 창제의 비밀 : 한글과 산스크리트 문자>. 대문사.

박병천(2000). <조선 초기 한글 판본체 연구 : 훈민정음·동국정운·월인천
    강지곡>. 일지사.

강규선(2001). <訓民正音 硏究>. 보고사.

김세환(2001). <(기하학적으로 분석한) 訓民正音 : 유네스코가 정한 세계문화
    유산>. 학문사.

려증동(2001). <배달글자>. 한국학술정보

한국정신문화연구원 엮음(2001). <세종 시대의 문화>. 태학사.

John Man(2001). ALPHA BETA : How 26 Letters Shaped The Western
    World. John Wiley & Sons. Inc : (남경태 역. 2003. <세상을 바꾼 문
    자 알파벳>. 예지)

Sek Yen Kim-Cho(2001). The Korean Alphabet of 1446 : Exposition. OPA.
    the Visible Speech Sounds. Annotated Translation. Future Applicability
    Hwun Min Ceng Um. Humanity Books & AC Press(아세아문화사).

권재선(2002). <한글의 세계화>. 우골탑.

---

74) 학위 논문인 "G. K. Ledyard(1966). *The Korean Language Reform of 1446 : The Origin.
    Background. and Early History of the Korean Alphabet.*" Ph.D. Dissertation. University of
    California."를 수정 증보하여 펴낸 책.

김동춘(2002). <훈민정음에 숨겨진 인류 역사의 비밀>. 세상의 창.

김봉태(2002). <훈민정음의 음운체계와 글자 모양 : 산스크리트·티벳·파스파
   문자>. 삼우사.

반재원(2002). <한글의 세계화 이대로 좋은가 : 한글 국제화를 위한 제언>.
   한배달.

전정례·김형주(2002). <훈민정음과 문자론>. 역락.

이상혁(2004). <조선 후기 훈민정음 연구의 역사적 변천>. 역락.

   * 박사논문의 단행본화 : 이상혁(1999). 朝鮮後期 訓民正音 硏究의 歷史
   的 變遷 : 文字意識을 中心으로. 고려대 박사학위 논문.

이상혁(2004). <훈민정음과 국어 연구>. 역락.

김기항(2004). <암호론>. 경문사.75)

강길운(2005). <訓民正音과 音韻體系>. 한국문화사.

강상원(2005). <訓民正音 28字 語源的인 新解釋 : 만년의 신비>. 한국세종한림원.

강상원(2005). <世宗大王創製訓民正音 主役 慧覺尊者 信眉大師>. 한국세종한림원.

김명호(2005). <한글을 만든 원리-누구나 아는 한글 아무나 모르는 음양오
   행>. 학고재.

김슬옹(2005). <조선시대 언문의 제도적 사용 연구>. 한국문화사.

   * 박사논문의 단행본화 : 김슬옹(2005). 조선왕조실록의 한글(훈민정
   음) 관련 기사를 통해 본 문자생활 연구. 상명대 국어국문학과 박사
   학위 논문.

박창원(2005). <훈민정음>. 신구문화사.

이유나(2005). <한글의 창시자 세종대왕>. 한솜.

강규선·황경수(2006). <훈민정음 연구>. 청운.

정 광(2006). <훈민정음의 사람들>. 제이앤씨.

---

75) 암호를 다룬 수학 전문서이지만 핵심 내용이 훈민정음 원리를 활용한 암호론이라 여
   기 포함시켰다.

코리아 스토리 기획 위원회 편(2006). 한글(자연의 모든 소리를 담는 글자). 허워미디어.76)

강길부 편(1997). <훈민정음 창제 원리와 한글 자모 순서>. 주관 : 국어문화 운동본부. 주최 : 강길부 의원실. 국립국어원.

고태규(2007). <훈민정음과 작가들>.77) 널개.

김세환(2007). <훈민정음의 신비>. 광명.

김슬옹(2007). <28자로 이룬 문자혁명 훈민정음>. 아이세움.

김영욱(2007). <(세종이 발명한 최고의 알파벳) 한글>. 루덴스.

박종국(2007). <훈민정음 종합 연구>. 세종학연구원.

반재원·허정윤(2007). <한글 창제 원리와 옛글자 살려 쓰기 : 한글 세계 공용화를 위한 선결 과제>. 역락.

안병희(2007). <訓民正音 硏究>. 서울대 출판부.

조규태·정우영 외(2007). <훈민정음 언해본 이본 조사 및 정본 제작 연구>. <국어사연구> 7. 국어사학회. 재수록 : 조규태·정우영 외(2007). <훈민정음 언해본 이본 조사 및 정본 제작 연구>(학술연구용역사업보고서). 문화재청. 7-40쪽에 핵심 논문 재수록.

이영월(2008). <훈민정음 연구 결과 보고서>. 한국연구재단.

강신항(2009). <훈민정음 창제와 연구사>. 경진.

최영선 편저(2009). <한글 창제 반대 상소의 진실>. 신정.

김슬옹(2010). <세종대왕과 훈민정음학>. 지식산업사.

해동공자 최충선생기념사업회(사)(2010). <청백리 최만리 선생의 행적과 사대의식(역사 인물 재조명 학술세미나 자료집)>. 신정.78)

---

76) 한글본과 영문본 맞편집본.
77) 부록 : 훈민정음 해례 번역본 첨부.
78) 최만리에 대한 재평가 자료집이나 최만리의 훈민정음 반대 상소 문제에 대해 여러 분야에서 집중 조명하였다.

김명식(2010). <나랏말쏘미 가림다 한글>(전4권). 홍익재.

Noma Hideki(野間秀樹)(2010). <ハングルの誕生>. 일본 동경 : Heibonsha(平凡社).

최명재(2011). <訓民正音의 숨겨진 진실>. 한글정음사(복원본 수록).

나찬연(2012). <훈민정음의 이해>. 월인.

박희민(2012). <박연과 훈민정음>. Hunmin & Books.79)

법왕궁·활안 공편(2012). <세종대왕의 훈민정음과 혜각존자 신미대사>. 삼
　　각산문수원.

김슬옹(2012). <조선시대의 훈민정음 발달사>. 역락.

김슬옹(2013). <세종 한글로 세상을 바꾸다>. 창비.

김주원(2013). <훈민정음>. 민음사.

이상규 주해(2013). <훈민정음통사(방종현 원저)>. 올재.

최종민(2013). <훈민정음과 세종악보>. 역락.

박지홍·박유리(2013). <우리나라 글살이의 변천과 훈민정음>. 새문사.

사재동(2014). <훈민정음의 창제와 실용>. 역락.

이현희·두임림·사화·스기야마·유타카·정혜린·김소영·김주상·백
　　채원·가와시키 케이고·이상훈·김한결·김민지·왕철(2014). <『訓
　　民正音』의 한 이해>. 역락.

김승권(2015). <사람이 하늘과 땅을 품는다-훈민정음해례본>. 도서출판한
　　울벗.

문효근(2015). <훈민정음 제자원리>. 경진.

정　광(2015). <한글의 발명>. 김영사.

김슬옹(2015). <훈민정음(훈민정음 해례본 간송본 해제)>. 교보문고.

---

79) 역사소설이지만 평론 수준에 가까우며 박연의 훈민정음 창제설을 매우 치밀하게 입
　　증하고 있다.

3. 훈민정음·언문 직접 연관 연구나 자료
(단행본의 일부이지만 '훈민정음'을 비중 있게 다룬 문헌 포함)

김윤경(1938). <朝鮮文字及語學史>. 조선기념도서출판관.

오구라 신페이(小倉進平)(1940). <增訂補注 朝鮮語學史>. 東京 : 刀江書院.

윤형기(1941). <朝鮮文字解說>. 미간행영인본.

최현배(1942). <한글갈>. 정음사.

방진수(1949). <朝鮮文字發展史>. 대양프린트사.

이경재李敬齋(1954). <整理文字 中途 自述>. 中華民國 : 中央文物供應社.

이   탁(1958). <國語學論攷>. 정음사.

이기문(1961·1972 : 개정판). <國語史槪說>. 민중서관.

최현배(1961). <고친 한글갈>. 정음사.

이기문(1963). <國語表記法의 歷史的研究>. 한국연구원.

김윤경(1963). <새로 지은 국어학사>. 을유문화사.

방종현(1963). <一蓑國語學論集>. 민중서관.

허   웅(1965). <국어 음운학(개고신판)>. 정음사.

유창균(1966). <東國正韻 硏究> 연구편·원론편. 형설출판사.

세종대왕기념사업회(1970). <세종 장헌대왕 실록>. 세종대왕기념사업회.

이동림(1970). <東國正韻 硏究> 상(연구편)·하(재구편). 동국대 국어국문학
　　　연구실.

홍이섭(1971·2004 : 수정판). <세종대왕>. 세종대왕기념사업회.

이기문(1972). <國語音韻史 硏究>. 한국문화연구소(서울대학교문리과대학내).
　　　재간(탑출판사. 1977).

강신항(1973). <四聲通解 硏究>. 신아사.

유창균(1974). <蒙古韻略과 四聲通攷의 硏究>. 형설출판사.

김석득(1975). <韓國語 硏究史> 上·下. 연세대학교출판부.

허 웅(1975). <우리 옛말본(형태론)>. 샘문화사.

이숭녕(1976). <革新 國語學史>. 박영사.

손보기(1977). <금속활자와 인쇄술>. 세종대왕기념사업회.

이기문 편(1977). <文字>(國語學 論文選) 7. 민중서관.

이재철(1978). <集賢殿考>. 한국도서관협회.

강신항(1979·1986 : 개정판·1988 : 개정증보판). <國語學史>. 보성문화사.

유창균(1979). <東國正韻>. 형설출판사.

한갑수(1982). <한글(한국의 글자와 말)>. 문화공보부 해외공보관.80)

강진숙 외(1983). <세종연구자료총서>. 세종대왕기념사업회.

김석득(1983). <우리말 연구사>. 정음문화사.

손보기(1984). <세종대왕과 집현전>. 세종대왕기념사업회.

최 철(1984). <세종 시대의 문학>. 세종대왕기념사업회.

최범훈(1985). <한국어발달사(韓國語發達史)>. 통문관.

허 웅(1985). <국어 음운학－우리말 소리의 오늘·어제>. 정음사.

성경린(1986). <세종 시대의 음악>. 세종대왕기념사업회.

손보기(1986). <세종 시대의 인쇄 출판>. 세종대왕기념사업회.

권종성(1987). <문자학 개요>. 평양 : 과학백과사전 출판사.

세종대왕기념사업회(1987). <세종대왕 연보>. 세종대왕기념사업회.

권재선(1988). <국어학 발전사> 합본. 우골탑.81)

권재선(1989). <간추린 국어학 발전사>. 우골탑.82)

김정수(1990). <한글의 역사와 미래>. 열화당.

---

80) 현대 한글 외 한글의 역사적 배경. 발명의 배경 등이 실려 있음.
81) "권재선(1987). <국어학 발전사－고전 국어학편>. 한국고시사.". "권재선(1987). <국
   어학 발전사－현대 국어학편>. 한국고시사."에 대한 합편. 이에 대한 줄임판은 "권재
   선(1989). <간추린 국어학 발전사>. 우골탑."으로 나옴.
82) "권재선(1988). <국어학 발전사> 합본. 우골탑. 1030쪽."에 대한 축소판(622쪽. 찾아
   보기 빠짐).

세종대왕기념사업회(1992). <역주 월인석보> 제1・2. 세종대왕기념사업회.

안병희(1992). <國語史硏究>. 문학과지성사.

박종국(1994). <국어학사>. 문지사.

나카무라 간(中村完)(1995). <訓民正音の世界>. 創榮出版.

박종국(1996/2009 : 증보판). <한국어발달사 증보>. 세종학연구원.

세종대왕기념사업회(1998). <세종문화사대계 1 : 어학・문학>. 세종대왕기념
　　　사업회.

허동진(1998). <조선어학사>. 한글학회.

세종대왕기념사업회(1999). <세종문화사대계 4 : 윤리・교육・철학・종교>.
　　　세종대왕기념사업회.

손인수(1999). <세종 시대의 교육문화 연구>. 문음사.

세종대왕기념사업회(2000). <세종문화사대계 2 : 과학>. 세종대왕기념사업회.

세종대왕기념사업회(2001). <세종문화사대계 3 : 정치・경제・군사・외교・
　　　역사>. 세종대왕기념사업회.

세종대왕기념사업회(2001). <세종문화사대계 5 : 음악・미술>. 세종대왕기념
　　　사업회.

박영준・시정곤・정주리・최경봉(2002). <우리말의 수수께끼 : 역사 속으로
　　　떠나는 우리말 여행>. 김영사. 中西. 恭子(ナカニシ. キョウコ) 역.
　　　2007. <ハングルの歷史>. 東京 : 白水社.

한태동(2003). <세종대의 음성학>. 연세대학교출판부.[83]

김무림(2004). <국어의 역사>. 한국문화사.

김미형(2005). <우리말의 어제와 오늘>. 제이앤씨.

배윤덕(2005). <우리말 韻書의 硏究>. 성신여자대학교 출판부.

리득춘・리승자・김광수(2006). <조선어 발달사>. 역락.

---

83) 1998년 최초판의 제목은 <世宗代의 音聲學>이나 2003년에 한태동 선집 4권으로
　　다시 펴내면서 한글 제목으로 바뀌었다.

이한우(2006). <세종. 조선의 표준을 세우다>. 해냄출판사.

최준식(2007). <세계가 높이 산 한국의 문기>. 소나무.84)

방석종(2008). <훈민정흠의 세계 문자화>. 전통문화연구회.

허경무(2008). <한글 서체의 원형과 미학>. 묵가.

김석득(2009). <우리말 연구사>. 태학사.

김이종(2009). <한글 역사 연구>. 한국문화사.

반재원(2009). <씨알 시말>. 백암.

정승철·정인호 공편(2010). <이중모음>. 태학사.

박문기(2011). <정음 선생 : 문화대국을 여는 길>. 엠에스북스.

이재홍 편역(2011). <동국정운 : 훈민정음의 창제 동기와 의의>. 어문학사.

박종국(2012). <우리 국어학사>. 세종학연구원.

훈민정음 연구소(2012). 홍사한은. 한배달.

김슬옹(2013). <한글 우수성과 한글 세계화>. Hangulpark.

김진수(2013). 선비자본주의와 훈민정음의 세계화. book Lab.

심소희(2013). <한자 정음관의 통시적 연구>. 이화여자대학교출판부.

이상억(2014). <디자이너 세종의 독창성 : 한글의 숨은 코드>. 역락.

박창원(2014). <(한국의 문자)한글>. 이화여자대학교출판부.

국립한글박물관(2015). <국외학자가 이야기하는 한글, 한글자료>. 국립한글
    박물관 개관 기념 국제학술대회 자료집.

Jean-Paul Desgoutte[et. al](2000). *L'ecriture du coreen : genese et avenement :*
    la prunelle du dragon=훈민정음. Paris : Harmattan.

Robins(1979). *A Short History of Linguistics.* London : Longman.

Young-Key Kim-Renaud(edited by)(1997). *The Korean Alphabet.* Honolulu :

---

84) '미스터리 문자, 한글/한글 배우기 쉬운 데는 어떤 원리가 있다/한글의 무한한 가능
    성/한글의 발달사 및 수난사' 등을 다루었다.

University of Hawai'i Press.

G. Sampson(1985). *WRITING Systems : A linguistic introduction.* London :
   Hutchinson Publishing Group. 신상순 역(2000). <세계의 문자 체계>.
   한국문화사. 샘슨/서재철 옮김(1995). 자질 문자 체계 : 한국의 한글.
   <초등국어교육 논문집> 1. 강원초등국어교육학회. 137-157쪽.[85] 박
   선자 옮김(1992). 자질 체계로서의 한글(7장 번역). 전남대 어학연구
   소 편(1992). <훈민정음과 국어학>. 전남대 출판부. 217-240쪽.

I. J. Gelb(1952 · 1963). *A Study of Writing.* University of Chicago Press.

野間秀樹(2010). ≪ハングルの誕生-音から文字を創る≫. 平凡社. 노마 히데키/
   김진아 · 김기연 · 박수진 옮김(2011). 한글의 탄생 : <문자>라는 기
   적. 돌베개.

---

[85] G. Sampson(1985). *WRITING Systems : A linguistic introduction.* London : Hutchinson
   Publishing Groupe. pp.120-134. 7장. A featural system : Koran Hangul.

학위 논문

1. 석사학위 논문

임 영(1968). 訓民正音 創制의 學問的 背景에 關한 硏究. 성균관대 대학원 석사학위 논문.

권재선(1971). 훈민정음의 문장 분석에 의한 정음 독자적인 체계의 규명. 영남대 대학원 석사학위 논문.

장진식(1975). 훈민정음 자모체계의 연구-제자해를 중심으로-. 원광대 대학원 석사학위 논문.

유정열(1979). 訓民正音 創製動機考. 건국대 대학원 석사학위 논문.

이정인(1979). 훈민정음 제정 동기에 관한 고찰. 명지대 대학원 석사학위 논문.

심재금(1983). 訓民正音 硏究 : 해례본을 중심으로. 이화여대 교육대학원 석사학위 논문.

김강백(1982). 訓民正音竝書字音韻에 관한 一考察. 중앙대 대학원 석사학위 논문.

박종국(1982). 훈민정음 '예의'에 관한 연구 : 그 해석과 이본 간의 오기에 대하여. 건국대 대학원 석사학위 논문.

정희선(1982). 訓民正音의 易學的 背景論에 관한 一考察. 중앙대 대학원 석사학위 논문.

최윤현(1982). 15世紀 國語의 重母音 研究. 건국대 대학원 석사학위 논문.

김진아(1983). 훈민정음 창제 당시 한글 문자꼴의 연구. 이화여대 대학원 석
사학위 논문.

이성구(1983). 訓民正音의 哲學的 考察 : 해례본에 나타난 제자원리를 중심으
로. 성균관대 대학원 석사학위 논문(<명지실전 논문집>. 1984).

김중서(1984). 초성합용병서의 연구에 관한 재고찰. 서울대 대학원 석사학위
논문.

김송원(1985). 訓民正音易理의 言語學的 資質論 : 중성의 제자원리를 중심으로.
건국대 대학원 석사학위 논문.

박원준(1985). 各自竝書 研究. 원광대 대학원 석사학위 논문.

정우영(1985). 15世紀 國語의 初聲合用竝書論. 동국대 석사학위 논문.

김성련(1986). 15세기 국어병서에 대한 연구. 충남대 교육대학원 석사학위
논문.

박영철(1986). 훈민정음의 중성 연구. 부산대 대학원 석사학위 논문.

송성호(1986). 十五世紀의 各自竝書 音價論. 경희대 교육대학원 석사학위 논문.

이병운(1987). 훈민정음의 표기법 연구. 부산대 대학원 석사학위 논문.

김종규(1989). 중세국어 모음의 연결 제약과 음운 현상. 서울대 석사학위 논문.

양숙경(1991). 훈민정음 풀이에 대하여 : 제자해를 중심으로. 성신여대 대학
원 석사학위 논문.

황병오(1994). 訓民正音 '字倣古篆'에 對한 한 試論. 한국외대 대학원 석사학위
논문.

박병호(1996). 훈민정음 체계의 형성과 성격. 연세대 대학원 석사학위 논문.

이승은(1996). 15世紀 國語의 各自竝書 研究. 忠北大學校 敎育大學院 석사학위
논문.

안대현(2000). 15세기 국어의 홀소리체계에 대한 연구. 연세대 대학원 석사
학위 논문.

윤태호(2000). 세종대왕의 교육정책 및 학술정책에 관한 연구. 경기대 교육
　　대학원 석사학위 논문.

진문이(2000). 15세기 국어의 중성모음 'ㅣ' 연구. 이화여대 대학원 석사학위
　　논문.

남윤경(2001). 世宗代 創製된 訓民正音에 대한 歷史的 接近 : 崔萬理 등 集賢殿
　　學士들의 訓民正音 反對上疏를 통하여. 서강대 사학과 석사학위 논문.
　　재수록 : 최보람·구도영·박문영·남윤경·김재문(2007). <한국사연
　　구논선 64. 朝鮮前期史>. 한미문화사.

설학줄(2002). 학습자 중심의 옛글 학습 지도 방법 연구 : '세종 어제 훈민정
　　음'을 중심으로. 경상대 교육대학원 석사학위 논문.

와타나베 다카코(2002). 훈민정음 연구사 : 일본인 학자들의 연구를 중심으로.
　　연세대 대학원 석사학위 논문.

윤정남(2002). 15세기 국어의 'ㄹ'에 관한 연구. 연세대 대학원 석사학위 논문.

이봉주(2002). 15세기 국어의 모음체계. 원광대 교육대학원 석사학위 논문.

김성범(2003). 훈민정음 창제 원리에 관한 易哲學的 고찰. 충남대 대학원 석
　　사학위 논문.

진달래(2003). 훈민정음의 변증법적 구조에 관한 연구. 홍익대 대학원 석사
　　학위 논문.

배보은(2004). 문자의 자질에 대한 연구. 경남대 대학원 석사학위 논문.

허호정(2004). 15세기 국어 표기의 지도 방법 연구. 국민대 대학원 석사학위 논문.

이혜숙(2005). 디자인으로서의 한글과 디자이너로서의 세종. 국민대 테크노
　　디자인 전문대학원 석사학위 논문.

강귀정(2006). 훈민정음 단원의 교육 내용과 교수 학습 방법 연구. 부산대 교
　　육대학원 석사학위 논문.

김홍렬(2006). 訓民正音의 易學的 解釋. 충북대 교육대학원 석사학위 논문.

박미영(2006). 국어 지식 영역에서 국어사 교육의 내용과 방법―국어의 변화

를 고려한 훈민정음 교수·학습 원리를 중심으로-. 성신여대 교육
대학원 교육학과 석사학위 논문.

강태원(2007). '세종 어제 훈민정음' 지도에 관한 연구. 인제대 교육대학원 석
사학위 논문.

이미화(2010). 고등학교 <국어> 교과서 <훈민정음> 단원 구성 연구. 영남대
교육대학원 석사학위 논문.

한애희(2010). 훈민정음과 용비어천가의 서체미 연구. 경기대 미술·디자인
대학원 석사학위 논문.

김수정(2011). '훈민정음'의 교육내용에 대한 연구 : 국어생활사를 중심으로.
한국교원대 대학원 석사학위 논문.

김부연(2011). <훈민정음> 해례본의 국어과 교육 내용에 대한 연구. 고려대
교육대학원 석사학위 논문.

진보배(2011). 훈민정음을 소재로 한 교양서적의 비판적 읽기. 영남대 교육
대학원 석사학위 논문.

노정애(2013). 訓民正音 創製의 民族文學史的 意義 硏究. 중앙대 대학원 석사학
위 논문.

유영준(2013). 훈민정음의 제자원리에 담긴 이미지한글 시스템 연구. 연세대
커뮤니케이션대학원 석사학위 논문.

이강미(2013). 훈민정음의 서체미 연구. 경기대 미술 디자인 대학원 석사학
위 논문.

송주영(2014). 朝鮮 初期의 對明 關係와 吏文政策 硏究. 한국외대 국제지역대학
원 석사학위 논문.

이강미(2014). 훈민정음의 서체미 연구. 경기대 미술 디자인 대학원 석사학
위 논문.

최영호(2014). 글서예의 정체성과 변천에 관한 연구. 호남대 대학원 석사학
위 논문.

2. 박사학위 논문

최세화(1975). 15世紀 國語의 重母音 硏究. 동국대 대학원 박사학위 논문.

이근수(1978). 朝鮮朝의 語文政策 硏究. 고려대 대학원 박사학위 논문.

    * 단행본 : 이근수(1979). <朝鮮朝 語文政策 硏究>. 개문사.

이재철(1978). 世宗朝 集賢殿의 機能에 관한 硏究. 성균관대 대학원 박사학위 논문.

권재선(1979). <竝書硏究>. 영남대 대학원 박사학위 논문.

    * 단행본 : 권재선(1979). <竝書硏究>. 수도문화사.

이성구(1984). 訓民正音 解例의 哲學思想에 관한 硏究 : 易理와 性理學을 중심으로. 명지대 대학원 박사학위 논문.

김성열(1987). 中世國語母音 硏究. 성균관대 대학원 박사학위 논문.

배윤덕(1988). 신경준의 운해 연구 : 사성통해와 관련하여. 연세대 박사학위 논문.

우민섭(1988). 15世紀 國語의 初聲竝書 硏究. 중앙대 대학원 박사학위 논문.

임용기(1991). 훈민정음의 삼분법 형성 과정. 연세대 대학원 박사학위 논문.

강창석(1992). 15世紀 音韻理論의 硏究 : 借字 表記 傳統과의 관련성을 중심으로. 서울대 대학원 박사학위 논문.

김무식(1993). 訓民正音의 音韻體系 硏究. 경북대 대학원 박사학위 논문.

정우영(1996). 15世紀 國語 文獻資料의 表記法 硏究. 동국대 대학원 박사학위 논문.

최병선(1998). 중세국어의 모음 연구. 한양대 대학원 박사학위 논문.

이상혁(1999). 朝鮮後期 訓民正音 硏究의 歷史的 變遷 : 文字意識을 中心으로. 고려대 대학원 박사학위 논문.

    * 단행본 : 이상혁(2004). <조선 후기 훈민정음 연구의 역사적 변천>. 역락.

최종민(2003). 훈민정음과 세종악보의 상관성 연구. 상명대 대학원 박사학위 논문.

김남미(2005). 15세기 국어의 중모음 연구. 서강대 대학원 박사학위 논문.

김슬옹(2005). 조선왕조실록의 한글(훈민정음) 관련 기사를 통해 본 문자생활 연구. 상명대 대학원 국어국문학과 박사학위 논문.

　　* 단행본 : 김슬옹(2005). <조선시대 언문의 제도적 사용 연구>. 한국문화사.

허경무(2006). 조선 시대 한글 서체의 연구. 부산대 대학원 박사학위 논문.

정복동(2008). 訓民正音 構造와 한글 書藝의 審美的 硏究. 성균관대 대학원 박사학위 논문.

유효홍(2011). 훈민정음 문자의 전환 방식에 대한 연구 : <홍무정운역훈>의 표기를 중심으로. 한국학중앙연구원 한국학대학원 박사학위 논문.

유진중(2013). 訓民正音 初聲體系의 聲韻學적 硏究. 가천대 박사학위 논문.

成元慶(성원경)(1969). 十五世紀韓國字音與中國聲韻之關係. 台北 : 國立台灣師範大學國文硏究所(대만 박사학위 논문).

　　* 단행본 : 성원경(1969/1976). <十五世紀韓國字音與中國聲韻之關係>. 捲域書齋.

鄭喜盛(정희성)(1985). ハングル(韓國語) 情報處理. 東京大學 博士論文.[86]

G. K. Ledyard(1966). *"The Korean Language Reform of 1446 : The Origin. Background. and Early History of the Korean Alphabet."* Ph.D. Dissertation. University of California.

Lee J. K(1972). *"Korean Character Display by Variable Combination and Its*

---

86) 변형생성문법과 구(舊)구조문법을 기반으로 하는 한국어 문형 중심 정보 처리에 관한 전산학과 언어학의 통섭 논문으로 핵심 원리로서 훈민정음의 창제 원리가 깔려 있다.

Recognition by Decomposition Method." Ph.D. dissertation. Keio University. Japan.

Sek Yen Kim-Cho(1977). *"Verification of the Relationships between the Graphic Shapes and Articulatory-Acoustisc Correlates in Korean Consonants of 1446(Using Cineradiographic Technique)."* Ph. D. dissertation. State university of New York at Buffalo.

일반 논문

1. 문자로서의 자리매김

최현배(1927). 우리 한글의 世界文字上의 地位. <한글 동인지> 1(창간호). 조선
　　　어학회. 54-56쪽. 재수록 : 이기문 편(1977). <文字>(國語學 論文選) 7.
　　　민중서관. 235-248쪽.

신명균(1928). <문자 중의 覇王 한글>. <별건곤> 12 · 13호. 개벽사.

이희승(1937). 문자 이야기. <한글> 44. 조선어학회. 1-6쪽.

고재휴(1938). 文字의 一般的 發展形態와 <正音>의 文化的 意義. <정음> 24.
　　　조선어학연구회. 5-9쪽.87)

이희승(1946). 문자사상 훈민정음의 지위. <한글> 94. 조선어학회. 4-13쪽.

김형규(1947). 訓民正音과 그 前의 우리 文字. <한글> 99. 한글학회. 2-11쪽.

김형규(1949). 우리 글자론(文字論). <한글> 108. 한글학회. 8-18쪽.

이숭녕(1959). 言語學에서 본 한글의 優秀性. <지방행정> 8권 74호. 대한지방
　　　공제회. 23-29쪽.

박지홍(1960). 韓國文字史의 小考. <건대학보> 9. 건국대학교. 140-153쪽.

---

87) <正音>은 1983년에 현대사에서 모두 세 권으로 영인하였으나 원본 쪽수를 빠뜨렸다.

렴종률(1963). 우리의 고유 문자 '훈민정음'의 창제. <조선어학> 4. 조선민주
　　주의인민공화국 과학원 언어문학연구소. 3-6쪽.

류　렬(유 열)(1963). 민족문자 '훈민정음' 창제의 문자사적 의의. <조선어
　　학> 4. 조선민주주의인민공화국 과학원 언어문학연구소. 7-12쪽.

이익섭(1971). 문자의 기능과 표기법의 이상. 김형규 박사 송수 기념 논총 간
　　행위원회 편. <金亨奎 博士 頌壽紀念論叢>. 일조각. 679-694쪽.

이기문(1981). 東아세아 文字史의 흐름. <동아연구> 1. 서강대 동아연구소.
　　1-17쪽.

이익섭(1988). 文字史에서 본 東洋 三國 文字의 특성. <새국어생활> 8-1. 국립
　　국어연구원. 221-231쪽.

송기중(1991). 세계의 문자와 한글. <언어> 16-1. 한국언어학회. 153-180쪽.
　　재수록 : 송기중·이현희·정재영·장윤희·한재영·황문환 편(2003).
　　<한국의 문자와 문자연구>. 집문당. 13-40쪽.

간노 히로미(管野裕臣)(1993). '훈민정음'과 다른 문자 체계의 비교. 서울대 대
　　학원 국어연구회 편. <國語史 資料와 國語學의 硏究>(안병희 선생 회갑
　　기념 논총). 문학과지성사. 650-659쪽.

송기중(1996). 세계의 여러 문자와 한글. <새국어생활> 6-2. 국립국어연구원.
　　65-83쪽.

이기문(1996). 현대적 관점에서 본 한글. <새국어생활> 6-2. 국립국어연구원.
　　3-18쪽.

박창원(1998). 한국인의 문자생활사. <동양학> 28. 단국대 동양학연구소.
　　57-88쪽.

최세화(1999). 겨레의 보배. 나라의 큰 자랑 훈민정음. 세종성왕육백돌기념문집
　　위원회 편(1999). <세종성왕육백돌>. 세종대왕기념사업회. 299-302쪽.

박창원(2000). 문자의 수용과 변용 그리고 창제. <인문학논총> 2. 이화여자
　　대학교.

이상억(2002). 훈민정음의 자소적(字素的) 독창성-서예의 관점에서-. 고영근 편. <문법과 텍스트>. 서울대학교 출판부. 47-60쪽.

베르너 사세(Werner Sasse)(2005). Hangeul : Combining Traditional Philosophy and a Scientific Attitude. <제2회 한글문화 정보화 포럼 자료(559돌 한글날 기념)>. 한글 인터넷 주소 추진 총연합회. 24-29쪽.[88]

우메다 히로유키(梅田博之)(2005). 훈민정음의 문자론적 의의와 현대 일본 사회에서의 사용 실태. <제2회 한글문화 정보화 포럼 자료(559돌 한글날 기념)>. 한글 인터넷 주소 추진 총연합회. 14-22쪽.

이기문(2005). 우리나라 文字史의 흐름. <구결연구> 14. 태학사. 233-251쪽.

이기문(2007). 한글. <한국사 시민 강좌> 23. 일조각.

박한상(2015). 문자론적 관점에서 본 訓民正音의 자음 체계. <2015 훈민정음학회 제4회 전국학술대회 발표논문집>. (사)훈민정음학회. 103-118쪽.

2. 창제 배경과[89] 동기·목적

김윤경(1929). 훈민정음 발표의 사정(일어). <史苑> 2권 3. 재수록(번역)1 : 한결 김윤경 박사 고희 기념 논문집 간행회 편(1964). <한결 國語學 論集>. 갑진문화사. 369-380쪽. 재수록(번역)2 : 한결 김윤경 전집(1985). 4. 연세대학교 출판부. 370-381쪽.

김윤경(1931). 訓民正音 創作에 對한 異說. <연희> 7. 연희전문학교. 23-35쪽. 재수록 : 한결 김윤경 전집(1985) 4. 연세대학교 출판부. 356-369쪽.

이윤재(1932). 訓民正音의 創定. <한글> 5. 조선어학회. 180-182쪽.

박지홍(1988). 훈민정음에서 나타나는 역학적 배경. 신상순·이돈주·이환묵

---

88) 본문은 한글로 되어 있다.
89) 창제 배경은 훈민정음과 직접 연관시켜 논의한 것에 한한다.

편(1988). <훈민정음의 이해>. 한신문화사.

김윤경(1934). 訓民正音 製定의 苦心. <중앙> 2권 11호. 조선중앙일보사.
685-688쪽.

이극로(1936). 訓民正音과 龍飛御天歌. <신동아> 6-4. 동아일보사. 재수록 : 하
동호 편(1986). <한글論爭論說集> 下. 역대문법대계 3부 4책(영인판).
탑출판사. 35-37쪽.

최현배(1938). 조선문자 '정음' 또는 '언문'. 웹스/기다가와시브로(1938). <세
계문화사대계>(일본어판 번역판) 상권. 324-339쪽. 하동호 번역.

김경한(1950). 세종 시대의 문화의식. <성균> 3. 성균관대학교.

김경한(1961). 訓民正音 創制와 民族的 苦憫. <국어국문학> 23. 국어국문학회.
117-120쪽.

류 렬(유 열)(1961). 훈민정음에 반영된 주체적 입장과 주체적 태도. <말과
글> 1.

최장수(1964). 訓民正音 創制에 對한 一考察. <강원교육> 35. 강원도 교육연구소.

이숭녕(1966). 한글制定의 時代環境. <교육평론> 96. 교육평론사. 14-69쪽.

김민수(1969). 訓民正音 創製의 始末 : 世宗의 國權 確立策을 中心으로 하여.
<김재원 박사 회갑 기념 논총>. 을유문화사. 775-795쪽.

강길운(1971). 崔萬里 反對上疏의 動機에 對하여. <운현> 3. 덕성여자대학교.
7-12쪽. 재수록 : 강길운(1992). <訓民正音과 音韻體系>. 형설출판사.

김완진(1972). 世宗代의 語文政策에 對한 研究-訓民正音을 圍繞한 數三의 問題.
<성곡논총> 3. 성곡학술문화재단. 185-215쪽. 재수록1 : 김완진(1984).
訓民正音 製作의 目的.[90] <國語와 民族文化(김민수·고영근·이익섭·
심재기 공편>. 집문당. 261-268쪽. 재수록2 : 김완진(1996). <음운과

---

[90] 김완진(1972)의 논문은 "1. 서론, 2. 훈민정음 제작의 목적, 3. 훈민정음 제작의 동기,
4. 훈민정음 제작의 여건, 5. 결론"으로 구성되어 있는데, 이 중 2장만을 재수록한
것임. 일부 재수록에 대한 언급 없음.

문자>. 신구문화사. 301-345쪽.

강길운(1972). 訓民正音創制의 當初 目的에 對하여. <국어국문학> 55 · 56 · 57 합본호. 국어국문학회. 1-21쪽. 재수록 : 서병국(1983). <(新講) 訓民正 音>. 학문사. 재수록2 : 강길운(1992). <訓民正音과 音韻體系>. 형설출 판사. 재수록3 : 서병국(1978). <訓民正音>. 학문사. 121-128쪽.

이강로(1973). 훈민정음 창제 이전의 이학관계의 연구 : 15세기 전반기의 吏 文을 중심으로. <논문집> 8. 인천교육대학교. 1-30쪽.

이기문(1974). 한글의 창제. <한국사>. 국사편찬위원회.

이동림(1974). 訓民正音 創制經緯에 對하여 : 俗所謂 反切 二十七字와 상관해서. <국어국문학> 64. 국어국문학회. 59-62쪽. 재수록1 : 이기문 편(1977). <文字>(國語學 論文選 7). 민중서관. 180-200쪽. 재수록2 : 이동림 외 (1988). <꼭 읽어야 할 국어학 논문집>. 집문당. 414-432쪽. 재수록3 : 서병국(1978). <訓民正音>. 학문사. 129-131쪽.

임영천(1974). 正音形成의 背景的 諸與件에 關하여. <사대논문집> 5. 조선대학교. 61-76쪽.

이동림(1975). 訓民正音의 創制經緯에 대하여 : '언문자모 27자'는 최초 원안이다. <국어국문학 논문집> 9 · 10. 동국대학교. 7-22쪽.

이우성(1976). 朝鮮王朝의 訓民政策과 正音의 機能. <진단학보> 42. 진단학회. 182-186쪽. 재수록 : 이우성(1982). <韓國의 歷史像 : 李佑成歷史論集>. 창작과비평사. 223-230쪽.

강만길(1977). 한글 창제의 사적 의미. <창작과 비평> 44. 창작과비평사. 재 수록1 : 강만길(1978). <分斷時代의 歷史 認識>. 창작과비평사(세부 항 목 제목 새로 붙임). 재수록2 : 김동언 편(1993). <國語를 위한 言語 學>. 태학사. 261-272쪽(1977년판 재수록).

강신항(1977). 훈민정음 창제 동기의 일면. <언어학> 2. 한국언어학회. 57-63쪽.

허 웅(1977). 훈민정음 창제의 동기와 그 역사적 의의. <수도교육> 29. 서울

시 교육연구원. 4-7쪽. 재수록 : 허 웅(1979). 훈민정음 창제의 동기
와 그 역사적 의의. <우리말과 글에 쏟아진 사랑>. 문성출판사.
621-626쪽.

남풍현(1978). 訓民正音과 借字 表記法과의 關係. <국문학 논집> 9. 단국대 국
어국문학과. 3-26쪽.

이숭녕(1979). 한글 제정의 배경과 해석. <수도교육> 49. 서울시 교육연구원.
2-7쪽.

이정호(1979). 한국역학의 인간학적 조명 : 특히 훈민정음과 금화정역에 대하여.
<국제대학논문집> 7. 국제대학. 305-326쪽.

강신항(1980). 世宗代 言語觀의 成立. <동양학> 10. 단국대 동양학연구소.
373-387쪽.

남풍현(1980). 訓民正音의 創制目的과 그 意義. <동양학> 10. 단국대 동양학연
구소. 365-372쪽.

이기문(1980). 訓民正音 創制의 基盤. <동양학> 10. 단국대 동양학연구소.
388-396쪽.

김운태(1981). 세종조 정치문화-세종의 정치적 이념과 실용주의적 개혁을
중심으로-. <논문집>(인문사회) 20. 학술원. 113-162쪽.

이근수(1981). 조선조의 문자 창제와 그 문제점. <홍익> 23. 홍익대학교.
88-99쪽.

이동준(1981). 세종대왕의 정음 창제와 철학 정신. <세종문화> 47(8월). 48(9월).
49(10월). 세종대왕기념사업회. 재수록 : 이동준 외(2007). 세종의 훈
민정음 창제와 철학사상-역학 및 성리학과 관련하여-. <근세한국
철학의 재조명>(행촌 이동준의 일흔 돌 기념 논총). 심산출판사.

박병채(1983). 洪武正韻譯訓의 發音註釋에 대하여-訓民正音과 관련하여-. 추
강 황희영 박사 송수 기념 논총 간행위원회 편. <韓國語 系統論 訓民
正音 硏究>. 집문당. 259-274쪽.

강신항(1984). 世宗朝의 語文政策. <세종조문화 연구> II. 한국정신문화연구
　　원. 3-59쪽. 재수록 : 강신항(2003가). <훈민정음연구>. 성균관대학교
　　출판부. 13-87쪽.

김완진(1984). 訓民正音 創製에 관한 硏究. <한국문화> 5. 서울대학교. 1-19쪽.
　　재수록 : 김완진(1996). <음운과 문자>. 신구문화사. 377-398쪽.

이성연(1984). 훈민정음 창제에 관한 몇 가지 문제. <한글> 185. 한글학회.
　　147-170쪽.

심재기(1985). 훈민정음의 창제. <한국사람의 말과 글>. 지학사.

강규선(1986). 訓民正音 創制背景. <인문과학 논총> 5. 청주대 인문과학연구소.
　　3-19쪽.

강호천(1986). 訓民正音 制定의 音韻學的 背景 I : 中國·夢古韻學을 中心으로.
　　<어문 논총> 5. 청주대 국어국문학과. 97-121쪽.

김완진(1986). 訓民正音 이전의 문자생활. <국어생활> 6. 국어연구소. 4-7쪽.

김용운(1987). 한국인의 자연관과 세종 과학. <세종학 연구> 2. 세종대왕기
　　념사업회. 55-79쪽.

강창석(1989). 訓民正音의 제작과정에 관한 몇 가지 問題. <울산어문논집> 5.
　　울산대 국어국문학과. 21-49쪽.

김광해(1990). 訓民正音 창제의 또 다른 목적. 기곡 강신항선생 화갑기념논문
　　집간행위원회(1990). <姜信沆 敎授 回甲紀念 國語學論文集>. 태학사.
　　27-36쪽. 재수록 : 김광해(2008). 訓民正音 창제의 또 다른 목적. <문
　　법 현상과 교육>. 박이정. 205-218쪽.

강신항(1991). 왕권과 훈민정음 창제. <겨레문화> 5. 한국겨레문화연구원.
　　3-23쪽.

김광해(1991). 훈민정음과 불교. <인문학보> 12. 강릉대 인문과학연구소

김주필(1991). 훈민정음 창제의 언어 내적 배경과 기반. 서울대 대학원 국어
　　연구회 편. <國語學의 새로운 認識과 展開>(김완진 선생 회갑 기념

논총). 민음사. 89-107쪽.

강신항(1992). 한글 창제의 배경과 불교와의 관계. <불교문화연구> 3. 영취 불교문화연구원. 1-22쪽.

김광해(1992). 한글 창제와 불교신앙. <불교문화연구> 3. 한국불교문화학회. 재수록 : 김광해(2008). 한글 創製와 佛敎 信仰. <문법 현상과 교육>. 박이정. 219-243쪽.

박동근(1993). 훈민정음에 나타난 禮樂과 正音·正聲 사상과의 관계. 춘허 성 원경 박사 화갑 기념 논총 간행위원회 편. <한중음운학논총> 1. 서 광학술자료사. 279-294쪽.

이가원(1994). 훈민정음의 창제. <열상고전 연구> 7. 열상고전연구회. 5-24쪽.

이성연(1994). 훈민정음 창제 과정에 대한 연구. <한국언어문학> 32. 형설출 판사. 65-80쪽.

김용경(1996). 훈민정음에 나타난 이원적 언어관. <한말연구> 2. 한말연구학회. 53-64쪽.

이근수(1996). 훈민정음 창제와 조선왕조.91) <인문과학> 4. 홍익대 인문과학 연구소. 5-20쪽.

남풍현(1997). 訓民正音의 創制目的-借字表記法과의 관계를 중심으로. 성재 이돈주 선생 화갑 기념 논총 간행위원회 편(1997). <국어학 연구의 새 지평>. 태학사. 821-847쪽.

박병천(1997). 훈민정음 해례본 한글문자의 자형학적 분석. <겨레문화> 11. 한국겨레문화연구원. 69-170쪽.

고영근(1998). 한국의 전통적 언어철학과 그 근대적 변모 <제2회 동서언어학 집 담회(독일)>. 재수록 : 고영근(2001). <한국의 언어연구>. 역락. 17-30쪽.

김완진(1998). A Dual Theory in the Creation of the Korean Alphabet. <아시

---

91) 용비어천가 찬술 목적과 훈민정음.

아의 문자와 문맹>. 고려대 언어정보연구소

조규태(1998). 훈민정음 창제와 상상력. <인문학 연구> 4. 경상대 인문학연구소. 재수록 : 조규태(2000). <번역하고 풀이한 훈민정음>. 한국문화사. 113-136쪽.

최민홍(1998). 훈민정음이 말한 세 가지 정신. <한글 새소식> 311. 한글학회.

김남돈(1999). 훈민정음 창제 동기와 목적에 관한 국어학사적 고찰. <한국초등교육> 41. 서울교육대학교. 27-51쪽.

려증동(1999). 세종대왕이 만든 배달글자. 세종성왕육백돌기념문집위원회 편(1999). <세종성왕육백돌>. 세종대왕기념사업회. 261-264쪽.

리득춘(1999). 훈민정음 창제설과 비창제설. <중국 조선어문> 2. 중국 조선어문잡지사. 14-16쪽.

박태권(1999). 세종성왕과 훈민정음 창제 배경. 세종성왕육백돌기념문집위원회 편(1999). <세종성왕육백돌>. 세종대왕기념사업회. 265-267쪽.

서정범(1999). 훈민정음의 정(正義) 참뜻. 세종성왕육백돌기념문집위원회 편(1999). <세종성왕육백돌>. 세종대왕기념사업회. 268-271쪽.

이근수(1999). 세종조의 훈민정음 창제와 그 정신. 세종성왕육백돌기념문집위원회 편(1999). <세종성왕육백돌>. 세종대왕기념사업회. 274-275쪽.

이동욱(1999). '한글창제 연구' 독일인 라이너 도멜스 박사(인터뷰) : 저승의 세종대왕은 한글전용을 개탄할 것. <월간조선> 12월호. 조선일보사.

이등룡(1999). 세종의 음운 이론. 세종성왕육백돌기념문집위원회 편(1999). <세종성왕육백돌>. 세종대왕기념사업회. 276-279쪽.

임군택(1999). 어문사상 철학사적 고찰 : 왜곡 해석된 훈민정음 철학적 조명. <대동철학> 6호. 대동철학회. 307-319쪽.

임홍빈(1999). 훈민정음의 명칭에 대한 한 가지 의문. 세종성왕육백돌기념문집위원회 편(1999). <세종성왕육백돌>. 세종대왕기념사업회. 283-288쪽. 재수록 : 임홍빈(2005). <우리말에 대한 성찰> 1. 태학사. 745-753쪽.

장희구(1999가). 訓民正音 創製의 참뜻 I. <한글＋漢字문화> 6. 전국 한자교
육 추진 총연합회. 104-108쪽.

장희구(1999나). 訓民正音 創製의 참뜻 II. <한글＋漢字문화> 7. 전국 한자교
육 추진 총연합회. 122-125쪽.

김광해(2000). 풀리지 않는 한글의 신비. <새국어 소식> 27. 국립국어연구원.

배대온(2000). 훈민정음 창제와 관련하여. <경상어문> 5·6. 경상대 국어국
문학과 경상어문학회. 11-23쪽.

진용옥·안정근(2001). 악리론으로 본 정음창제와 정음소 분절 알고리즘.
<음성과학> 8권 2호. 한국음성과학회. 49-60쪽.

최종민(2001). 우리말과 음악의 소리울림틀 5-훈민정음과 <세종실록> 32칸
악보의 소리묶임틀-. <한국음악 연구> 31. 한국국악학회. 451-474쪽.

한명희(2001). 세종조의 음악 사상. <세종문화사대계 5 : 음악·미술>. 세종
대왕기념사업회. 63-86쪽.

이상혁(2003). 훈민정음 창제 목적에 대한 인문학적 시론(試論)과 15세기 국
어관. 이광정 편. <國語學의 새로운 照明>. 역락. 637-654쪽. 재수
록 : 이상혁(2004). 훈민정음의 창제 목적에 대한 인문학적 접근. <훈
민정음과 국어 연구>. 역락. 37-53쪽.

손유석·강정수(2004). 訓民正音의 制字背景과 易學的 原理. <동의생리병리학
회지> 18-1. 대한동의생리학회. 28-38쪽.

김영환(2005). 전통적 말글 의식에 대한 연구-한글 창제를 중심으로-. <민
족문화 논총> 31. 영남대 민족문화연구소. 463-487쪽.

오종록(2005). 세종 때 과학기술이 발달한 까닭. <내일을 여는 역사> 19. 서해문
집. 80-95쪽.

유미림(2005). 세종의 훈민정음 창제의 정치. <동양정치사상사> 4-1. 한국
동양정치사상학회. 131-153쪽. 재수록 : 정윤재 외(2006). <세종의 국
가 경영>. 지식산업사.

김슬옹(2006). '훈민정음'의 명칭 맥락과 의미. <한글> 272. 한글학회. 165-
　　196쪽. 재수록 : 김슬옹(2010). <세종대왕과 훈민정음학(3장. 훈민정음
　　의 명칭)>. 지식산업사. 102-132쪽.

김종명(2006). 세종의 불교신앙과 훈민정음 창제. <동양정치사상사> 6-1. 한
　　국동양정치사상사학회. 51-68쪽.

문중량(2006). 세종대 과학기술의 '자주성' 다시 보기. <역사학보> 189. 역사
　　학회. 39-72쪽.

성낙수(2006). 훈민정음의 창제 동기에 대하여. <나라사랑> 111. 외솔회.
　　67-71쪽.

정　광(2006). 새로운 자료와 시각으로 본 훈민정음의 創製와 頒布. <언어정
　　보> 7. 고려대 언어정보연구소. 5-38쪽. 재수록 : 정광(2006). <훈민
　　정음의 사람들>. 제이앤씨. 20-36쪽.

김슬옹(2007). 훈민정음 창제 동기와 목적에 대한 중층 담론. <사회언어학>
　　15-1. 한국사회언어학회. 21-45쪽. 김슬옹(2007). <28자로 이룬 문자
　　혁명 훈민정음>. 아이세움. 25-69쪽(중고생용으로 수정 재수록). 재
　　수록2 : 김슬옹(2010). <세종대왕과 훈민정음학(1장. 훈민정음의 창제
　　동기와 목적)>. 지식산업사. 18-54쪽.

김슬옹(2007). 훈민정음 창제 목표 달성의 배경에 관한 연구. <한국어의 역사
　　와 문화>(솔재 최기호 박사 정년 퇴임 기념 논총). 박이정. 145-184쪽.
　　재수록 : 김슬옹(2010). <세종대왕과 훈민정음학(2장. 훈민정음 창제
　　목표 달성의 배경)>. 지식산업사. 55-99쪽.

정달영(2007). 세종 시대의 어문정책과 훈민정음 창제 목적. <한민족 문화연
　　구> 22. 한민족문화학회. 7-30쪽.

이근우(2008). 금속활자. 청자. 그리고 훈민정음에 대한 뒷이야기. <인문사회
　　과학연구> 9-2. 부경대 인문사회과학연구소. 175-201쪽.

정　광(2008). 訓民正音의 制定과 頒布 再考. 훈민정음과 파스파 문자 Workshop

조직위원회 편. <훈민정음(訓民正音)과 파스파 문자(八思巴文字) 국제 학술 Workshop 논문집>. 한국학중앙연구원. 235-256쪽.92)

김세환(2008). 中國文字의 收容과 <訓民正音>. <중국학> 30. 대한중국학회. 35-58쪽.

박지홍(2008). 정음 반포를 앞둔 집현전의 움직임과 세종의 처리 1. <한글 새소식> 431. 한글학회. 8-10쪽.

박지홍(2008). 정음 반포를 앞둔 집현전의 움직임과 세종의 처리 2. <한글 새소식> 434. 한글학회. 14-18쪽.

박지홍(2008). 정음 반포를 앞둔 집현전의 움직임과 세종의 처리 3. <한글 새소식> 436. 한글학회. 12-13쪽.

유창균(2008). 蒙古韻略과 東國正韻. 훈민정음과 파스파 문자 Workshop 조직 위원회 편. <훈민정음(訓民正音)과 파스파 문자(八思巴文字) 국제 학 술 Workshop 논문집>. 한국학중앙연구원. 101-112쪽.

이기문(2008). 訓民正音 創制에 대한 再照明. <한국어연구> 5. 한국어연구회. 5-45쪽.

이선경(2008). 학산 이정호의 훈민정음(訓民正音)의 역리연구(易理研究)에 대 하여 : <훈민정음의 구조원리>를 중심으로. <유교문화연구> 13. 성 균관대 동아시아학술원 유교문화연구소. 229-251쪽.

조오현(2008). 훈민정음 창제 목적 연구와 관련된 몇 가지 문제. 이석규 외. <우리말의 텍스트 분석과 현상 연구>. 역락. 431-446쪽.

사재동(2009). 訓民正音 創製·實用의 佛教文化學的 考察. <한국불교문화학회 2009년도 정기학술대회 자료집>. 한국불교문화학회. 1-44쪽.

이영월(2009). 훈민정음에 대한 중국운서의 영향—삼대어문사업을 중심으로—.

---

92) "정광(2006). 새로운 자료와 시각으로 본 훈민정음의 창제와 반포. <언어정보> 7. 고려대 언어정보연구소. 5-38쪽. 재수록. 정광(2006). <훈민정음의 사람들>. 제이앤 씨. 20-36쪽."에 대한 수정 보완 논문.

<중국학연구> 50. 중국학연구회. 255-274쪽.

이종우(2009). 세종조의 불교 정책. <종교연구> 50. 한국종교학회. 159-185쪽.

정다함(2009). 麗末鮮初의 동아시아 질서와 朝鮮에서의 漢語. 漢吏文. 訓民正音. <韓國史學報> 36. 고려사학회. 269-305쪽.

카이 홍(2009). 세종의 한글창제와 문화자본론. <동아시아문화와예술> 6. 동아시아문화학회. 111-132쪽.

박현모(2010). 세종은 왜 훈민정음을 창제했나? : 법과 문자. <세종대왕과 한글창제와 리더십 승계(2회 세종학 학술회의 훈민정음 564돌 기념). 한국학중앙연구원. 27-46쪽.

사재동(2010). 訓民正音 創製·實用의 佛敎文化學的 考察. <국학연구론총> 5. 택민국학연구원. 105-207쪽.

신복룡(2010). 세종은 한글을 어떻게 활용했나? <세종대왕과 한글창제와 리더십 승계(2회 세종학 학술회의 훈민정음 564돌 기념). 한국학중앙연구원. 47-60쪽.

이영월(2010). 등운이론과 훈민정음 28자모의 음운성격－창제 동기와 목적을 중심으로. <중국어문논역총간> 27. 중국어문논역학회. 123-150쪽.

장윤희(2011). 문자생활사 관점에서의 '갑자 상소문' 재평가. <국어교육> 134. 한국어교육학회. 131-154쪽.

홍윤표(2011). 한글 이름을 왜 '훈민정음'이라고 했을까요?(국어학자 홍윤표의 한글이야기 13). <쉼표. 마침표(국립국어원 소식지)> 63. <웹진>. 국립국어원.

신운용(2011). 세종의 훈민정음 창제와 한국말의 개념 문제. <仙道文化> 10. 국제뇌교육종합대학원 국학연구원. 325-347쪽.

민현식(2011). 甲子 上疏文의 텍스트언어학적 分析 硏究. <語文研究> 39-3. 한국어문연구회. 7-42쪽.

민현식(2011). 국어 교과서 제재 선정의 문제점 : '甲子 上疏文'을 중심으로.

<국어교육> 136. 국어교육학회. 357-387쪽.

김영명(2012). 한글 창제의 목적에 관한 종합 검토 <615돌 세종날 기념 전국 국어학 학술 대회 발표 논문 요약집(세종대왕 다시 보기)>. 한글학회. 73-83쪽.

고창수(2013). 정음음운학파에 대하여. <한국어학> 60. 한국어학회. 43-61쪽.

문중양(2013). 15세기의 '風土不同論'과 조선의 고유성. <韓國史研究> 162. 韓國史研究會. 45-86쪽.

이상규(2013). <세종실록> 분석을 통한 한글 창제 과정의 재검토. <韓民族語文學> 65. 한민족어문학회. 5-56쪽.

임홍빈(2013). 실록의 훈민정음 간행 기사의 비밀. <언어와 정보사회> 20. 서강대 언어정보연구소 51-91쪽.

임홍빈(2013). 정음 창제와 세종조 유교와 불교의 구도. <2013년 한글날 기념 전국학술대회 불교와 한글>. 동국대 불교학술원·인문한국(HK) 연구단. 13-49쪽.

정다함(2013). "中國(듕귁)"과 "國之語音(나랏말쌈)"의 사이. <比較文學> 60. 韓國比較文學會. 255-280쪽.

정성식(2013). 세종대왕의 통치철학과 리더십. <東洋文化研究>16. 靈山大學校 東洋文化研究院. 7-33쪽.

김슬옹(2014). 세종의 '정음 문자관'의 맥락 연구. <한말연구> 35. 한말연구 학회. 5-45쪽.

이병효(2014). 한글, 세종대왕이 직접 만들었다 : '친제설 vs 협찬설' 부질없는 논란. <Magazine N> Vol. 8. 아자미디어앤컬처. 27-27쪽.

정다함(2014). <龍飛御天>에 나타난 조선왕실의 '小中華'적 정체성 창출과 타자 인식 : 그 '比較'의 서사를 중심으로. <韓國史學報> 57. 고려사학회. 155-195쪽.

정찬주·송화선(2014). 범어 전문가 신미대사 훈민정음 프로젝트 숨은 설계사 :

"한글 탄생의 주역은 신미(信眉)대사" 주장하는 작가 정찬주 (인터뷰).
　　　<주간동아> 956. 동아일보사. 72-73쪽.

이상규(2015). <훈민정음>에 대한 인문지리학적 접근. <韓民族語文學> 69.
　　　韓民族語文學會. 5-39쪽.

정다함(2015). <龍飛御天歌>에 나타난 易姓革命의 구체적 서사와 그 함의.
　　　<朝鮮時代史學報> 72. 朝鮮時代史學會. 7-55쪽.

3. 기원·영향

권덕규(1922). 조선어문의 연원과 그 성립. <동명> 1.

안자산(1925). 諺文의 淵源. <시대일보> 1925.5.12. 재수록(활자재판) : 김창규
　　　(2000). <安自山의 國文學硏究>. 국학자료원. 205-216쪽.

권덕규(1927). 정음 이전의 조선글. <한글 동인지> 1. 조선어학회. 48-52쪽.

안자산(1931). 朝鮮語의 起源과 그 價値. <朝鮮> 159. 재수록(활자재판) : 김창
　　　규(2000). 언문의 기원과 그 가치. <安自山의 國文學硏究>. 국학자료
　　　원. 431-445쪽.

김윤경(1932). 한글 기원 제설. <한글> 5. 조선어학회. 201-205쪽.

고재휴(1938). 諺文의 起源說과 蒙古語學運動의 槪況. <정음> 23. 조선어학연
　　　구회. 5-9쪽.

이영삼(1938). 朝鮮文字의 由來와 趨向. <정음> 23. 조선어학연구회. 10-13쪽.

홍기문(1941). 三十六字母의 起源. <춘추> 2-7. 조선춘추사. 162-169쪽.

이 탁(1949). 言語上으로 考察한 先史時代의 桓夏 文化의 關係. <한글> 106.
　　　한글학회. 4-24쪽.

김병제(1954). 훈민정음 성립에 관한 몇 가지 문제. <조선 민주주의 인민공
　　　화국 과학원 학보> 3. 평양.

김병제(1956). 조선의 고유 문자 훈민정음. <조선어문> 1. 평양.

Hope. E. R(1957). Letter Shapes in Korean Önmun and Mongol hp'ags-pa Alphabet. <Oriens> 10.

렴종률(1963). 우리의 고유 문자 '훈민정음' 창제. <조선어학> 4. 조선민주주의 인민공화국 과학원 언어문학연구소.

류 렬(1963). 민족 문자 '훈민정음' 창제의 문자사적 의미. <조선어학> 4. 조선민주주의 인민공화국 과학원 언어문학연구소

장장효(1963). 訓民正音과 日本 神代文字. <한양> 2-3. 한양사. 97-102쪽.

유창균(1966). '象形而字倣古篆'에 對하여. <진단학보> 29·30(합병호). 진단학회. 재수록 : 이기문 편(1977). <文字>(國語學 論文選) 7. 민중서관. 153-179쪽.

공재석(1967). 한글 古篆起源說에 대한 考察. <중국학보> 7. 한국중국학회. 재수록 : 공재석(2002). <中國言語學>. 신서원. 45-54쪽.

공재석(1968). 한글 고전 기원설의 근거가 되는 기일성문설(起一成文說). <우리문화> 2. 우리문화연구회.

조영진(1969). 훈민정음 자형의 기원에 대하여. <국어국문학> 44·45. 국어국문학회. 195-207쪽.

김선기(1970). 한글의 새로운 기원설. <논문집> 3. 명지대학교. 11-81쪽.

박병채(1974). 한글과 일본의 신대문자. <유네스코 뉴스> 169.

정재도(1974). 한글 이전의 글자. <신문연구> 20. 관훈클럽. 170-186쪽.

유창균(1977). 訓民正音과 八思巴字와의 상관성 : 훈민정음 기원의 측면. 석계 조인제 박사 환력 기념 논총. 회갑기념출판위원회 편(1977). <石溪 趙仁濟 博士 還曆紀念論叢>. 95-115쪽.

권재선(1983). 한글의 起源. 추강 황희영 박사 송수 기념 논총 간행위원회 편. <韓國語 系統論 訓民正音 硏究>. 집문당. 197-226쪽.

송호수(1984). 속 한글의 뿌리 : 한글은 世宗 이전에도 있었다. <광장> 125. 세계평화교수협의회. 147-156쪽.

송호수(1984). 속 한글의 뿌리 : 한글은 世宗 이전에도 있었다. <정우> 4-5. 국회의원 동우회. 74-81쪽.

송호수(1984). 속 한글의 뿌리 : 한글은 世宗 이전에도 있었다 2. <정우> 4-7. 국회의원 동우회. 124-133쪽.

이근수(1984). 한글과 일본 신대문자 : "한글은 세종 이전에도 있었다"는 주장과 관련하여. <홍대논총> 16. 홍익대학교. 363-398쪽.

이근수(1984). 한글은 世宗 때 창제되었다. <광장> 2. 세계평화교수협의회. 62-83쪽.

이근수(1986). 固有한 古代文字 사용설에 대하여. <국어생활> 6. 국어연구소. 8-19쪽.

이근수(1988). 한글 창제, 과연 단군인가. <동양문학> 2. 동양문학사. 276-287쪽.

고노로쿠로(河野六郎)(1989). ハングルとその起源. <日本學士院紀要> 43-3.

리득춘(1989). 훈민정음 기원의 이설. 하도기원론. <중국 조선어문> 5. 중국 조선어문잡지사. 11-17쪽.

권재선(1994). 가림토에 대한 고찰. <한글> 224. 한글학회. 171-192쪽.

김문길(1994). 日本 神代文字에 관한 硏究 : 長尾神社 浮刻文字를 중심으로. <日本學> 13. 317-341쪽.

류 렬(유 열)(1994). 우리 민족은 고조선시기부터 고유한 문자를 가진 슬기로운 민족. <중국 조선어문> 1. 중국 조선어문잡지사.

송기중(1997). 東北아시아 歷史上의 諸文字와 한글의 起源. <진단학보> 84. 진단학회. 203-226쪽.

오오만(1997). "On the Origin of Hun Min Jeong Uem : Focused on Denying and Commending on the Origin of Japanese 'Jin Dai' Letters." Korean Language 22.

조철수(1997). 훈민정음은 히브리 문자를 모방했다 : 한글의 비밀을 밝힌다. <신동아> 452. 동아일보사. 360-373쪽.

연호탁(1998). 한글의 기원에 관한 고찰. <관대 논문집> 26. 관동대학교.
49-64쪽.

오오만(1998). 훈민정음 기원설 : 일본·'神代文字起源說'을 비판, 부정한다. <배
달말> 22. 배달말학회. 121-135쪽.

강규선(1999). 訓民正音 起源設 硏究. <인문과학 논총> 19. 청주대 인문과학연
구소. 47-76쪽.

배희임(1999). 훈민정음과 가림토문에 관한 소고. <배재논총> 3. 배재대학교.
7-19쪽.

연호탁(2000). 訓民正音의 制字 起源 再論 : '古篆'의 正體 把握을 中心으로. <사
회언어학> 8-2. 사회언어학회. 281-300쪽.

조두상(2001). 세종 임금이 훈민정음 창제 때 참고한 문자 연구-인도 글자
가 한국 글자에 미친 영향에 대하여-. <人文論叢> 57. 부산대 인문
학연구소. 65-88쪽.93)

최용호(2004). 한글과 알파벳 두 문자체계의 기원에 관한 기호학적 고찰.
<불어불문학연구> 59. 한국불어불문학회. 337-353쪽.

황경수(2005). 훈민정음의 기원설. <새국어교육> 70. 한국국어교육학회. 221-238쪽.

Rainer Dormels(2006). 洪武正韻譯訓의 正音硏究와 訓民正音 창제에 끼친 영향.
최남희·정경일·김무림·권인한 편저. <國語史와 漢字音>. 박이정.
605-646쪽.

반재원(2007). 한글 창제의 바탕은 천문학. <한글 창제원리와 옛글자 살려
쓰기>. 역락. 119-156쪽. 재수록 : 반재원(2009). <씨알 시말>. 백암.
165-237쪽.

이경희(2007). 八思巴字와 訓民正音의 공통특징-편찬배경과 표음문자 중심으로.
<중국어문학논집> 43. 중국어문학연구회. 169-186쪽.

---

93) 구자라트 문자와 산스크리트 문자와 훈민정음의 상관관계를 다룬 논문.

오종록(2008). 훈민정음 창제와 반대 상소 <(내일을 여는) 역사> 32. 서해문
집. 57-65쪽.

정 광(2008). <蒙古字韻>의 八思巴 문자와 訓民正音. <제2회 한국어학회 국
제학술대회>. 한국어학회. 10-26쪽.

정 광(2008). 訓民正音 字形의 獨創性-<蒙古字韻>의 八思巴 文字와의 비교를
통하여. 훈민정음과 파스파 문자 Workshop 조직위원회 편. <훈민정
음(訓民正音)과 파스파 문자(八思巴文字) 국제 학술 Workshop 논문
집>. 한국학중앙연구원. 65-93쪽.

Rainer Dormels(2008). 訓民正音과 八思巴文字 사이의 연관관계-洪武正韻譯訓
분석에 따른 고찰. 훈민정음과 파스파 문자 Workshop 조직위원회 편.
<훈민정음(訓民正音)과 파스파 문자(八思巴文字) 국제 학술 Workshop
논문집>. 한국학중앙연구원. 115-136쪽.

송기중(2009). 팍바('Phags-pa 八思巴) 문자와 訓民正音. 附『蒙古字韻』解題. <국
어학> 54. 국어학회. 17-74쪽.

정 광(2009). 훈민정음의 中聲과 파스파 문자의 모음자. <국어학> 56. 국어
학회.

Lee, Ki-Moon(2009). Reflections on the Invention of the Hunmin jeongeum.
SCRIPTA. Volume 1. pp.1-36.

김영환(2011). 한글 만든 원리 "상형" 및 "자방고전"에 대한 비판적 이해.
<한글새소식> 462. 한글학회. 8-9쪽.

반재원(2011). '자방고전'과 '무조조술'에 대한 견해-<한글 새소식> 462호에 실
린 김영환 교수의 글을 읽고 <한글새소식> 465호. 한글학회. 18-19쪽.

정제문(2015). 파스파 문자와 훈민정음. <한글> 307. 한글학회. 5-43쪽.

4. 창제 주체 문제와 세종[94]

이중건(1927). 世宗大王과 訓民正音. <한글 동인지> 1. 조선어학회. 41-47쪽.

권덕규(1928). 잘못 考證된 正音 創造者. <한글 동인지> 4. 조선어학회. 6-8쪽.

이병수(1934). 世宗大王의 偉業. <정음> 4. 조선어학연구회. 26-33쪽.

이윤재(1935). 세종대왕과 문화사업. <신동아> 40. 동아일보사.

김태준(1936). 世宗大王과 八道歌謠 蒐集事業. <한글> 35. 조선어학회. 195-196쪽.

김윤경(1946). 세종대왕과 훈민정음. <한글> 94. 조선어학회. 23-26쪽. 재수
　　　록 : 한결 김윤경 전집(1985) 4. 연세대학교 출판부. 456-461쪽.

최현배(1946). 세종대왕의 이상과 한글. <한글> 94. 조선어학회. 36-37쪽.

유홍렬(1949). 세종과 우리 문화. <한글> 107. 한글학회. 5-16쪽.

이광린(1954). 世宗朝의 集賢殿. <崔鉉培 先生 還甲記念文集>. 사상계사.
　　　157-176쪽.

임헌도(1956). 세종대왕과 한글. <조선일보> 10. 조선일보사. 8-10쪽.

이호우(1964). 한글과 세종대왕. <약진 경북> 14. 경북도청.

이숭녕(1966). 세종대왕의 개성의 고찰. <대동문화연구> 3. 성균관대 대동문화
　　　연구원. 19-82쪽. 재수록 : 이숭녕(1978). <국어학 연구>. 형설출판사.

이숭녕(1967). 세종대왕 연구에의 의의 제기. <김석재 신부 금양 경축 기념
　　　논총>.

이숭녕(1975). 世宗大王과 訓民正音 制定. <어문연구> 10. 한국어문교육연구회.
　　　665-666쪽.

이근수(1976). 國語學史上의 定立을 위한 訓民正音 創制問題. <어문논집> 17.
　　　고려대학교. 137-165쪽.

유홍렬(1977). 世宗大王과 集賢殿. <어문연구> 15·16. 일조각. 21-23쪽.

---

94) 훈민정음과 직접 관련된 문헌에 한함.

이태극(1978). 세종대왕과 정음반포. <세종문화> 12. 세종대왕기념사업회.

Gale. J. S(1892). "The Inventor of the En-Moun." *The Korean Repository Vol. 1.*

이경희(1984). 한글 創製와 王權强化. <녹우연구논집> 26. 이화여대 사범대학 사회생활과. 13-23쪽.

이정호(1984). 世宗大王의 哲學精神 : 人間尊嚴思想과 訓民正音의 創製原理를 中心으로. <世宗朝 文化硏究> Ⅱ. 한국정신문화연구원. 308-343쪽.

이문수(1988). 世宗의 福祉政策에 關한 硏究 Ⅳ : 訓民正音 創製를 中心으로. <사회문화 연구> 7. 대구대 사회과학연구소. 47-65쪽.

이응백(1990). 世宗大王의 訓民正音 御制序文의 再吟味. <어문연구> 68. 일조각. 450-458쪽.

이기문(1992). 訓民正音 親制論. <韓國文化> 13. 서울대 한국문화연구소 1-18쪽.

이응백(1994). 訓民正音 序文에 나타난 世宗大王의 생각. <어문연구> 81·82. 한문어문교육연구회. 일조각. 264-271쪽.

제어드 다이아몬드(1995). 미국 학자가 본 세종대왕의 업적. <세계어의 필요성과 한글의 시사점>(세종대학교 주최 학술 자료집). 세종호텔. 16-21쪽. 재수록 : 국어순화추진회 엮음(1996). <한글과 겨레 문화>. 과학사. 182-190쪽.

김슬옹(1997). 세종 탄신 600돌의 진정한 의미설정을 위하여. <나라사랑> 94. 외솔회. 156-159쪽.

렴광호(1997). 훈민정음 제자와 관련된 몇 가지 문제. <중국 조선어문> 4. 중국 조선어문잡지사. 29-33쪽.

이병기(1997). 세종대왕과 한글. <나라사랑> 94. 외솔회. 32-34쪽.

임용기(1997). 세종대왕과 훈민정음의 창제. 문화체육부 편. <세종대왕 : 탄신 600돌 기념>. 문화체육부. 48-85쪽.

임용기(1997). 세종대왕과 훈민정음의 창제. <나라사랑> 94. 외솔회. 71-103쪽.

조희웅(1998). 세종 시대의 산문 문학. <세종문화사대계 1 : 어학·문학>. 세
　　　종대왕기념사업회. 501-607쪽.

최　철(1998). 세종 시대의 시가 문학. <세종문화사대계 1 : 어학·문학>. 세
　　　종대왕기념사업회. 419-498쪽.

김석득(1999). 훈민정음과 세종대왕. <세종성왕 육백돌>. 세종대왕기념사업회.

안병희(2004). 世宗의 訓民正音 創制와 그 協贊者. <國語學> 44. 국어학회. 3-38쪽.
　　　재수록 : 안병희(2007). <訓民正音 硏究>. 서울대 출판부. 119-159쪽.

이재형(2004). 세종의 훈민정음 창제와 신미의 역할. <불교문화연구> 4. 한
　　　국불교문화학회. 137-156쪽.

윤국한(2005). 훈민정음 친제설에 대하여 : 문법교과서의 진술을 중심으로.
　　　<한국어문교육> 14. 한국교원대 한국어문교육연구소. 193-218쪽.

김정수(2006). 1443년에 세종이 손수 훈민정음을 만들었다. <주간조선> 1925호
　　　(10.9). 조선일보사. 70-74쪽.

임홍빈(2006). 한글은 누가 만들었나 : 한글 창제자와 훈민정음 대표자. 편집위
　　　원회(2006). <國語學論叢 : 李秉根先生 退任紀念>. 태학사. 1347-1395쪽.

최종민(2006). 듣고 싶은 세종대왕의 음악 용비어천가. <나라사랑> 111. 외
　　　솔회.

김슬옹(2008). 세종과 소쉬르의 통합언어학적 비교 연구. <사회언어학> 16권
　　　1호. 한국사회언어학회. 1-23쪽. 재수록 : 김슬옹(2010). <세종대왕과
　　　훈민정음학(11장. 세종과 소쉬르의 통합언어학적 비교)>. 지식산업
　　　사. 404-439쪽.

임홍빈(2008). 訓民正音 創製와 관련된 몇 가지 問題. 훈민정음과 파스파 문자
　　　Workshop 조직위원회 편. <훈민정음(訓民正音)과 파스파 문자(八思巴
　　　文字) 국제 학술 Workshop 논문집>. 한국학중앙연구원. 163-195쪽.95)

---

95) 임홍빈의 한글은 누가 만들었나 : 한글 창제자와 훈민정음 대표자(<國語學論叢 : 李
　　秉根 先生 退任紀念>. 태학사. 2006. 1347-1395쪽)에 고전(古篆)과 티베트 문자와의

김슬옹(2009). 세종언어정책 담론 : 훈민정음을 통한 통합과 통섭 전략. <U.B. 한
국학 연구> 창간호. 몽골 울란바타르대 한국학연구소 37-61쪽 : (Ким
Сыллун. 2009. Сэжун хааны хэлний бодлогын хэлэлцүүлэ
г : "Хүньминжөным"-гээр илрэн гарсан нэгдмэл төлөвлөг
өө).

김슬옹(2012). 세종학의 과학적 보편주의와 생태적 보편주의. <지구화 시대
와 글로컬리티의 가치(2012 상반기 전국 학술대회 자료집)>. 영주어
문학회 · 한민족문화학회. 91-112쪽.

김시황(2015). 우리의 文字는 韓字(韓文)와 訓民正音이라고 해야 한다. <한글
＋漢字문화> 188. 전국漢字敎育추진총연합회. 4-5쪽.

김영철(2015). 씨ㅇ·ㅅ(·)글자가 훈민정음 28자를 낳았다. <아동문학세상> 88.
아동문학세상. 60-64쪽.

5. 제자 원리 · 표기 · 발음

안자산(안확)(1926). 언문 발생 전후의 기록법. <신민> 13. 신민사.

정열모(정렬모)(1927). 聲音學上으로 본 正音. <한글 동인지> 1. 조선어학회.
57-61쪽.

감 메(1932). 訓民正音의 글자 모양과 벌림에 對하여-한글 製作의 技巧的 考
察-. <한글> 5. 조선어학회. 192-198쪽.[96]

이극로(1932). 訓民正音의 獨特한 聲音 觀察. <한글> 5. 조선어학회. 198-201쪽.

관계 등의 논의를 덧붙여 다시 상세하게 논의했다.

96) 박지홍은 "1992. 초창기 '한글'에 실린 글에 대한 평가와 검토-'훈민정음 연구' 분
야에 대하여. <한글> 216. 한글학회. 130-132쪽"에서의 '감메'는 외솔 최현배의 가
명임을 밝히고 있다.

재수록 : 이극로(1948). <國語學論叢>. 정음사.

이병기(1932). 한글의 經過. <한글> 6. 조선어학회. 232-235쪽.

이 탁(1932). ㆆ·△·◇을 다시 쓰자. <한글> 4. 한글학회. 161-167쪽.

전몽수(1936). 字母 이름에 對하여(야). <한글> 30. 조선어학회. 30-31쪽.

홍찬희(1938). 訓民正音의 竝書 調査. <한글> 52. 조선어학회. 10쪽.

이극로(1939). 訓民正音의 '重刊ㅅ' 表記法. <한글> 61. 조선어학회. 10-11쪽.
　　　　재수록 : 이극로(1948). 훈민정음의 '사이 ㅅ' 표기법. <國語學論叢>.
　　　　정음사. 19-22쪽.

권영달(1940). 朝鮮語文의 合理性. <정음> 36. 조선어학연구회. 14-15쪽.

방종현(1940). "·"와 "△"에 대하여. <한글> 79. 조선어학회. 1-2쪽.

신태현(1940). 訓民正音 雜攷 : 制字原理와 母音調和. <정음> 36. 조선어학연구회.
　　　　11-13쪽.

이숭녕(1940). '·' 音攷. <震壇學報> 12. 震檀學會. 1-106쪽.

이극로(1941). "·" 음가를 밝힘. <한글> 83. 조선어학회. 4-5쪽. 재수록 : 이
　　　　극로(1948). <國語學論叢>. 정음사. 19-22쪽.

홍기문(1941). 訓民正音과 漢字音韻 : 漢字反切의 起源과 構成 上. <조광> 7-5.
　　　　京城 : 朝鮮日報社出版部. 66-71쪽.

홍기문(1941). 訓民正音과 漢字音韻 : 漢字反切의 起源과 構成 下. <조광> 7-6.
　　　　京城 : 朝鮮日報社出版部. 198-207쪽.

김윤경(1946). 우리글은 무엇을 본뜨어 만들었나. <한글문화> 1. 한글문화보
　　　　급회. 3-5쪽. 39쪽.

방종현(1947). 訓民正音과 訓蒙字會와의 比較. <국학> 2. 국학전문학교 학생회
　　　　편집부. 10-18쪽. 재수록 : 방종현(1963/재판 : 1972). 訓民正音과 訓蒙
　　　　字會와의 比較. <일사국어학논집>. 민중서관. 55-66쪽.

이숭녕(1947). 訓民正音과 母音論. <한글> 100. 한글학회. 460-470쪽.

전몽수(1949). 訓民正音의 音韻 組織. 전몽수·홍기문 공저. <訓民正音 譯解>

조선어문고 1책. 평양 : 조선어문연구회. 38-81쪽.

김민수(1953). 各字並書 音價論. <국어국문학> 4. 국어국문학회. 4-12쪽.

허 웅(1953). 申叔舟의 中國語 入聲處理에 對하여. <국어국문학> 5. 국어국문
학회. 69-71쪽.

김윤경(1954). △ㆆㅎㅱㅸㅃ들의 소리값. 최현배 선생 환갑 기념 논문집 간
행회 편(1954). <崔鉉培 先生 還甲記念文集>. 사상계사. 67-90쪽. 재수록1 :
한결 김윤경 박사 고희 기념 논문집 간행회 편(1964) <한결 國語學論
集>. 갑진문화사. 42-58쪽. 재수록2 : 한결 김윤경 전집(1985). 4. 연세
대학교 출판부. 315-330쪽.

강길운(1955). 初聲並書考. <국어국문학> 13. 국어국문학회.

김윤경(1957). 훈민정음에 대한 몇 가지 고찰. <一石 李熙昇 先生 頌壽紀念論
叢>. 일조각. 191-202쪽. 재수록1 : 한결 김윤경 박사 고희 기념 논문
집 간행회 편(1964). <한결 國語學論集>. 갑진문화사. 80-90쪽. 재수
록2 : 한결 김윤경 전집(1985) 4. 연세대학교 출판부. 331-341쪽.

박병채(1957). 破裂音攷 : 訓民正音 創製의 音聲學的 考察. <국어국문학> 17.
국어국문학회. 77-93쪽.

김윤경(1958). 우리말 소리의 발음(방송 원고 모음).[97] 재수록 : 한결 김윤경
박사 고희 기념 논문집 간행회 편(1964). <한결 國語學 論集>. 갑진문
화사. 301-334쪽.

김철헌(1958). 東國正韻 初聲攷. <국어국문학> 19. 국어국문학회. 107-132쪽.

장태진(1958). 傍點의 機能 : 十五世紀 國語韻素 設定을 爲한 試圖. <어문학> 3.
한국어문학회.

유창균(1959). 東國正韻에 나타난 母音의 特色－특히 訓民正音 母音組織의 本質
을 究明하기 爲하여. <논문집> 2. 청구대학교.

---

97) 훈민정음 28자에 대한 발음법을 자세하게 기술하였다.

이숭녕(1959). 洪武正韻譯訓의 研究. <진단학보> 20. 진단학회. 115-151쪽.

최현배(1959). "·" 자의 소리값 상고 : 배달말의 소리뭇[音韻]연구. <동방학
　　지> 4. 연세대 동방학연구소. 1-98쪽.

리　영(1960). 우리 글자의 과학성. <말과 글> 1.

김경탁(1961). 訓民正音을 通하여 본 生成哲學. <원광문화> 3. 원광대학교.
　　67-72쪽.

김광익(1962). 훈민정음의 자모수와 자모 차례의 변천. <말과 글> 1.

유창돈(1962). 15世紀 國語의 音韻體系. <국어학> 1. 국어학회.

강신항(1963). <訓民正音> 解例理論과 <性理大全>과의 聯關性. <국어국문학>
　　26. 국어국문학회. 177-185쪽. 고영근 편(1985). <國語學 研究史 : 흐
　　름과 動向>. 학연사. 221-231쪽.

원응국(1963). 훈민정음의 철자 원칙. <조선어학> 4. 조선민주주의 인민공화
　　국 과학원 언어문학연구소. 23-26쪽.

유창균(1963). 訓民正音 中聲體系 構成의 根據. <어문학> 10. 24-43쪽.

이동림(1963). 訓民正音의 制字上形成問題. <无涯 梁柱東 博士 華誕紀念論文集>.
　　탐구당. 311-336쪽.

최정후(1963). 훈민정음 창제자들의 음운에 대한 견해. <조선어학> 4. 조선
　　민주주의 인민공화국 과학원 언어문학연구소.

한영순(1963). 훈민정음 창제자들의 음운에 대한 견해. <조선어학> 4. 조선
　　민주주의 인민공화국 과학원 언어문학연구소.

강길운(1964). 世宗朝의 韻書刊行에 對하여. <陶南趙潤濟博士 回甲記念 論文
　　集>. 신아사. 63-80쪽.

김완진(1964). 中世國語 二重母音의 音韻論的 解釋에 對하여. <학술원 논문
　　집>(인문사회과학편) 4. 학술원. 49-66쪽.

남광우(1964). 東國正韻式 漢字音聲調의 研究. <논문집> 9. 중앙대학교. 9-34쪽.

서병국(1964). 訓民正音 解例本의 制字解 研究 : 制字原理를 中心으로. <논문

집> 8. 경북대학교. 13-32쪽.

이동림(1964). 東國正韻의 硏究 : 特히 九十一韻 二十三字母와 訓民正音 十一母音 策定에 關하여. <논문집> 1. 동국대학교.

지춘수(1964). 종성 8자 제한에 있어서 'ㄷ・ㅅ' 설정에 대한 고찰. <국어국문학> 27. 국어국문학회. 145-165쪽.

김경탁(1965). 訓民正音을 通하여 본 易의 思想. <中國學報> 4. 한국중국학회. 재수록 : 김경탁(1977). <中國哲學槪論>. 범학도서.

김영황(1965). 훈민정음의 음운리론. <조선어학> 1 영인본. 연문사 : 이득춘 편(2001). <조선어 력사언어학연구>(김영황 교수 논문집). 역락. 재수록 : 65-87쪽.

유창균(1965). 東國正韻 硏究 : 其二・九十一韻의 成立과 그 背景. <진단학보> 28. 진단학회. 97-134쪽.

유창균(1965). 中聲體系 構成의 根據를 再論함. <국어국문학> 30. 국어국문학회. 51-83쪽.

이동림(1965). 東國正韻 硏究(Ⅱ) : 그 等韻圖 作成을 中心으로. <국어국문학> 30. 국어국문학회.

강신항(1966). 四聲通解 권두의 자모표에 대하여. <가람 이병기 박사 송수 기념 논문집>. 삼지출판사.

유창균(1966). 東國正韻 硏究 序說. <동양문화> 5. 영남대 동양문화연구소. 21-69쪽.

김영만(1967). 이조전기의 한자음의 운율(성조)Ⅰ・Ⅱ. <한글> 139. 한글학회. 95-113쪽.

유정기(1968). 訓民正音의 哲學的 體系. <동양문화> 6・7. 영남대학교. 179-197쪽.

유창균(1968). 古今韻會擧要의 反切과 東國正韻과의 比較. <동양문화> 8. 영남대 동양문화연구소. 95-142쪽.

이남덕(1968). 15世紀 國語의 된소리 考. <이숭녕박사 송수기념논총>. 을유문화사.

강신항(1969). 韓國韻書에 관한 기초적 연구. 1969년도 문교부 학술연구조성비 연구보고서.

성원경(1969). 切韻指掌與訓民正音 制字解例之 理論關係攷. <반공(反攻)> 323. 대북 : 국립편역관.

성원경(1969). 훈민정음 성모와 중국 성모의 비교 연구. <우정> 328. 중화민국 국립편역관.

이기문(1969). 中世國語 音韻論의 諸問題. <진단학보> 32. 진단학회.

성원경(1970). 訓民正音 諸字理論과 中國 韻書와의 관계. <학술지> 11. 건국대학교. 131-150쪽.

유정기(1970). 哲學的 體系에서 본 訓民正音考. <현대교육> 3-2. 현대교육사. 28-40쪽.

김석득(1971). 한국 3대 운서의 언어학사적 의의-음소관 및 생성철학관 중심-. <인문과학> 24·25 합병호. 연세대 인문과학연구소. 1-20쪽.

김석득(1971). 훈민정음 해례의 언어학적 분석 : 이원론적인 변별적 자질론 및 언어철학적 이해. <한글학회 50돌 기념 논문집>. 한글학회. 291-310쪽. 재수록 : 서병국(1978). <訓民212正音>. 학문사. 132-145쪽.

김선기(1971). 훈민정음 중성자 'ㅓ'의 음가. <동방학지> 12. 연세대학교. 323-340쪽.

도수희(1971). 각자병서 연구. <한글학회 50돌 기념논문집>. 한글학회.

성원경(1971). 東國正韻과 洪武正韻譯訓音의 比較研究. <학술지> 12. 건국대학교.

안병희(1971). 15世紀의 漢字音 한글 表記에 대하여. <金亨奎 博士 頌壽紀念論叢>. 일조각. 371-380쪽. 이숭녕(1971). 洪武正韻의 認識의 時代的 變貌. 간행위원회 편. <金亨奎 博士 頌壽紀念論叢>. 일조각. 551-566쪽.

김선기(1972). 東國正韻 ㅃ. ㄸ. ㄲ의 음가. <한글> 15. 한글학회. 3-15쪽.

유창균(1972). 世宗朝 漢音系 韻書의 成立過程에 對하여. <문리대학보> 1. 영

남대 문리과대학. 1-26쪽.

이동림(1972). 訓民正音과 東國正韻. <문화비평> 12. 아안학회. 73-82쪽.

이숭녕(1972). <性理大全>과 李朝言語의 硏究. <동양학> 2. 단국대 동양학연
구소. 5-9쪽.

이정호(1972가). 訓民正音의 易學的 硏究. <논문집>(인문 · 사회과학 편) 11.
충남대학교. 5-42쪽.

이정호(1972나). 訓民正音圖에 對하여. <백제연구> 3. 충남대 백제연구소.
99-110쪽.

강신항(1973가). 四聲通解의 聲類. <논문집>(인문사회) 17. 성균관대
학교. 31-51쪽.

강신항(1973나). 四聲通解의 韻類. <동양학> 3. 단국대 동양학연구소. 1-73쪽.

김석득(1973). 한국어 硏究士에 나타난 東洋哲學 : 18世紀를 中心으로. <성곡
논총> 4. 성곡학술문화재단. 111-150쪽.

서병국(1973). 中國 韻學이 訓民正音 制定에 미친 影響에 關한 硏究. <교육연
구지> 15. 경북대학교. 25-52쪽. 재수록 : 서병국(1983). <新講 訓民正
音>. 학문사.

이남덕(1973). 훈민정음과 '방격규구사신경(方格規矩四神鏡)'에 나타난 고대
동방사상 : 이정호 해설역주 훈민정음 훈민정음의 역학적 연구에 붙
임. <국어국문학> 62 · 63. 국어국문학회. 221-239쪽.

문효근(1974). 正音 初期 文獻의 易理的 直觀의 聲點 說明. <인문과학> 31. 연
세대 인문과학연구소. 1-45쪽.

성원경(1974). 訓民正音制字解初聲考.[98] <문리논총> 3-1. 건국대학교. 26-38쪽.

김규철(1975). 訓民正音 硏究-初聲字 制定過程을 中心으로-. <論文集> 13. 육
군사관학교. 91-101쪽.

---

98) 한문 표기 논문.

김완진(1975). 訓民正音 子音字와 加劃의 原理. <어문연구> 7·8 합병호(일석
　　이희승 팔순기념 특대호). 한국어문교육연구회. 일조각. 186-194쪽.
　　재수록1 : 김완진(1996). <음운과 문자>. 신구문화사. 346-357쪽. 재
　　수록2 : 이기문(1977). <국어학 논문선> 7(文字) 민중서관. 217-227쪽.
　　재수록3 : 고영근 편(1985). <국어학 연구사-흐름과 동향>. 학연사.
　　232-242쪽.

신창순(1975). 訓民正音에 대하여 : 그 文字論的 考察. <국어국문학> 12. 부산
　　대 국어국문학회. 5-22쪽.

이정호(1975). 訓民正音의 올바른 字體. <논문집> 3. 국제대학교(서경대학교).
　　83-100쪽.

김영송(1976). 훈민정음의 홀소리 체계. <논문집> 15. 부산대학교.

이현규(1976). 訓民正音 字素體系의 修正. <朝鮮前期의 言語와 文學>. 형설출판사.
　　139-168쪽.

김영송(1977). '舌縮'의 본질. <국어국문학> 13·14. 부산대 국어국문학과.
　　47-59쪽.

김영송(1977). 훈민정음의 '설축' 자질. <언어학> 2. 한국언어학회.

박지홍(1977). 언해본 훈민정음 연구-낱자 이름과 말본의식. <성봉 김성배
　　박사 회갑기념논문집>(성봉김성배박사회갑기념논문집간행위원회).
　　47-62쪽.

이재면(1977). 훈민정음과 음양오행설의 관계. <동국> 13. 동국대학교.

강신항(1978). 중국자음과 대음(對音)으로 본 국어 모음체계. <국어학> 7. 국
　　어학회. 1-21쪽.

김석득(1978). 훈민정음-참 이치와 생성의 힘-. <세종문화> 13. 세종대왕
　　기념사업회.

문효근(1978). 훈민정음의 'ㅇ'와 'ㅇㅇ' 음가에 대한 몇 가지 문제. <한글>
　　162. 한글학회. 109-139쪽.

이기문(1978). 十五世紀 表記法의 一考察. <언어학> 3. 한국언어학회. 201-209쪽.

정 광(1978). 16·17世紀 訓民正音의 音韻變化에 대하여. <국어국문학> 78. 국어국문학회. 125-127쪽.

남성우(1979). 中國韻學과 性理學이 訓民正音 創制에 미친 影響. <중국연구> 4. 한국외대 중국문제연구소. 159-187쪽.

유창균(1979). 韓國韻書의 形成과 發達過程. <민족문화> 5. 민족문화추진회. 7-22쪽.

이동림(1979). 언문과 訓民正音 關係. 再認識된 加劃原理를 中心으로. <어문연구> 21. 일조각. 79-89쪽. 재수록 : 기념논총위원회(1980). <연암 현평표 박사 회갑기념논총>. 185-198쪽.

김문웅(1980). ㆆ의 表記法 考察. <난정 남광우박사 화갑기념논총>. 일조각.

이동림(1980). 訓民正音 '全濁字'는 왜 만들지 않았는가. <경기어문학> 창간호. 경기대학교. 70-74쪽.

김영국(1981). 訓民正音의 字母體系에 대하여 : 複合字形의 生成과 그 音價를 中心으로. <경기어문학> 2. 경기대학교. 209-226쪽.

김영옥(1981). 조음음성학 측면에서 본 '훈민정음 해례'의 자음체계 연구. <홍익> 23. 홍익대학교. 152-164쪽.

문효근(1981). 훈민정음의 음절 생성 규정의 이해. <국어교육논총> 1. 연세대 교육대학원.

정병우(1981). 訓民正音硏究 : 制字解 中心으로. <국어국문학연구> 7. 원광대 문리과대학 국어국문학과. 15-30쪽.

정병우(1981). 訓民正音硏究 : 制字解 中心으로. <학위논총> 6. 원광대 대학원. 103-118쪽.

정병우(1981). 訓民正音硏究 : 制字解 中心으로. <논문집> 21. 광주교대. 183-195쪽.

권성기(1982). 訓民正音 자형기원에 관한 일고찰. <한성어문학> 1. 한성대 한국어문학부. 235-249쪽.

김영송(1983). 훈민정음 중성의 조음적 특징과 그 체계. 추강 황희영 박사 송수 기념 논총 간행위원회 편. <韓國語 系統論 : 訓民正音 硏究>. 집문당. 227-242쪽.

김완진(1983). 訓民正音 制字 經緯에 대한 새 考察. <金哲埈博士 華甲紀念 史學論叢>. 지식산업사. 353-366쪽. 재수록 : 김완진(1996). <음운과 문자>. 신구문화사. 358-376쪽.

김완진(1983). 訓民正音 創製의 諸段階. <第一次 KOREA學 學際 交流 세미나 論文集>. 日本KOREA學 硏究會. 25-31쪽. 재수록 : 김완진(1996). <음운과 문자>. 신구문화사. 424-429쪽.

문선규(1983). 訓民正音解例의 子音上의 疑義. 추강 황희영 박사 송수 기념 논총 간행위원회 편. <韓國語 系統論 訓民正音 硏究>. 집문당. 243-258쪽.

성원경(1983). 訓民正音解例中 '韻書疑與喩多相混用' 攷. 추강 황희영 박사 송수 기념 논총 간행위원회 편. <韓國語 系統論 訓民正音 硏究>. 집문당. 275-294쪽.

우민섭(1983). ㆆ의 機能과 音價에 對하여. 추강 황희영 박사 송수 기념 논총 간행위원회 편. <韓國語系統論 訓民正音硏究>. 집문당. 307-318쪽.

유목상(1983). 훈민정음 자모고(字母攷). 추강 황희영 박사 송수 기념 논총 간행위원회 편. <韓國語 系統論 訓民正音 硏究>. 집문당. 319-332쪽.

이성구(1983). 訓民正音과 太極思想. <蘭臺 李應百 博士 回甲紀念論文集>. 보진재. 188-202쪽.

이주근(1983). 한글의 생성조직과 뿌리의 논쟁. 추강 황희영 박사 송수 기념 논총 간행위원회 편. <韓國語 系統論 訓民正音 硏究>. 집문당. 357-370쪽.

이현규(1983). 訓民正音解例의 언어학적 연구-형태소 표기론-. 추강 황희영 박사 송수 기념 논총 간행위원회 편. <韓國語 系統論 訓民正音 硏究>. 집문당. 371-386쪽.

정병우(1983). 訓民正音 硏究 : 初·中·終聲解 中心. <논문집> 24. 광주교육대학.

91-103쪽.

한태동(1983). 훈민정음의 음성 구조 <537돌 한글날 기념 학술 강연회 자료집> (단독). 세종대왕기념사업회. 재수록 : 한태동(1985). 훈민정음의 음성 구조 <나라글 사랑과 이해>(국어순화 추진회 엮음). 종로서적. 214-266쪽.

김석득(1984). 15세기 된소리체계의 기능 부담량 : 훈민정음 각자병서와 형태적 자질과의 관계에서. <말소리> 7·8. 대한음성학회. 40-52쪽.

김석득(1984). 훈민정음(해례)의 각자병서와 15세기 형태 자질과의 관계 : 15세기 된소리 음소의 기능 부담량 측정을 위하여. <동방학지> 42. 연세대학교. 1-32쪽.

김웅배(1984). 並書音價 考察을 위한 訓民正音의 再檢討. <인문과학> 1. 목포대학교 인문학연구소. 51-71쪽.

김윤주(1984). 訓民正音 子音字와 加劃의 원리. <한성어문학> 3. 한성대학교 한성어문학회. 87-98쪽.

김차균(1984). 15세기 국어의 음운체계. <논문집> 11-2. 충남대 인문과학연구소. 재수록 : 새결 박태권선생회갑기념논총 간행 위원회(1984). <새결 박태권선생회갑기념논총>. 제일문화사. 137-158쪽.

리의도(1984). 훈민정음의 중성에 대한 새로운 해석. <한글> 186. 한글학회. 151-172쪽.

이성구(1984). 訓民正音의 哲學的 考察 : 解例本에 나타난 制字原理를 中心으로. <논문집> 8. 명지실업전문대학. 7-53쪽.

강규선(1985). 訓民正音과 性理學. 韻學과의 關係. <어문논총> 4. 청주대 국어국문학과. 1-17쪽.

김민수(1985). 重母音 'ㅚ, ㅟ'에 대하여. <인문논집> 30. 고려대 문과대학. 1-8쪽.

김차균(1985). 훈민정음 해례의 모음체계. <선오당 김형기선생팔질기념 국어학논총>. 어문연구회.

이근규(1985). 15세기 국어의 모음조화와 울림도 동화. <언어문학연구> 5.

충남대 영어영문학과. 253-292쪽.

정병우(1985). 訓民正音 硏究 : 合字解·用字例·序를 中心으로. <논문집> 26.
광주교육대학. 111-123쪽.

김익수(1986). 朱子의 易學과 訓民正音 創制와의 關聯性 硏究. <경기어문학> 7.
경기대 인문대 국어국문학회. 271-295쪽.

문효근(1986). 훈민정음의 '終聲復用初聲'의 이해-'종성해'와의 관련에서. <한
글> 193. 한글학회. 139-162쪽.

박지홍(1986). 훈민정음 제정의 연구 : 자모 차례의 세움과 그 제정. <한글>
191. 한글학회. 105-120쪽.

이광호(1986). 訓民正音 解例本의 文字體系에 대한 解析. <어문학논총> 8. 국
민대 어문학연구소. 109-127쪽.

이성구(1986). 훈민정음 해례의 '聲, 音, 字'의 의미. <鳳竹軒 朴鵬培博士回甲紀
念論文集>. 배영사. 90-608쪽.

이성구(1986). <訓民正音解例>에 나타난 河圖 原理와 中聲. <국어국문학> 95.
국어국문학회. 422-423쪽.

정기호(1986). 한자 음소(Phoneme)의 체계 변천 고찰-언해본 훈민정음에
나오는 한자를 중심으로-. <淸泉 康龍權 博士 頌壽紀念論叢>. 논총기
념간행회.

지춘수(1986). 終聲 'ㅿ'의 몇 가지 資質에 대하여. 유목상 외 편. <國語學 新硏
究>(김민수 교수 화갑 기념). 탑출판사. 40-50쪽.

김영만(1987). 훈민정음 자형의 원형과 생성체계 연구. <張泰鎭 博士 回甲紀念
國語國文學論叢>. 삼영사. 43-70쪽.

김영환(1987). <해례>의 중세적 언어관. <한글> 198. 한글학회. 131-158쪽.

김정수(1987). 한말[韓語] 목청 터짐소리 /ㆆ/의 실존. <한글> 198. 한글학회.
3-14쪽.

문효근(1987). 훈민정음의 "ㅇ聲淡而虛"는 기(氣)의 있음. <한글> 196. 한글학

회. 355-376쪽.

송철의(1987). 十五世紀 國語의 表記法에 대한 音韻論的 考察 : 訓民正音 創制 初期 文獻을 中心으로. <국어학> 16. 국어학회. 325-360쪽. 재수록 : 송기중・이현희・정재영・장윤희・한재영・황문환 편(2003). <한국 의 문자와 문자연구>. 집문당. 727-766쪽.

심재기(Jae-Ke Shim)(1987). Formation of Korean Alphabet. <어학연구> 23-3. 서울대 어학연구소. 527-537쪽.

이근규(1987). 정음 창제와 문헌 표기의 정립에 대하여. <언어> 8. 충남대학 교. 103-121쪽.

이성구(1987). <훈민정음해례>의 河圖 理論과 中聲. <열므나 이응호 박사 회 갑 기념 논문집>. 한샘. 281-304쪽.

이성구(1987). 훈민정음 초성체계와 오행. 한실 회갑 기념 논총 간행위원회 편. <한실 이상보 박사 회갑기념논총>. 형설출판사.

이환묵(1987). 훈민정음 모음자의 제자원리. <언어> 12-2. 한국언어학회. 347-357쪽.

정연찬(1987). '欲字初發聲'을 다시 생각해 본다. <국어학> 16. 국어학회. 11-40쪽.

김영송(1988). 훈민정음의 모음체계. 신상순・이돈주・이환묵 편(1988). <훈 민정음의 이해>. 한신문화사. 81-112쪽.

김주원(1988). 모음조화와 설축-'훈민정음 해례'의 설축에 대하여-. <언어 학> 9・10. 한국언어학회. 29-43쪽.

김차균(1988). 훈민정음의 성조. 신상순・이돈주・이환묵 편(1988). <훈민정 음의 이해>. 한신문화사. 113-182쪽.

박창원(1988). 15세기 국어의 이중모음. <경남어문논집> 1. 경남대 국어국문과. 63-88쪽.

이광호(1988). 訓民正音 '신제 28자'의 성격에 대한 연구. <배달말> 13. 배달말학회. 47-66쪽.

이돈주(1988). 訓民正音의 中國音韻學的 背景. 신상순·이돈주·이환묵 편 (1988). <훈민정음의 이해>. 한신문화사. 199-238쪽.

이환묵(1988). 훈민정음의 제자원리. 신상순·이돈주·이환묵 편(1988). <훈 민정음의 이해>. 한신문화사. 183-198쪽.

최지훈(1988). 훈민정음 낱글자의 이름에 대하여. <한글 새소식> 195. 한글 학회. 13-14쪽.

허 웅(1988). 15세기의 음운 체계. 신상순·이돈주·이환묵 편(1988). <훈민 정음의 이해>. 한신문화사.

김승곤(1989). 세종어제 훈민정음의 "ㄱ. ㅋ. ㆁ. …" 들은 어떻게 읽어야 할 것인가? <한글 새소식> 201. 한글학회. 13-14쪽.

김종규(1989). 中世國語 母音의 連結制約과 音韻現象. <국어연구> 90. 국어연 구회.

박지홍(1989). 훈민정음 제정에 따른 정음 맞춤법의 성립. <한글 새소식> 204. 한글학회. 16-17쪽.

유창균(1989). 皇極經世書가 國語學에 끼친 影響. <석당 논총> 15. 동아대 석 당전통문화연구소. 69-102쪽.

이광호(1989). 訓民正音 解例本의 文字體系에 대한 解析. <語文學論叢> 8. 국민대 어문학연구소. 109-127쪽. 재수록 : 이광호(2002). 훈민정음 해례본의 문자 체계에 대한 해석. <국어문법의 이해 2>. 태학사. 111-140쪽. 재수록2 : 이광호(2015). 훈민정음 해례본의 문자 체계에 대한 해석. <2015 훈민 정음학회 제4회 전국학술대회 발표논문집>. (사)훈민정음학회. 21-50 쪽.

이병운(1989). 훈민정음 중성자의 제자 원리. <부산한글> 8. 한글학회 부산 지회.

정연찬(1989). 十五世紀 國語의 母音體系와 그것에 딸린 몇 가지 問題. <국어

학> 18. 국어학회. 3-41쪽.

정희성(1989). 한글문자의 구조원리에 대한 과학적 고찰. <전자통신ETRI Journal> 10-4. 한국전자통신연구소. 99-117쪽.

정희성(1989). 수학적 구조로 본 훈민정음의 창제 원리. <1989년도 한글날 기념 학술 대회 논문집>. 한국 인지과학회 · 정보과학회.

김영황(1990). 최기의 정음표기법과 'ㅸ'. 'ㅿ'의 음운성 문제. <김일성종합대학 학보> 영인본 4 · 6. 코리아콘텐츠랩. 재수록 : 이득춘 편(2001). <조선어 력사언어학연구>(김영황 교수 논문집). 연변대 동방문화연구원. 역락. 105-126쪽.

안병희(1990). 訓民正音의 制字原理에 대하여. 기곡 강신항선생 화갑기념논문집간행위원회(1990). <姜信沆 敎授 回甲紀念 國語學論文集>. 태학사. 135-145쪽. 재수록 : 안병희(1992). 훈민정음 제자 원리. <국어사 연구>. 문학과지성사. 215-226쪽.

이돈주(1990). 訓民正音の 創製と 中國 音韻學 理論の 受容. <조선어교육> 4. 일본 : 긴키 대학교(近畿大學校).

이숭녕(1990). 모음 'ㆍ'음에 대한 음운론적 연구. <난정 남광우 박사 고희 기념 논총>. 한국어문교육연구회. 3-10쪽.

정철주(1990). 중세국어의 이중모음과 활음화 : 訓民正音 창제 초기 문헌을 중심으로. <계명어문학> 5(목천 유창균교수 정년퇴임 기념). 계명어문학회. 103-121쪽.

한재영(1990). 방점의 성격 규명을 위하여. <姜信沆 敎授 回甲紀念 國語學論文集>. 태학사.

서재극(1991). 훈민정음의 '母字之音'. <국어의 이해와 인식>(갈음 김석득 교수 회갑 기념 논문집). 한국문화사. 531-535쪽.

이광호(1991). 문자 훈민정음의 논리성. <국어의 이해와 인식>(갈음 김석득 교수 회갑 기념 논문집). 한국문화사. 649-662쪽.

이승재(1991). 訓民正音의 言語學的 理解. <언어> 16-1. 한국언어학회. 181-211쪽.

정우상(1991). 訓民正音의 統辭構造. <갈음 김석득 교수 회갑 기념 논문집>. 한국문화사. 663-671쪽.

강신항(1992). 훈민정음 중성체계와 한자음. <춘강 유재영 박사 화갑기념논총>. 이회문화사. 23-40쪽. 재수록 : 강신항(2003). <韓漢音韻史研究>. 태학사. 227-248쪽.

김무림(1992). 訓民正音의 喉音考察. <한국어문교육> 6. 고려대 사범대학 국어교육학회. 31-58쪽.

김무식(1992). 中世 國語 喉音 'ㅇ'에 대한 一考察 : 주로 音價推定 및 音韻設定 與否를 중심으로. <어문학> 53. 한국어문학회. 65-91쪽.

김무식(1992). 중세 국어 후음 'ㆁㅇㆆㅥ'에 대한 연구 : 주로 음가추정 및 후음계열의 상관성에 대하여. <문학과 언어> 13-1. 문학과언어학회. 51-73쪽.

김주보(1992). 訓民正音解例에 나타난 國語語彙考 : 語彙消滅과 語義變化를 中心으로. <반교어문연구> 3. 반교어문학회. 28-51쪽.

김창주(1992). 中國 韻書가 訓民正音 創製에 미친 影響 硏究. <논문집> 29. 예산농업전문대학. 87-92쪽.

박종희(1992). 訓民正音의 喉音 體系. <논문집> 10. 원광대 대학원. 7-37쪽.

이광호(1992). 訓民正音 '新制二十八字'의 '新制'에 대하여. <한국어문학 연구> 4. 한국외국어대학교. 21-34쪽.

이광호(1992). 訓民正音 制字의 論理性. <정신문화연구> 48. 한국정신문화연구원. 189-193쪽.

임용기(1992). 훈민정음에 나타난 삼분법의 형성 과정에 대하여. <세종학 연구> 7. 세종대왕기념사업회. 73-97쪽.

김무식(1993). 중세국어 치음의 음가에 대한 연구 : 주로 全淸音 'ㅈ'을 중심으로. <문학과언어> 14-1. 문학과 언어연구회. 23-41쪽.

김혜영(1993). 훈민정음의 중성체계와 15세기 국어의 모음체계. <경남 어문

논집> 5. 경남대 문과대학 국어국문학과. 235-253쪽.

문효근(1993). 훈민정음 제자 원리. <세종학 연구> 8. 세종대왕기념사업회. 3-282쪽.

박창원(1993). 훈민정음 제자의 '理'에 대한 고찰. 서울대 대학원 국어연구회 편. <國語史 資料와 國語學의 硏究>(안병희 선생 회갑 기념 논총). 문학과지성사. 613-641쪽. 재수록 : 송기중·이현희·정재영·장윤희·한재영·황문환 편(2003). <한국의 문자와 문자연구>. 집문당. 637-674쪽.

이병근(1993). 훈민정음의 초·종성 체계. 신상순·이돈주·이환묵 편(1988). <훈민정음의 이해>. 한신문화사. 59-80쪽.

이성구(1993). <訓民正音解例>에 나타난 '天'과 '地'의 의미. <論文集> 17. 명지실업전문대학. 1-21쪽. 재수록 : 춘허 성원경 박사 화갑 기념 논총 간행위원회(1993). <韓中音韻學論叢> 1. 123-140쪽.

정우상(1993). 訓民正音의 統辭構造. 춘허 성원경 박사 화갑 기념 논총 간행위원회 편. <韓中音韻學論叢> 1. 서광학술자료사. 113-121쪽.

조오현(1993). 15세기 모음 체계에 대한 연구 흐름. 춘허 성원경 박사 화갑 기념 논총 간행위원회 편. <한중음운학논총> 1. 서광학술자료사. 177-192쪽.

김무식(1994). 훈민정음과 하향적 음 분석 방법. 외골 권재선 박사 화갑 기념 논문집 간행위원회 엮음(1994). <우리말의 연구>. 우골탑.

김무식(1994). 설축 資質과 모음체계 記述方法에 대한 反省. <어문학> 55. 한국어문학회. 91-124쪽.

김민수(1994). 훈민정음 반포와 팔종성의 문제. <어문연구> 81·82. 일조각.

김영황(1994). 훈민정음 중성자 '·'와 관련하여 제기되는 몇 가지 문제. <조선어문> 영인본 2. 조선과학 언어문화연구소. 이득춘 편(2001). <조선어 력사언어학연구>(김영황 교수 논문집). 연변대 동방문화연구원.

역락. 89-104쪽.

렴종률(1994). 훈민정음은 독창적인 글자리론에 기초하여 만든 가장 과학적인 글자. <조선어문> 93. 평양 : 과학백과사전 종합출판사.

리득춘(1994). 훈민정음 창제의 리론적 기초와 중국음운학. <조선어 한자어음 연구>. 서광학술자료사.

박창원(1994). 15세기 국어의 자음체계의 변화와 통시적 성격 Ⅰ-'ㅸ'의 변화를 중심으로-. <인하어문연구> 창간호. 571-600쪽.

박홍호(1994). '한글의 과학성' 정밀 분석 : 한글 왜 과학적인가. <과학동아> 9-10. 동아사이언스. 98-129쪽.

서재극(1994). <훈민정음>의 한자 사성 권표. 외골 권재선 박사 화갑 기념 논문집 간행위원회 엮음(1994). <우리말의 연구>. 우골탑. 39-50쪽.

신경철(1994). 한글 母音字의 字形 變遷 考察. <한국언어문학> 33. 한국언어문학회. 27-46쪽.

오정란(1994). 훈민정음 초성 체계의 정밀 전사의식. <논문집> 23. 광운대 기초과학연구소. 9-24쪽.

이근수(1994). 훈민정음의 언어철학적 분석. <인문과학> 1. 홍익대학교 83-102쪽.

이성구(1994). <訓民正音解例>의 取象과 取義. <논문집> 18. 명지실업전문대학. 1-17쪽.

정병우(1994). 訓民正音 研究 : 制子解 中心으로. <국어교육연구> 6. 광주교육대학 초등국어교육학회. 1-14쪽.

정희성(1994). 훈민정음의 창제 원리를 위한 과학 이론의 성립. <한글> 224. 한글학회. 193-222쪽.

최상진(1994). 훈민정음 음양론에 의한 어휘의미 구조 분석. <국어국문학> 111. 국어국문학회. 109-132쪽.

김차균(1995). 현대 언어학과 집현전 음운학파의 전통. <논문집> 22-1. 충남대 인문과학연구소. 243-284쪽.

문효근(1995). 김윤경의 학문의 세계와 이를 계승 발전시키기 위한 하나의
시론. <동방학지> 89 · 90. 연세대 국학연구원. 1-43쪽.99)

박창원(1995). 15세기 국어의 자음체계의 변화와 통시적 성격 Ⅱ-치음의 변
화를 중심으로-. <애산학보> 16. 애산학회. 69-102쪽.

강창석(1996). 한글의 제자 원리와 글자꼴. <새국어생활> 6-2. 국립국어연구원.
19-35쪽. 재수록 : 문화체부 편(1996). <21세기의 한글>. 문화체육관
광부. 34-58쪽. 재수록2 : 송기중 · 이현희 · 정재영 · 장윤희 · 한재영 ·
황문환 편(2003). <한국의 문자와 문자연구>. 집문당. 675-695쪽.

김동소(1996). 중세 한국어의 종합적 연구-표기법과 음운 체계. <한글> 231.
한글학회. 5-42쪽.

김성렬(1996). 訓民正音 創製와 音節 認識에 대하여. <중국인문과학연구> 1.
국학자료원. 71-85쪽.

김성렬(金成烈)(1996). 關于訓民正音創制與音節認識. <中韓人文科學硏究> 1. 中
韓人文科學硏究會. 305-314쪽.

변정용(1996). 한글의 과학성. <함께여는 국어교육> 29. 전국국어교사모임.
62-76쪽.

심소희(1996). 한글음성문자(The Korean Phonetic Alphabet)의 재고찰. <말
소리> 31 · 32. 대한음성학회. 23-50쪽.

심소희(1996). 정음관의 형성 배경과 계승 및 발전에 대하여. <한글> 234. 한
글학회. 191-224쪽.

임용기(1996). 삼분법의 형성 배경과 '훈민정음'의 성격. <한글> 233. 한글학회.
5-68쪽.

정철주(1996). 한음과 현실 한자음의 대응 : 15세기 현실 한자음의 치음을 중
심으로. <어문학> 59. 한국어문학회. 481-496쪽.

---

99) 김윤경의 문자관을 훈민정음 제자 원리와 연계시켜 논의.

정화순(1996). 音樂에 있어서 訓民正音 聲調의 適用 實態 : 龍飛御天歌에 基하여. <청예논총> 10. 청주대 예술문화연구소. 335-396쪽.

최종민(1996가). 우리말과 음악의 소리울림틀(1)-낱덩이소리 울림의생김새-. <국악교육> 14. 한국국악교육학회. 79-98쪽.

최종민(1996나). 우리말과 음악의 소리울림틀(2)-노랫말 받침소리꼴과 소리 내기-. <韓國音樂史學報> 17. 韓國音樂史學會. 129-144쪽.

최형인·이성진·박경환(1996). 훈민정음 해례본 글꼴의 기하학적 구성에 관한 기초 연구. <새국어생활> 6-2. 국립국어연구원. 36-64쪽.

허 웅(1996). 훈민정음의 형성 원리와 전개 과정. <세계의 문자>. 예술의 전당. 27-69쪽.

김상돈(1997). 훈민정음의 삼분적 요소에 대하여. 일암 김응모 교수 화갑 기념 논총 간행위원회 엮음. <한국어학의 이해와 전망>. 박이정. 717-728쪽.

김석연(1997). 훈민정음의 음성과학적·생성적 보편성에 대하여 : 한국어 교 육의 세계화 시대는 훈민정음의 재조명과 부흥책을 촉구한다. <교육 한글> 10. 한글학회. 181-207쪽.

김영국(1997). <訓民正音> 解例本의 四聲 體系와 傍點. <동악어문논집> 32. 동국대 동악어문학회. 87-110쪽.

리홍매(1997). 훈민정음 친제설과 비친제설. <중국조선어문> 6. 길림성민족 사무위원회. 28-30쪽.

안병희(1997). "The Principles Underlying the Invention of the Korean Alphabet." ed by Young-key Kim-Renaud. The Korean Alphabet : Its History and Structure. Univ. of Hawaii Press. 89-106쪽.

우메(히로유키)(1997). 훈민정음의 문자론적 의의. <한글 새소식> 297. 한글학회.

윤장규(1997). 訓民正音의 齒音 'ㅈ'에 대한 두 과제. <성균어문연구> 32. 성 균관대 국어국문학회. 73-82쪽.

임용기(1997). 삼분법과 훈민정음의 체계. 국어사연구회 편. <국어사연구>

(전광현·송민 선생의 화갑을 기념하여). 태학사. 247-282쪽.

임용기(1997). 삼분법과 훈민정음 체계의 이해와 관련한 몇 가지 문제. <제 24회 국어학회 공동연구회 발표집>. 국어학회.

최상진(1997). 훈민정음의 언어유기체론에 대하여. <논문집> 26. 경희대학교. 79-96쪽.

콘체비치(Le Kont sevich)(1997). '훈민정음'은 한국 전통적인 언어학적 이론의 초석이다—세종대왕 탄신 600돌에 대하여. <세종대왕 탄신 600돌 기념 유네스코 제8회 세종대왕상 시상 및 국제학술 회의 논문 초록 —문맹 퇴치와 한글—>. 문화체육부 유네스코 주최·국제한국어교육학회 주관.

콘체비치(Le Kont sevich)(1997). 세계 문자상으로 본 한글의 특이성 <세종대왕 탄신 600돌 기념 제6회 국제 한국어 학술대회>. 한글학회. 151-174쪽.

홍윤표(1997). 훈민정음은 왜 창제하였나? <함께여는 국어교육> 32. 전국국어교사모임. 245-259쪽.

강신항(1998). 사성통해 범례에 대하여. 세종대왕기념사업회(1998). <세종학연구> 12·13. 세종대왕기념사업회. 23-38쪽.

김민기·권오성·권영빈(1998). 모음의 구조적 형태와 조합 규칙에 충실한 한글 문자의 유형 분류. <정보과학회논문지> 2-4-B. 한국정보과학회. 685-695쪽.

문효근(1998). 훈민정음의 형체학적 풀이 : 'ㅇ'의 형체를 밝히기 위하여. <동방학지> 100. 연세대 국학연구원. 185-238쪽.

신경철(1998). 훈민정음의 모음자와 모음체계 신고. <한국어교육> 9-1. 국제한국어교육학회. 149-162쪽.

우민섭(1997). 15世紀 國語의 母音 體系 再論. <인문과학연구> 3. 전주대 인문과학연구소. 1-21쪽.

우민섭(1998). 15世紀 國語의 母音體系. <어문연구> 97. 한국어문교육연구회.

98-117쪽.

최종민(1998가). 우리말과 음악의 소리울림틀(3)-말소리와 거문고 구음의 낱
덩이 소리틀-. <韓國音樂史學報> 20. 韓國音樂史學會. 381-407쪽.

최종민(1998나). 우리말과 음악의 소리울림틀(4)-음운으로 본 입소리의 성질-.
<韓國音樂硏究> 26. 韓國國樂學會. 47-75쪽.

허 웅(1998). 세종 시대 우리 옛말본 체계. <세종문화사대계 1 : 어학·문
학>. 세종대왕기념사업회. 49-87쪽.

허 웅(1998). 세종 시대 우리말의 음운 체계. <세종문화사대계 1 : 어학·문
학>. 세종대왕기념사업회. 7-48쪽.

김주원(1999). 훈민정음의 설축의 수용 과정. 세종성왕육백돌기념문집위원회
편(1999). <세종성왕육백돌>. 세종대왕기념사업회. 250-252쪽.

김주필(1999). 한글의 과학성과 독창성. <논문집> 1. 국제고려학회. 191-230쪽.

김차균(1999). 세종 임금과 성조. 세종성왕육백돌기념문집위원회 편(1999).
<세종성왕육백돌>. 세종대왕기념사업회. 253-260쪽.

박지홍(1999). 훈민정음을 만든 원리. <한글 새소식> 322. 한글학회.

배영환(1999). 훈민정음 制字의 원리에 대하여. <청계논총> 1. 한국정신문화
연구원 한국학대학원. 29-60쪽.

서정범(1999). 훈민정음의 정(正)의 참뜻. 세종성왕육백돌기념문집위원회 편
(1999). <세종성왕육백돌>. 세종대왕기념사업회. 268-271쪽.

송 민(1999). 세종대왕의 우리말 표기법. 세종성왕육백돌기념문집위원회 편
(1999). <세종성왕육백돌>. 세종대왕기념사업회. 272-273쪽.

심소희(1999). 동아시아 지역의 언어관-정음(正音) 사상의 연구. <중국언어
연구> 10. 한국중국언어학회. 1-30쪽.

이광호(1999). 훈민정음 '新制二十八字'의 '신제'. <문헌과 해석> 9. 문헌과해
석사. 88-114쪽.

이윤하(1999). 세종대왕과 정음. 세종성왕육백돌기념문집위원회 편(1999). <세

종성왕육백돌>. 세종대왕기념사업회. 281-282쪽.

임용기(1999). 이른바 이체자 'ㆁ. ㄹ. ㅿ'의 제자방법에 대한 반성. <새국어
　　생활> 9-4. 161-167쪽. 재수록 : 송기중・이현희・정재영・장윤희・한
　　재영・황문환 편(2003). <한국의 문자와 문자연구>. 집문당. 627-636쪽.

전영숙(1999). 훈민정음 연구. <논문집> 22. 신흥대학. 113-122쪽.

천기석(1999). 문자의 창제와 수리논리. 세종성왕육백돌기념문집위원회 편
　　(1999). <세종성왕육백돌>. 세종대왕기념사업회. 289-294쪽.

최상진(1999). 세종대왕과 언어학. 세종성왕육백돌기념문집위원회 편(1999).
　　<세종성왕육백돌>. 세종대왕기념사업회. 295-296쪽.

강규선(2000). 訓民正音 制字解 小考. <어문논총> 15. 동서어문학회. 1-35쪽.

김기항(2000). 신기한 훈민정음의 수학적 특성. <대한수학회 소식> 80. 대한
　　수학회. 24-28쪽.

김석연・송용일(2000). 훈민정음의 재조명과 조음 기관의 상형 관계. <한국
　　어정보학> 2. 국어정보학회. 34-56쪽.

김웅배(2000). 訓民正音에 나타난 中國韻學의 創造的 受容. <목포어문학> 2.
　　목포대 국어국문학과. 225-233쪽.

리득춘(2000). 訓民正音與中國音韻學. <한국학논문집> 8. 북경대 한국학연구
　　중심.

안대회・김성규(2000). 李思質이 제시한 훈민정음 창제 원리 1. <문헌과 해
　　석> 12. 문헌과해석사. 267-278쪽.

박동규(2001). 샤오 융의 사상이 한글 제정에 끼친 영향. <한글> 253. 한글학
　　회. 103-133쪽.

신경철(2001). 한글 下逸字音字의 자형 변천 고찰. <논문집> 20. 상지영서대
　　학. 375-397쪽.

장영길(2001). 훈민정음 자소 체계와 음성자질 체계의 조응 관계. <동악어문
　　논집> 37. 동악언문학회. 1-22쪽.

김영선(2002). 15세기 국어의 홀소리 체계와 홀소리 '이'. <언어과학> 9-1. 한국언어과학회. 1-18쪽.

임용기(2002). 삼분법의 형성 과정에 대한 이해와 중성체계 분석의 근거에 관한 몇 가지 문제. <애산학보> 27. 애산학회. 65-90쪽.

정 광(2002). 훈민정음 중성자의 음운대립-한글 창제의 구조언어학적 이해를 위하여-. 고영근 편. <문법과 텍스트>. 서울대 출판부. 31-46쪽.

최종민(2002). 우리말과 음악의 소리울림틀(5)-훈민정음과 세종실록 32칸 악보의 소리묶임틀-. <韓國音樂硏究> 31. 韓國國樂學會. 451-474쪽.

김기항(2003). 한글화 암호. <대한수학회 소식> 90. 대한수학회. 2-7쪽.

강신항(2003). '正音'에 대하여. <한국어 연구> 1. 한국어연구회. 7-25쪽. 재수록 : 강신항(2007). <國語學散稿>. 월인. 9-26쪽.

안병희(2003). 解例本의 八終聲에 대하여. <국어학> 41. 국어학회. 3-24쪽.

최종민(2003). 우리말과 음악의 소리울림틀(6)-틀장단과 율정틀의 형태와 장단성-. <자하어문논집> 18. 상명어문학회. 39-66쪽.

홍윤표(2003). 훈민정음 명칭과 제자 원리에 대한 새로운 해석. <북경 국제 학술대회 발표문>. 이중언어학회.

권오성(2004). <세종실록> 악보상에 나타난 국어 관련 사항. <세종탄신 607돌 기념 학술대회 자료집-우리의 소리와 말은 어떻게 만났는가>. 한국 국악학회·한국어정보학회.

김세종(2004). 정음 창제와 율려론의 수용. <세종탄신 607돌 기념 학술대회 자료집-우리의 소리와 말은 어떻게 만났는가>. 한국국악학회·한국어정보학회.

김주필(2004). 차자표기와 훈민정음 창제의 관련성 재고 편찬위원회 편. <한국어의 역사>. 보고사. 119-148쪽.

반재원(2004). 한글 국제화의 선결과제-쓰이지 않는 4글자(·. ㅿ. ㆆ. ㆁ)의 음가복원. <2004 코리언 컴퓨터처리 국제학술대회 논문집 3(남북 정

보기술 교류 10주년 기념>International Conference on Computer Processing of Korean Language 2004(ICCKL. 2004. Shenyang. China). 조선과학기술총연맹. 중국조선어신식학회. (사)국어정보학회. 중국 심양 금화원 호텔(12.19-12.23). 115-124쪽.

서정수(2004). 소리와 글자의 관련문제. <세종 탄신 607돌 기념 학술대회 자료집-우리의 소리와 말은 어떻게 만났는가>. 한국국악학회·한국 어정보학회.

안명철(2004). 訓民正音 資質文字說에 대하여. <어문연구> 123. 한국어문교육 연구회. 43-60쪽.

오정란(2004). 훈민정음 재출자(再出字)와 상합자(相合字)의 거리와 재음절화. <한국어학> 22. 한국어학회. 267-298쪽.

이등룡(2004). 訓民正音 諺解本의 '漢音齒聲'에 대한 管見. <인문과학> 34. 성 균관대 인문과학연구소 153-168쪽.

최종민(2004). 훈민정음 초성과 음악 용비어천가의 율정틀과 초성가락. <세 종 탄신 607돌 기념 학술대회 자료집-우리의 소리와 말은 어떻게 만났는가>. 한국국악학회·한국어정보학회.

최종민(2004). 우리말과 음악의 소리울림틀(7)-3^2틀의 의미와 음수율 틀장단-. <자하어문논집> 19. 상명어문학회. 7-29쪽.

허호익(2004). 훈민정음의 천지인 조화의 원리와 천지인 신학의 가능성 모색. <신학과 문화> 13. 대전신학대학교. 226-252쪽.

김상태(2005). 15세기 국어의 자소체계 연구 : 訓民正音을 중심으로. <한국어 학> 26. 한국어학회. 1-23쪽.

김상태(2005). 중세국어 자절(字節) 구조 연구. <인문과학논집> 31. 청주대 학술연구소 453-470쪽.

김주원(2005). 훈민정음 해례본의 인류문화사적 가치(2)-한글의 문자론적 특징(세계 기록유산, 훈민정음 6). <대한토목학회지> 53-8. 대한토목학회. 133-136쪽.

김주원(2005). 훈민정음 해례본의 인류문화사적 가치(3) : 모음조화와 설축(세계 기록유산, 훈민정음 7). <대한토목학회지> 53-9. 대한토목학회. 118-121쪽.

김주필(2005). 중국 문자학과 <훈민정음> 문자이론. <인문연구> 48. 영남대 인문과학연구소. 69-103쪽.

김지형(2005). 東國正韻式 漢字音에서의 'ㆍ'의 音價 : 中國 漢字音과의 대비를 중심으로. <어문연구> 38. 한국어문교육연구회. 85-108쪽.

김태완(2005). 訓民正音과 中國 韻書와의 分合관계 : 訓民正音의 初聲을 중심으로. <중국인문과학> 31. 중국인문학회. 19-35쪽.

반재원(2005). 새로 밝혀지는 훈민정음 창제 기원과 중국어 표기의 예. <ICMIP 2005 논문자료집>. 국어정보학회.

이광호(2005). <訓民正音 解例本>의 '解'와 '例'에 제시된 일부 '實例'에 대한 검토. 임홍빈 외(2005). <우리말연구 : 서른아홉 마당>. 태학사. 519-537쪽.

이영월(2005). 訓民正音의 中國 音韻學的 照明. <중국어문학논집> 35. 중국어문학연구회. 7-26쪽.

정우영(2005). 국어 표기법의 변화와 그 해석 : 15세기 관판 한글문헌을 중심으로. <한국어학> 26. 한국어학회. 293-326쪽.

조규태(2005). 최초의 옛한글 표기법 재구. <국어사 연구> 5. 국어사학회. 121-142쪽.

강신항(2006). 훈민정음과 중세국어 음운체계. <국어사 연구 어디까지 와 있는가>(국어사 학술 발표대회 발표 요지). 연세대 국학연구원. 129-142쪽. 재수록(제목 변경) : 임용기·홍윤표 편(2006). '훈민정음 해례'의 설명에 나타난 몇 가지 문제. <국어사 연구 어디까지 와 있는가>. 태학사. 303-331쪽. 재수록2 : 강신항(2007). '훈민정음 해례'의 설명에 나타난 몇 가지 문제. <國語學散稿>. 월인. 9-26쪽. 57-86쪽.

강신항(2006). 역학과 훈민정음해례 이론. <태동고전연구> 22. 한림대 태동

고전연구소. 1-28쪽.

김동소(2006). 한국어 변천사 연구의 문제점-시대 구분 문제와 비음소적 과잉 문자 아래아('·') 문제에 한정하여. <배달말> 39. 배달말학회. 31-71쪽.

김양진(2006). <용비어천가>의 훈민정음 주음 어휘 연구. 정광 외. <역학서 와 국어사 연구>. 태학사. 430-443쪽.

김진규(2006). 참 놀라운 훈민정음의 창제 원리. <나라사랑> 111. 외솔회. 71-75쪽.

안명철(2006). 훈민정음의 제자 원리와 육서. <우리말글> 38. 43-58쪽.

이광호(2006). <訓民正音 解例本>에서 '本文(例義)'과 '解例'의 내용 관계 검토. 편집위원회(2006). <國語學論叢 : 李秉根 先生 退任記念>. 태학사. 1397-1414쪽.

임용기(2006). 훈민정음의 구조와 기능의 과학성. 편집위원회(2006). <國語學 論叢 : 李秉根 先生 退任記念>. 태학사. 1415-1438쪽.

임용기(2006). 훈민정음의 제자 원리와 음양·오행. <진리·자유> 62. 연세 대학교.

황경수(2006). 訓民正音 制字解와 初聲의 易學思想. <새국어교육> 72. 한국국 어교육학회. 373-395쪽.

후쿠이 레이(2006). 훈민정음의 문자론적 성격. <세종학 연구> 14. 세종대왕 기념사업회. 121-131쪽.

김슬옹(2007). '훈민정음' 문자 만든 원리와 속성의 중층 담론. <한민족문화 연구> 21. 한민족문화학회. 95-135쪽. 재수록 : 김슬옹(2007). <28자 로 이룬 문자혁명 훈민정음>. 아이세움. 147-197쪽(중고생용으로 수 정 재수록). 재수록2 : 김슬옹(2010). <세종대왕과 훈민정음학(4장. '훈민정음'을 만든 원리와 속성)>. 지식산업사. 133-180쪽.

김슬옹(2007). 훈민정음은 과학이다. <문예와비평> 17. 집문당. 20-50쪽.

김유범(2007). 문헌어의 음성적 구현을 위한 연구(1)-15세기 문헌자료 언해본

<훈민정음>의 '어제서문'을 대상으로ー. <한국어학> 34. 한국어학회. 169-207쪽.

반재원(2007). 없어진 4글자의 음가. <한글 창제원리와 옛글자 살려쓰기>. 역락. 47-62쪽. 재수록 : 반재원(2009). 없어진 4글자의 음가. <씨아시말>. 백암. 239-252쪽.

오정란(2007). 한글의 제자 원리와 훈몽자회. <어린이와 함께 여는 국어교육> 12. 전국초등국어교과모임. 52-63쪽.

이경희(2007). 팔사파자(八思巴字)와 훈민정음의 공통특징 : 편찬배경과 표음문자 중심으로. <중국어문학논집> 43. 중국어문연구회. 169-186쪽.

최종민(2007). 우리말과 음악의 소리 울림틀(8)ー후음 [ㅇ]의 발명과 3·2틀 오행선율ー. <한국어의 역사와 문화>(솔재 최기호 박사 정년 퇴임 기념 논총). 박이정. 307-332쪽.

강옥미(2008). 한글은 자질문자인가. <46차 한국어학회 전국학술대회 자료집>. 한국어학회. 163-182쪽.

김성규(2008). 한글과 레오나르도 다빈치. <새국어생활> 18-3. 국립국어원. 187-194쪽.

김유범(2008). 해례본 <훈민정음> 기술 내용의 재인식. <제2회 한국어학회 국제학술대회>. 한국어학회. 313-321쪽.

김정대(2008). 한글은 자질문자인가 아닌가? : 한글에 대한 자질문자 공방론. <제2회 한국어학회 국제학술대회>. 한국어학회. 44-56쪽.

김정대(2008). 한글은 자질문자인가 아닌가? : 한글에 대한 자질문자 공방론. <한국어학> 41. 한국어학회. 1-33쪽.

라이너 도멜스(R.Dormels)(2008). 세종대왕 시대의 언어정책 프로젝트 간의 연관관계(The Relationship between the phonological Projects of the King Sejong era). <제2회 한국어학회 국제학술대회>. 한국어학회. 27-37쪽.

박선우(2008). 음성부호로서의 훈민정음 : 훈민정음과 일반적 음성부호의 비교. <제2회 한국어학회 국제학술대회>. 한국어학회. 322-333쪽.

알브레히트 후베(2008). 훈민정음의 성리학 원칙—한글 정보학에의 그의 적용—. <한글학회 창립 100돌 기념 국제학술 대회 자료집>. 한글학회. 83쪽.

이상억(2008). '훈민정음' 제대로 이해하기(훈민정음 창제와 제자 원리). 국립 국어원 편. <알기 쉽게 풀어 쓴 훈민정음>. 생각의 나무. 37-48쪽.[100]

이영월(2008). 훈민정음 제자원리 재고. <중국언어연구> 27. 한국중국언어학회. 453-473쪽.

임용기(2008). 세종 및 집현전 학자들의 음운 이론과 훈민정음. <제2회 한국 어학회 국제학술대회>. 한국어학회. 282-299쪽.

임용기(2008). 세종 및 집현전 학자들의 음운 이론과 훈민정음. <한국어학> 41. 한국어학회. 115-156쪽.

임용기(2008). 세종 및 집현전 학자들의 음운 이론과 훈민정음. 훈민정음과 파스 파 문자 Workshop 조직위원회 편. <훈민정음(訓民正音)과 파스파 문자(八 思巴文字) 국제 학술 Workshop 논문집>. 한국학중앙연구원. 205-227쪽.

정연찬(2008). 音節 二分法과 三分法에 대한 吟味 서너 가지. <한국어연구> 5. 한국어연구회. 47-61쪽.

강신항(2009). <訓民正音解例本>안의 聲調에 대한 說明. <한국어연구> 6. 한 국어연구회. 39-56쪽.

김완진(2009). 文面解讀과 漢字의 多義性. <국어학> 54. 국어학회. 3-16쪽.

김유범(2009). 텍스트 구성 차원에서 바라본 해례본 <훈민정음> 기술 내용 의 몇 문제. <한국어학> 43. 한국어학회. 105-124쪽.

박선우(2009). 음성부호로서의 훈민정음—훈민정음과 일반적 음성부호의 비교—. <한국어학> 43. 한국어학회. 125-150쪽.

---

100) 영문 번역인 "Lee Sangoak. Understanding 'Hunmin jeungeum'(The Correct Sounds for the Introduction of the People). 71-87쪽"이 같은 책에 실려 있다.

임용기(2009). 음운자질과 훈민정음. 국어학회 편. <국어학회 50년. 國語學 50년>
(국어학회 창립 50주년 기념 국제학술대회 자료집). 국어학회. 12.19
(서강대 다산관).

김주필(2010). ‘訓民正音’의 性格과 ‘轉換’의 의미. <2009년 겨울 국어사학회 전
국학술대회 논문집>. 국어사학회·한국학중앙연구원 어문생활사연
구소. 3-21쪽.

정우영(2010). ‘訓民正音解例’ 制字解의 ‘異體’와 관련된 문제. <2009년 겨울 국
어사학회 전국학술대회 논문집>. 국어사학회·한국학중앙연구원 어
문생활사연구소. 22-37쪽(수정 별지 1-18쪽).

임용기(2010). 초성·중성·종성의 자질과 훈민정음. <국어학> 57. 국어학회.
75-106쪽.

김석득(2011). 최소의 최대 생성의 끈 이론 : 한글의 우리 있음과 국제화에
관련하여. <인문논총> 21. 서울여자대 인문과학연구소. 5-33쪽.

김만태(2012). 훈민정음의 제자원리와 역학사상-음양오행론과 삼재론을 중
심으로-. <철학사상> 45. 서울대 철학사상연구소. 55-94쪽.

김상태(2012). 훈민정음의 자소 결합 방식과 구조 연구. <훈민정음과 오늘(2012
년 훈민정음학회 국내학술대회 발표논문집)>. 훈민정음학회. 33-59쪽.

김상태(2012). 훈민정음 제자 원리와 한자 육서의 자소론적 연구. <국어학>
63. 국어학회. 105-128쪽.

백두현(2012). 융합성의 관점에서 본 훈민정음의 창제 원리. <훈민정음과 오
늘(2012년 훈민정음학회 국내학술대회 발표논문집)>. 훈민정음학회.
88-123쪽.

백두현(2012). 융합성의 관점에서 본 훈민정음의 창제 원리. <어문론총>
57-10. 한국문학언어학회. 115-156쪽.

양해승(2012). <훈민정음>의 象形說과 六書의 관련에 대한 연구. <冠嶽語文硏
究> 37. 서울대국어국문학과. 179-210쪽.

임용기(2012). 훈민정음의 한자음 표기와 관련한 몇 가지 문제. <人文科學> 96. 연세대 인문학연구원. 5-44쪽.

임용기(2012). 문자체계와 표기법-훈민정음의 한자음 표기와 관련하여-. <韓國學寶> 第23期. 臺灣(臺北) : 中華民國 韓國研究學會.

홍현보(2012). 우리 사전의 왜곡된 '언문' 뜻풀이에 관한 연구. <한글> 298. 한글학회. 51-105쪽.

백두현(2013). 작업 단계로 본 훈민정음의 제자 과정과 원리. <한글> 301. 한글학회. 83-124쪽.

권재선(2014). 자음 상형 원리와 그림풀이에 대해 다시 돌아봄. <한글새소식> 498. 한글학회. 8-9쪽.

김차균(2014). 중세 국어와 창원 방언 성조의 비교 : <훈민정음>(해례)과 <소학언해>(범례)의 방점 자료에 바탕을 두고. <한글> 290. 한글학회. 5-72쪽.

Hansang Park(박한상)(2014). Hunminjeongeum Medials and Cardinal Vowels. <언어학> 70. 한국언어학회. 275-303쪽.

곡효운(2015). 關於15, 16世紀轉寫漢語讀音的訓民正音 "ㅓ". <中國言語研究> 56. 한국중국언어학회. 1-15쪽.

권병로·박종희(2015). 訓民正音의 異體字 'ㆁ' 음가. <國語文學> 58. 국어문학회. 5-27쪽.

김상태(2015). (The)Graphic Syllable Writing Systemin Hunminjeongeum. <언어학연구> 35. 한국중원언어학회. 69-93쪽.

6. 서지·판본·원본·출판·영인본

박승빈(1921). 諺文後解. <계명> 1. 계명구락부.

신명균(1927). 訓民正音 創刊에 際하야. <한글 동인지> 창간호(1927.7.25). 조
선어학회. 5-7쪽.101)

신명균(1927). 訓民正音 原本에 對하여-現在 發見된 三本과 그로서 還元한 한
글社의 新版. <동아일보>(1927.10.24). 동아일보사. 3쪽.

박승빈(1934). 訓民正音原書의 考究. <정음> 4. 조선어학연구회. 22-25쪽.

권덕규(1935). 訓民正音 原本은 아직 얻어 보지 못하였다. <한글> 22. 조선어
학회. 106쪽.

밀아생(1935). 訓民正音 原本에 싸고도는 問題. <한글> 22. 조선어학회.
103-105쪽.

박남수(1935). 訓民正音誕辰을 當하야 : 蜜啞生頭上에 一棒을 加함. <정음> 10.
조선어학연구소. 58-60쪽.

방종현(1935). 한글 硏究 圖書 解題 (1) : 훈민정음. <한글> 20. 조선어학회. 20-21쪽.
재수록 : 방종현(1963/재판 : 1972). 한글 硏究 圖書解題 (一 ~ 七). <일사
국어학논집>. 민중서관. 271-284쪽.

양상은(1935). 訓民正音 紀念日에 對하야 李克魯氏의 錯覺을 警함. <정음> 11.
조선어학연구소. 26쪽.

박승수(1936). 訓民正音重刊跋[한문]. <정음> 16. 조선어학연구회. 31쪽.

정인보(1937). 訓民正音韻解 解題. <한글> 44. 조선어학회. 7-9쪽.

방종현(1940). 原本 訓民正音의 發見(1). <조선일보> 7월 30일. 조선일보사. 4쪽.102)

방종현(1940). 原本 訓民正音의 發見(2). <조선일보> 7월 31일. 조선일보사. 4쪽.

방종현(1940). 原本 訓民正音의 發見(3). <조선일보> 8월 1일. 조선일보사. 4쪽.

방종현(1940). 原本 訓民正音의 發見(4). <조선일보> 8월 2일. 조선일보사. 4쪽.

---

101) 실명이 명기되어 있지는 않으나 "신명균(1927). 訓民正音 原本에 對하여-現在 發見
된 三本과 그로서 還元한 한글社의 新版. <동아일보>(10.24). 동아일보사. 3쪽."의
일부 내용과 같아 신명균이 쓴 것으로 판명함.
102) 번역 연재 글이지만 앞부분에 원본과 이본에 대한 중요 정보가 실려 있다.

방종현(1940). 原本 訓民正音의 發見(완). <조선일보> 8월 4일. 조선일보사. 4쪽.

양주동(1940). 新發見 : "訓民正音"에 對하여. <정음> 36. 조선어학연구회.
9-10쪽.

정인승(1940). 古本訓民正音의 硏究. <한글> 82. 조선어학회. 3-16쪽.

방종현(1946). 訓民正音 解題(조선어학회 1946 영인본 해제). 재수록 : 방종현
(1963/재판 : 1972). 訓民正音 解題.103) <一蓑國語學論執>. 민중서관.104)
3-13쪽.

홍기문(1940). 訓民正音의 各種本. <조광> 6-10. 조선일보사 출판부. 164-171쪽.105)

정인승(1946). 훈민정음의 연혁. <한글> 98. 한글학회. 28-31쪽. 재수록 : 정
인승(1997). 훈민정음의 연혁. <나라사랑> 95. 외솔회. 239-245쪽.

류 렬(유 열)(1950). 訓民正音 원본의 발견 및 유래. <홍익> 1(창간호). 홍
익대 학도호국단문화부. 88-93쪽.

정 철(1954). 原本 訓民正音의 保存 經緯에 대하여. <국어국문학> 9. 국어국
문학회. 15쪽(한쪽).

김민수(1957). 훈민정음 해제. <한글> 121. 한글학회. 393-406쪽.

류 렬(유 열)(1958). 훈민정음이란 어떤 책인가. <말과 글> 5.

류 렬(유 열)(1963). 훈민정음(해례)에 대하여. <조선어학> 4. 조선민주주
의 인민공화국 과학원 언어문학연구소.

김계곤(1964). 훈민정음 원본 발견 경위에 대하여. <보성> 3. 보성고등학교.
재수록 : 김계곤(2005). <훈민정음> 원본 발견 경위에 대하여. <한글

---

103) 재수록 출처에 "1946년. 한글학회 영인본 해제."라고 되어 있으나 '한글학회'는 '조
선어학회'의 착오인 듯하다. '조선어학회'가 '한글학회'로 이름이 바뀐 것은 1949년
9월 25일이다.
104) 방종현(1905-1952) 유고 전집(이희승 추모 서문).
105) "訓民正音原文의 譯文이나 마찬가지로 이 論文의 內容도 역시 方鍾鉉兄과 나의 共
同勞作이다. 그리고 이 論文은 訓民正音의 硏究라는 兩人共著의 著書中의 一章이
다ー이 글 앞머리에서"

새소식> 398. 한글학회. 4-8쪽.

김윤경(1964). 국어학의 기초문헌의 해제. <논문집> 1. 한양대학교. 재수록 :
한결 김윤경 전집(1985) 4. 연세대학교 출판부. 229-314쪽.

임헌도(1966). 正音消長史管見. <제주도> 27. 제주도. 111-116쪽.

김지용(1968). 經世訓民正音圖說 崔錫鼎 저. <인문과학> 19. 연세대 인문과학
연구소. 167-202쪽.

이숭녕(1969/1983). 訓民正音. <韓國의 名著>(문학편) 1. 현암사.

안병희(1970). 肅宗의 '訓民正音後序'. <낙산어문> 2. 서울대학교. 재수록1 : 안병
희(1992). <國語史 硏究>. 문학과지성사. 재수록2 : 안병희(2007). <訓民
正音 硏究>. 서울대 출판부. 107-115쪽.

이숭녕(1970). 이조 초기 역대 왕실의 출판 정책의 고찰―특히 불경인행(佛經
印行)의 과정을 중심으로 하여―. <한글> 146. 한글학회. 271-286쪽.

정연찬(1970). 世宗代의 漢字 四聲 表記法. <국어국문학> 49·50. 국어국문학회.
277-291쪽.

안병희(1972). 해제(세종어제 훈민정음). 국어학회 편. <國語學 資料 選集> II.
일조각.

안병희(1976). 訓民正音의 異本. <진단학보> 42. 진단학회 : <國語史 硏究>. 문
학과지성사. 재수록 : 안병희(2007). <訓民正音 硏究>. 서울대 출판부.
3-10쪽.

안병희(1979). 中世語의 한글 資料에 대한 綜合的인 考察. <규장각> 3. 서울대
도서관.

박지홍(1981). 어제훈민정음의 연구 : 한문본과 한글본의 비교에서. <한글>
173·174. 한글학회.

박종국(1983). 훈민정음 이본 간에 나타난 '예의'의 몇 가지 문제. <문호> 8.
건국대 국어국문학연구회.

박종국(1983). 훈민정음 이본 간에 나타난 '예의'의 몇 가지 문제. <겨레어문

학> 8. 겨레어문학회. 185-204쪽.

박지홍(1983). 원본 훈민정음(訓民正音)의 연구-어제(御製) 훈민정음편. <동
방학지> 36・37. 연세대 국학연구원. 217-244쪽.

안춘근(1983). 訓民正音 解例本의 書誌學的 考察. 추강 황희영 박사 송수 기념 논
총 간행위원회 편. <韓國語 系統論. 訓民正音 研究>. 집문당. 295-306쪽.

성원경(1985). 숙종어제 '訓民正音後序' 내용 고찰. <覓南 金一根 博士 華甲紀念
語文學論叢>. 건국대학교.

성원경(1985). 肅宗御製 訓民正音(後)序 內容考察. <겨레어문학> 9. 건국대국어
국문학연구회. 851-858쪽.

안병희(1986). 訓民正音 解例本의 復原에 대하여. 유목상 외 편. <國語學 新研
究>(약천 김민수교수 화갑기념). 927-956쪽. 탑출판사. 재수록1 : 안
병희(1992). 훈민정음 해례본의 복원. <國語史 研究>. 문학과지성사.
186-195쪽. 재수록2 : 안병희(2007).<訓民正音 研究>. 서울대 출판부.
91-105쪽.

이돈주(1988). <訓民正音>의 解說. 신상순・이돈주・이환묵 편(1988). <훈민
정음의 이해>. 한신문화사. 1-40쪽.

김광해(1989). 訓民正音과 108. <주시경학보> 4. 주시경연구소.

안병희(1990). <訓民正音 諺解>의 두어 문제. <碧史 李佑成 先生 定年退職紀念
國語國文學論叢>. 여강출판사. 21-33쪽. 재수록1 : 안병희(1992). <國語
史 研究>. 문학과지성사. 196-207쪽. 재수록2 : 안병희(2007).<訓民正
音 研究>. 서울대 출판부. 91-105쪽.

이현희(1991). 訓民正音의 異本과 관련된 몇 문제. <어학교육> 21. 전남대 언
어교육원. 59-74쪽.

임용기(1991). 훈민정음의 이본과 언해본의 간행 시기에 대하여. <국어의 이해
와 인식>(갈음 김석득 교수 회갑 기념 논문집). 한국문화사. 673-696쪽.

김슬옹(1995). 훈민정음 언해본(희방사본)의 희방사를 찾아서. <함께여는 국

어교육> 25. 전국국어교사모임. 123-150쪽.

김근수(1996). 訓民正音 文獻考. <한국학 연구> 42. 한국학연구소. 15-18쪽.

안병희(1997). 訓民正音 解例本과 그 複製에 대하여. <진단학보> 84. 진단학회.
191-202쪽. 재수록 : 안병희(2007).<훈민정음> 해례본과 그 복제. <訓
民正音 硏究>. 서울대 출판부. 25-44쪽.

최세화(1997). 訓民正音 落張의 復原에 대하여. <국어학> 29. 국어학회. 1-32쪽.

진태하(1998). 訓民正音에 대한 南北韓의 誤謬와 統一案. <새국어 교육> 55.
한국국어교육학회. 165-183쪽.

김영배(2000). 연구 자료의 영인 : 훈민정음의 경우. <새국어생활> 10-3. 국
립국어연구원. 161-169쪽.

정우영(2000). 訓民正音諺解의 異本과 原本再構에 관한 硏究. <불교어문논집> 5.
한국불교어문학회. 25-58쪽.

정우영(2000). 훈민정음 한문본의 원문 복원에 대한 연구. <동악어문논집> 36.
동악어문학회. 107-135쪽.

정우영(2001). <訓民正音> 한문본의 낙장 복원에 대한 재론. <국어국문학> 129.
국어국문학회. 191-227쪽.

안병희(2002). <訓民正音>(解例本) 三題. <진단학보> 93. 진단학회. 173-197쪽.
재수록 : 안병희(2007). <訓民正音 硏究>. 서울대 출판부.

장소원·이병근·이선영·김동준(2003). <조선시대 국어학사 자료에 대한
기초연구>. 서울대학교 한국학 장기기초연구비지원 연구과제 결과
보고서.

윤형두(2003). 훈민정음(訓民正音)—쓰고 읽지 못하는 백성들을 위해. <옛책의
한글판본>. 범우사. 13-22쪽.

김주원(2005가). 세계기록유산 훈민정음 1 : 우리가 자랑할 수 있는 문화유산.
<대한토목학회지> 299. 대한토목학회. 86-89쪽.

김주원(2005나). 세계기록유산 훈민정음 4 : 훈민정음 해례본의 구성. <대한

토목학회지> 302. 대한토목학회. 112-115쪽.

김주원(2005다). 훈민정음 해례본의 뒷면. <대한토목학회지> 306. 대한토목
학회. 181-185쪽.

김주원(2005라). 훈민정음 해례본의 뒷면 글 내용과 그에 관련된 몇 문제.
<국어학> 45. 국어학회.

박영진(2005). 훈민정음 해례본의 발견 경위에 대한 재고. <한글 새소식>
395. 한글학회.

박종덕(2005). 훈민정음 해례본의 출처 연구. <국어학회 32회 전국학술대회
발표지>. 국어학회.

박종덕(2005). 훈민정음 해례본의 원형과 유출 과정. <제37차 한국어학회 전국
학술대회 논문집>. 한국어학회.

정우영(2005). 훈민정음(訓民正音) 언해본의 성립과 원본 재구. <국어국문학>
139. 국어국문학회. 75-113쪽.

채영현(2005). 훈민정음 해례본의 진실은? <한글 새소식> 397. 한글학회.

구법회(2006). '국보 제1호'에 대한 재론-훈민정음을 '으뜸국보'로-. <한글
새소식> 403. 한글학회.

김무봉(2006). <訓民正音> 原本의 출판 문화재적 가치 연구. <세종학 연구>
14. 세종대왕기념사업회. 45-70쪽.

김무봉(2006). <訓民正音> 原本의 출판 문화재적 가치 연구. <한국사상과 문
화> 34. 한국사상문화학회. 309-339쪽.

김슬옹(2006). 訓民正音(해례본)의 간행 책으로서의 담론과 교육 전략. <한국
어문학 연구> 47. 한국어문학연구학회. 119-147쪽.

김주원(2006). 훈민정음 해례본의 겉과 속. <새국어생활> 16-3. 국립국어원.
35-49쪽(김주원. 2005가·나·다의 일부를 정리).

박병천(2006). 훈민정음 해례본의 한글 자형 수정 방안에 대한 연구-사진본
과 영인본의 한글 문자를 대상으로-. <세종학 연구> 14. 세종대왕

기념사업회. 19-44쪽.

박종덕(2006). 훈민정음 해례본의 유출 과정 연구－학계에서 바라본 '발견'에
　　　대한 반론의 입장에서－. <한국어학> 31. 한국어학회. 171-194쪽.

최기호(2006). 훈민정음 원본의 발견 경위와 언어학적 가치. <세종학 연구>
　　　14. 세종대왕기념사업회. 5-17쪽.

안병희(2007). 宋錫夏 선생 透寫의 '訓民正音'. <한국어연구>(안병희 교수 추
　　　념호) 4. 한국어연구회. 127-130쪽.

조규태·정우영 외(2007). 訓民正音 諺解本의 정본 제작에 관한 연구. <국어
　　　사연구> 7. 국어사학회. 7-40쪽. 재수록 : 조규태·정우영 외(2007).
　　　<훈민정음 언해본 이본 조사 및 정본 제작 연구>(학술연구용역사업
　　　보고서). 문화재청.

김주원(2008). <훈민정음> 소개와 그 의미 : 대한민국을 넘어 인류 문화유산
　　　으로. 국립국어원 편. <알기 쉽게 풀어 쓴 훈민정음>. 생각의나무.
　　　21-36쪽.106)

이상규(2008). 훈민정음 영인 이본의 권점(圈點) 분석. <어문학> 100. 형설출
　　　판사. 143-172쪽.

정우영(2008). <訓民正音> 해례본(해설). <문화재 사랑> 10. 문화재청.

남권희(2009). 새로 발견된 <訓民正音解例>본과 일본판 石峯 <千字文> 소개.
　　　<훈민정음을 통한 외국어 표기>(훈민정음학회 2009 전국 학술대회
　　　발표논문집). 훈민정음학회. 별지 1-13쪽.

반재원(2009). 훈민정음 원본의 중국(中國)의 뜻과 해례본 발견 경위. <씨아
　　　시말>. 백암. 165-237쪽.

이상규(2009). 훈민정음의 첩운(疊韻) 권점 분석. <새국어생활> 19-1. 국립국

---

106) 영문 번역 "Kim Juwon. Mankind's Cultural Heritage Beyond the Republlic of
　　　Korea(Hunmin jeongeum : Intoduction and Meaning) 49-70쪽."이 같은 책에 실려
　　　있다.

어원. 155-184쪽.

김주원(2010). 훈민정음 해례본의 크기. <문헌과 해석> 52. 문헌과해석사 158-161쪽.

백두현(2010). <훈민정음> 해례본의 영인과 <합부 훈민정음> 연구. <朝鮮學報> 214. 일본 : 조선학회. 1-29쪽.107)

이광호(2010). 훈민정음 해례본의 편찬에 대한 가설(기조강연). <제181회 전국학술대회자료집>. 한국어문교육연구회. ⅷ-ⅺ ⅹ.

김주필(2011). 고려대학교 소장 <훈민정음>(언해본)의 특징과 의미. <어문학논총> 30-1. 국민대 어문학연구소. 1-20쪽.

허경무(2010). '훈민정음 해례본' 영인 이본이 왜 존재하는가. <월간서예> 11.

김부연(2012). <훈민정음> 사진 자료에 대한 비판적 고찰. <한국어학> 55. 한국어학회. 103-137쪽.

김부연(2012). <훈민정음> 사진 자료의 제시 및 활용 방안 모색. <60차 한국어학회 전국학술대회 자료집>. 한국어학회. 75-107쪽.

남권희(2012). 사라진 상주본 어떤 비밀이 숨겨져 있나. <주간조선> 2194. 조선뉴스프레스. 50-51쪽.

이상규(2012). 잔엽 상주본 <훈민정음> 분석. <한글> 298. 한글학회. 5-50쪽.

김주원(2013). 훈민정음 실록본 연구. <한글> 302. 한글학회. 277-309쪽.

이상규(2013). 잔엽 상주본<훈민정음>해례본. <기록인(IN)> 23호. 행정안전부 국가기록원. 74-79쪽.

장윤희(2013). 訓民正音 制字原理의 位階性과 異體. <語文硏究> 158. 韓國語文教育硏究會. 37-56쪽.

정 광(2013). <월인석보>의 舊卷과 훈민정음의 언해본 : 正統 12년 佛日寺板 <월인석보> 玉冊을 중심으로. <국어학> 68호. 국어학회. 3-49쪽.

---

107) 제목과 요약만 일본어로 되어 있고 원문은 한국어 국한문혼용체로 되어 있다.

백두현(2014). <훈민정음>해례의 제자론(制字論)에 대한 비판적 고찰. <語文學> 123. 韓國語文學會. 39-66쪽.

백 철(2015). 소실? 도난? 은닉? 훈민정음 상주본 미스터리 : 소장자 배씨, 도난 가능성 제기하면서 "없을 수도 있다" 아리송한 답변. <주간경향> 1121. 경향신문사. 38-40쪽.

이지혜(2015). <훈민정음 상주본> 행방을 찾아서 : 화재 소실인가 절도인가 아니면 대국민 사기극인가. <서울21> 83. 일요서울신문사. 74-75쪽.

7. 기념일(한글날. 조선글날. 훈민정음기념일)

임채욱(1986). '한글날'과 '훈민정음창제기념일'. <북한> 178. 북한연구소. 92-99쪽.

남광우(1996). 한글날, 한글, 한글학회. <국어교육> 52. 한국국어교육학회. 55-63쪽.

진태하(1996). 주먹구구로 정한 '한글날' 바로 잡아야 한다. <월간조선> 201. 조선일보사. 398-404쪽.

진태하(1997). 訓民正音의 創制年代와 한글날. <어문연구> 94. 한국어문교육연구회.

유만근(1999). 남북간 날짜 다른 한글날. 세종성왕육백돌기쪽넘문집위원회 편(1999). <세종성왕육백돌>. 세종대왕기념사업회. 376.

리의도(2006). '한글날'의 유래와 발자취. <나라사랑> 111. 외솔회. 76-86쪽.

리의도(2006). '한글날' 발전사. <한글> 273. 한글학회. 7-47쪽.

안영희(2012). <洪武正韻譯訓>훈민정음 표기 'ㅟ'의 음운론적 대응. <口訣硏究> 29. 太學社. 153-175쪽.

하두철(2013). 한글날을 아십니까? <自由> 482호. 성우안보전략연구원. 28-35쪽.

8. 사용·보급·정책·발전

권덕규(1926). 정음 반포 이후의 槪歷. <신민> 13. 신민사.

권덕규(1926). 훈민정음의 연혁. <신민> 20. 신민사.

권덕규(1927). 訓民正音의 沿革. <조선어>. 조선어연구회. 61-63쪽.

안자산(안확)(1926). 언문의 출처. <동광> 6. 65-67쪽.

이병기(1928). 世宗大王과 訓民正音 頒布. <별건곤>12·13. 개벽사.

김윤경(1931). 朝鮮文字의 歷史的 考察(序篇). <동광> 17. 동광사. 19-20쪽.

김윤경(1932). 訓民正音의 起源論 : 朝鮮文字의 歷史的 考察 二. <동광> 4-5. 동광사. 76-81쪽.

김윤경(1932). 한글 적기의 바뀜-朝鮮文 表記法의 變遷. <한글> 3. 조선어학회. 98-111쪽.

방종현(1932). ㄱ ㄴ ㄷ …의 稱號. <조선어문학회보108)>. 재수록 : 방종현(1963/재판 : 1972). ㄱ ㄴ ㄷ …의 稱號. <일사국어학논집>. 민중서관. 72-80쪽.

김윤경(1934). 訓民正音 發布에 對하여(라디오 기념 방송 원고). <한글> 10. 조선어학회. 413-416쪽.

김윤경(1934). 조선글 연혁. <한글> 15. 조선어학회. 14-15쪽.

조선어학연구회(1934). 訓民正音頒布日에 對한 考證. <정음> 4. 조선어학연구회. 34-40쪽.

박수남(1935). 훈민정음 탄신을 당하야 蜜啞生에 일봉을 가함. <정음> 10. 조선어학연구회. 58-60쪽.

방종현(1936). 한글의 名稱. 조선일보.109) 재수록 : 방종현(1963/재판 : 1972). 한글의 名稱. <일사국어학논집>. 민중서관. 67-71쪽.

---

108) 재수록본 출처에 따름.
109) 재수록본 출처에 따름.

박승빈(1937). 훈민정음 기념 講話稿. <정음> 21. 조선어학연구회. 2-6쪽.

안자산(안확)(1937). 諺文의 價値와 進化. <계명시보> 44. 6-7쪽.

고재섭(1938). 諺文과 再認識論. <비판> 6-6. 비판사. 361-367쪽.

안자산(안확)(1938). 諺文과 文化 及 民族性 : 附 諺文史. <정음> 24. 조선어학
연구회. 3-4쪽.

윤정하 역(1938). '訓民正音後序' 숙종대왕. <정음> 22. 조선어학연구회. 2쪽.

정태진(1946). 世界文化史上으로 본 우리 語文의 地位. <신세대> 1. 신세대사.

홍기문(1949). 訓民正音의 成立 過程. 전몽수·홍기문 공저. <訓民正音 譯解>
조선어문고 1책. 평양 : 조선어문연구회. 1-37쪽.

이숭녕(1953). 訓民正音 硏究의 新提唱. <자유세계> 12. 홍문사.

김민수(1955). 한글 頒布의 時期 : 세종 25年 12月을 주장함. <국어국문학> 14.
국어국문학회. 김민수(1957). 한글 頒布의 時期 問題. <注解 訓民正音>.
통문관. 110-119쪽 재수록.

이홍로(1956). 훈민정음 변천의 일단. <한글> 119. 한글학회. 92-99쪽.

이숭녕(1958). 世宗의 言語政策에 關한 硏究-特히 韻書編纂과 訓民正音 制定과
의 關係를 中心으로 하여. <아세아연구> 1·2. 고려대 아세아문제연
구소 29-84쪽.

김천명(1960). 훈민정음 考-훈민정음이 정상적으로 발달하지 못한 이유-.
<어문논집> 1. 중앙대 국어국문학회. 54-66쪽.

정용호(1962). 훈민정음을 반대한 최만리 일파. <말과 글> 4.

강신항(1963). 燕山君 諺文禁壓에 대한 揷疑 : 國語學史上에 미친 影響의 有無
를 中心으로. <진단학보> 24. 진단학회.

김선기(1965). 문자 정책론. <한글> 134. <한글학회>. 20-32쪽.

필 마샬(1965). 極東의 알파벳 : 訓民正音의 世界性. <사상계> 13-6. 사상계사.
313-319쪽.[110]

이동림(1966). 國文字策定의 歷史的 條件. <명지어문학> 3. 명지대학교. 51-56쪽.

이숭녕(1966). 한글 制定의 時代 環境. <교육평론> 96. 교육평론사. 14-17쪽.

최승희(1966). 集賢殿 연구 상. <역사학보> 32. 역사학회. 1-58쪽.

박병채(1967). 韓國文字發達史. <한국문화사 대계> 5. 고려대 민족문화연구소.

최승희(1967). 集賢殿 연구 하. <역사학보> 33. 역사학회. 39-80쪽.

왕한석(1970). 훈민정음에 보이는 우리말 어휘의 변천시고. <선청어문> 1.
　　서울대 사범대학. 79-87쪽.

이현복(1971). 한글 음성 문자 시안. <한글학회 50돌 기념 논문집>. 한글학회.
　　11-18쪽.

김민수(1973). 한글 字母問題에 대한 고찰. <인문논집> 18. 고려대학교 문과대
　　학. 1-48쪽.

김용경·도수희(1973). 이조시대의 어학기관 연구(문교부 연구 보고서). <어
　　문학계> 5. 문교부.

이재철(1973). 集賢殿의 機能에 대한 研究. <인문과학> 30. 연세대 인문과학
　　연구소. 127-168쪽.

김용경(1974). 李朝時代의 語學機關研究. <논문집> 13. 충남대학교. 73-89쪽.

김종택(1976). 한글의 文字論的 位相-그 改善點을 중심으로. 간행위원회 편.
　　<韓國語文論叢>(우촌 강복수 박사 회갑 기념 논문집). 69-76쪽.

이근수(1977). 몽고의 어문정책과 훈민정음. <어문논집> 19·20 합집. 고려
　　대학교. 569-586쪽.

이근수(1977). 몽고의 어문정책과 훈민정음. <月巖 朴晟義 博士 還甲紀念論
　　叢>. 고려대 국어국문학연구회.

이근수(1977). 北方民族의 語文政策과 訓民正音. <논문집> 1. 한성여자대학교.
　　1-29쪽.111)

---

110) <Korea Journal>에 실린 "The Alphabet of East Asia" 영문 글에 대한 번역(사상계
　　편집자).
111) '李覲洙(이근수)'를 '李觀洙(이관수)'로 잘못 적은 문헌들과 도서관이 여러 군데 있다.

이숭녕(1977). 世宗의 言語政策事業과 그 隱密主義的 態度에 對하여-特히 實錄
　　　記錄의 不透明性과 冊房의 露出을 中心으로 하여. <한국학 논총>(하
　　　성 이선근 박사 고희 기념 논문집). 형설출판사. 413-438쪽.

유창균(1978). 조선시대 세종조 언어정책의 역사적 성격(일본어). <동양학
　　　보> 59. 東京 : 東洋文庫.

신기철(1979). 한글 반포와 그 걸어온 길. <통일세계> 107. 세계기독교통일
　　　신령협회. 90쪽.

허　웅(1979). 훈민정음의 우수성과 그 나아갈 길. <정훈> 70. 국방부. 52-56쪽.

강귀수(1980). 訓民正音 創制와 그 語文政策. <논문집> 18. 공주사범대학교.
　　　19-26쪽.

이성연(1980). 世宗의 言語政策에 대한 硏究. <한국언어문학> 19. 한국언어문
　　　학회. 197-210쪽.

허　웅(1980). 세종의 언어 정책과 국어순화 정신. <교육문제 연구> 1. 동국
　　　대 교육문제연구소. 53-60쪽.

강귀수(1981). 傳統과 訓民正音의 硏究課題. <논문집> 19. 공주사범대학교.
　　　27-33쪽.

정　광(1981). The Hunmin Chungum and the Cause of King Sejong's
　　　Language Policy. <논문집> 10. 덕성여자대학교. 127-148쪽.

이숭녕(1982). 世宗大王の 言語政策と その 業績 : 世宗大王の 業績と 思想. <ア
　　　ジア公論>118(8月). 한국국제문화협회. 103-116쪽.

이숭녕(1982). 世宗大王の 言語政策と その 業績(下) : 朝鮮王朝の公式史書 <王朝
　　　實錄>と 冊房. <アジア公論> 120(10月). 한국국제문화협회. 151-163쪽.

허　웅(1982). 世宗朝의 言語政策과 그 精神을 오늘에 살리는 길. <世宗朝 文化
　　　의 再認識>(보고논총 1982-2). 한국정신문화연구원. 35-42쪽.

이근수(1983). 訓民正音 創製와 그 政策. 추강 황희영 박사 송수 기념 논총 간
　　　행위원회 편. <韓國語 系統論 訓民正音 硏究>. 집문당. 333-356쪽.

장태진(1983). 世宗朝 國語問題論의 硏究. <국어국문학> 5. 조선대 국어국문학과.
  5-26쪽.

김슬옹(1985). 우리식 한글화와 제2의 의식혁명. <한글 새소식> 151. 한글학회.
  23-24쪽.

김종택(1985). 한글은 문자 구실을 어떻게 해왔나. <건국어문학> 9·10합집
  (覓南 金一根博士華甲紀念語文學論叢)>. 형설출판사. 859-868쪽.

박병채(1985). 문자 발달사상에서 본 한글. <국어생활> 3. 국어연구소. 32-40쪽.

신방현(1985). 한글 그 우수성과 논리의 독특성 : 훈민정음 창제의 배경과 발
  전과정. <공군> 195. 공군본부.

안병희(1985). 訓民正音 使用에 관한 歷史的 硏究 : 창제로부터 19세기까지.
  <동방학지> 46·47·48. 연세대학교. 793-822쪽. 재수록1 : 안병희
  (1992). 훈민정음 사용의 역사-창제로부터 19세기까지. <國語史 硏
  究>. 문학과지성사. 재수록2 : 안병희(2007). 훈민정음 사용의 역사-
  창제로부터 19세기까지. <訓民正音 硏究>. 서울대 출판부. 199-234쪽.

강신항(1986). 朝鮮後期 正音學者들의 正音觀. 유목상 외 편. <國語學 新硏究>
  (김민수 교수 화갑 기념). 탑출판사. 937-946쪽.

강신항(1986). 書永編內 훈민정음 관계 기사에 대하여. <朴鵬培 博士 華甲紀念
  論文集>. 배영사. 556-567쪽.

김일근(1986). 政法文書의 한글 實用攷-한글 古文書學 序說-. <增訂 諺簡의
  硏究-한글書簡의 硏究와 資料集成-. 건국대학교 출판부. 306-332쪽.

장태진(1987). 서구의 초기 언어계획 기관과 훈민정음 관계기관에 대하여.
  <于海 李炳銑 博士 華甲紀念論叢>.

남광우(1989). 한글날을 맞아 '訓民正音과 한글'을 생각해 본다. <어문연구>
  17-4. 한국어문교육연구회. 394-408쪽.

남풍현(1989). 訓民正音의 創制와 文化의 繼承. <어문연구> 17-4. 한국어문교
  육연구회. 409-410쪽.

서정범(1989). 訓民正音의 創制와 漢字音 改新. <어문연구> 17-4. 한국어문교
　　　육연구회. 411-412쪽.

성기옥(1989). 龍飛御天歌의 文學的 성격 : 訓民正音 창제와 관련된 國文詩歌로
　　　서의 역사적 의미를 중심으로. <진단학보> 68. 진단학회. 143-170쪽.

윤태림(1989). 韓國의 文字生活과 教育에 대하여. <어문연구> 17-4. 한국어문
　　　교육연구회. 413-414쪽.

이기백(1989). 訓民正音의 運用. <어문연구> 17-4. 한국어문교육연구회. 415-416쪽.

이응백(1989). 訓民正音 訓習의 基本資料. <어문연구> 17-4. 한국어문교육연
　　　구회. 417-419쪽.

최세화(1989). 世宗御製訓民正音 序文에 대해. <어문연구> 17-4. 한국어문교
　　　육연구회. 420-421쪽.

려증동(1990). 세종시대 언서책성에 대한 연구 : <세종실록>을 중심으로.
　　　<배달말> 15. 배달말학회. 213-234쪽.

려증동(1990). 훈민정음을 반포한 일이 없었다. <어문연구> 20. 어문연구회.
　　　185-188쪽.

이현복(1990). 자랑스런 우리의 말과 글. <산업디자인> 112. 한국디자인포장
　　　센터. 6-11쪽.

천병식(1990). 諺解文學-번역 문학사의 정립을 위하여-. <인문논총> 1. 아주
　　　대 인문과학연구소. 21-40쪽.

김진규(1991). 訓蒙字會의 引·凡例 小考 : 訓民正音 解例와 訓蒙字會凡例의 音
　　　素排列을 中心으로. <논문집> 29. 공주대학교. 67-86쪽.

변정용(1991). 훈민정음 창제 원리와 한글코드 제정 원리. <제3회 한글 및
　　　한국어 정보처리 학술논문집>. 정보과학회.

변정용(1992). 훈민정음 창제 원리와 한글코드 제정 원리 : 자소형 제안. <제
　　　4회 한글 및 한국어 정보처리 학술발표 논문집>. 정보과학회.

권재선(1993). 문자 발달과 훈민정음. 김종택 외 5인(1993). <신국어학>. 형

설출판사. 259-317쪽.

김석연(1993). 정음 사상의 재조명과 부흥. <한글> 219. 한글학회. 155-217쪽.

변정용(1994). 훈민정음 원리의 공학화에 기반한 한글 부호계의 발전 방향. <정보과학회지> 12-8. 한국정보과학회.

신창순(1994). 訓民正音의 機能的 考察. <어문연구> 22-1·2호. 한국어문교육연구회. 276-286쪽.

이석주(1994). 문자의 발달과 한글. <한성어문학> 13. 한성대 한국어문학부. 3-52쪽.

김석연(1996). 한글·한국어 교육의 세계화 시대는 훈민정음의 재조명과 부흥책을 촉구한다. <제5회 국제 한국어 학술대회 발표 자료집>. 한글학회.

김슬옹(1996). 한국인의 훈민정음과 삼성전자의 훈민정음. <함께여는 국어교육> 29. 전국국어교사모임. 38-61쪽.

남광우(1997). 世宗大王의 訓民正音 創制精神의 再照明 : 現 語文·語文敎育政策 批判과 그 代案 提示. <어문연구> 94. 일조각. 5-23쪽.

유만근(1997). 15세기 訓民正音 表音力을 恢復하자. <어문연구> 25-2. 한국어문교육연구회. 45-53쪽.

이기문(1997). "The Inventor of the Korean Alphabet." The Korean Alphabet : Its History and Structure. Univ. of Hawaii Press. 89-106쪽.

Gari Ledyard(1997). 세종의 문자 정책과 한글(Memory of the 600th Anniversary of King Sejong : Sejong and Illiteracy). <세종대왕 탄신 600 돌 기념 유네스코 8회 세종대왕상 시상식 및 국제학술회의 논문초록집>. 국제한국어교육학회. 26-31쪽.

권재선(1998). 한글 반포에 대한 고찰. <어문학> 64. 한국어문학회. 1-24쪽.

김승곤(1998). 세종 시대의 어문정책. <세종문화사대계 1 : 어학·문학>. 세종대왕기념사업회. 201-303쪽.

김영배·김무봉(1998). 세종 시대의 언해. <세종문화사대계 1 : 어학·문학>. 세종대왕기념사업회. 307-415쪽.

현용순(1998). 훈민정음 서체의 조형적 특성에 관한 연구. <생활문화예술론집> 21. 건국대 생활문화연구소. 201-212쪽.

강길운(1999). 세종대왕과 문자정책. 세종성왕육백돌기념문집위원회 편(1999). <세종성왕육백돌>. 세종대왕기념사업회. 303-306쪽.

강석규(1999). 세종대왕과 벤처정신. 세종성왕육백돌기념문집위원회 편(1999). <세종성왕육백돌>. 세종대왕기념사업회. 307-308쪽.

고황경(1999). 국가발전과 우리말. 세종성왕육백돌기념문집위원회 편(1999). <세종성왕육백돌>. 세종대왕기념사업회. 309-322쪽.

권재선(1999). 世宗의 御製東國正韻과 申叔舟등의 反切. <인문과학연구> 3. 대구대 인문과학연구소. 1-11쪽.

권재일(1999). 우리 말과 글에 대한 자긍심을 가지자. 세종성왕육백돌기념문집위원회 편(1999). <세종성왕육백돌>. 세종대왕기념사업회. 323-324쪽.

김계곤(1999). 훈민정음 창제를 기리며. 말글살이의 한글화를 다짐한다. 세종성왕육백돌기념문집위원회 편(1999). <세종성왕육백돌>. 세종대왕기념사업회. 325-328쪽.

김길자(1999). 세종대왕의 열린 의지를 꽃피워야 한다. 세종성왕육백돌기념문집위원회 편(1999). <세종성왕육백돌>. 세종대왕기념사업회. 329-330쪽.

노명완(1999). 글깨치기와 한글. 세종성왕육백돌기념문집위원회 편(1999). <세종성왕육백돌>. 세종대왕기념사업회. 335-337쪽.

리의도(1999). 한글. 제2의 탄생을 이룩해 낼 사람은 누구인가? 세종성왕육백돌기념문집위원회 편(1999). <세종성왕육백돌>. 세종대왕기념사업회. 338-339쪽.

문제안(1999). 500년 동안 짓밟힌 한글, 50년 걸려 활짝 피어났습니다. 세종성왕육백돌기념문집위원회 편(1999). <세종성왕육백돌>. 세종대왕기넘사업회. 340-346쪽.

박영순(1999). 한글과 민족 문화. 세종성왕육백돌기념문집위원회 편(1999). <세종성왕육백돌>. 세종대왕기념사업회. 347-348쪽.

백봉자(1999). 신기한 한글. 세종성왕육백돌기념문집위원회 편(1999). <세종성왕육백돌>. 세종대왕기념사업회. 354-356.

안송산(1999). 세종대왕과 문맹 퇴치 운동. 세종성왕육백돌기념문집위원회 편(1999). <세종성왕육백돌>. 세종대왕기념사업회. 357-370쪽.

이병주(1999). 세종의정음보급책. 세종성왕육백돌기념문집위원회 편(1999). <세종성왕육백돌>. 세종대왕기념사업회. 384-385쪽.

이응호(1999). 한국 초기 개신교의 전도용 한글 번역 책. 세종성왕육백돌기념문집위원회 편(1999). <세종성왕육백돌>. 세종대왕기념사업회. 391-400쪽.

이현복(1999). 21세기 지구촌을 한글 문화권으로! - 한글은 국보 제1호이며 인류의 문화 유산이다-. <한글 새소식> 324. 한글학회. 7-11쪽.

정범진(1999). 세종대왕의 훈민정음 창제를 둘러싼 최만리 등과의 논쟁. 세종성왕육백돌기념문집위원회 편(1999). <세종성왕육백돌>. 세종대왕기념사업회. 411-414쪽.

정재도(1999). 한글과 글자의 됇. 세종성왕육백돌기념문집위원회 편(1999). <세종성왕육백돌>. 세종대왕기념사업회. 415-416쪽.

주명건(1999). 세종의 훈민정신과 세계 공용어. 세종성왕육백돌기념문집위원회 편(1999). <세종성왕육백돌>. 세종대왕기념사업회. 423-424쪽.

지춘수(1999). 세종대왕과 최만리. 세종성왕육백돌기념문집위원회 편(1999). <세종성왕육백돌>. 세종대왕기념사업회. 425-427쪽.

최현섭(1999). 훈민정음의 반포와 세종대왕의 전략. 세종성왕육백돌기념문집위원회 편(1999). <세종성왕육백돌>. 세종대왕기념사업회. 432-433쪽.

홍윤표(1999). 한글이 익히기 쉽다는 것은. 세종성왕육백돌기념문집위원회 편(1999). <세종성왕육백돌>. 세종대왕기념사업회. 441-444쪽.

강신항(2006). 학문적 진실에 맞는 올바른 한국사상의 구축. <한국사시민강
　　좌> 26. 일조각. 178-189쪽.112)

김석득(2000). 훈민정음과 우리 글자살이의 역사. <한인교육 연구> 17. 재미
　　한인학교협의회.

김영배(2000). 15세기 언해본. <국어사자료연구－佛典諺解 중심>. 월인. 193-293
　　쪽. 김영배·김무봉. 세종 시대의 언해. <세종문화사대계 1 : 어학·문학>.
　　세종대왕기념사업회. 1998. 307-415쪽 재수록(일부 재구성).

안병희(2000). 한글의 창제와 보급. <겨레의 글 한글>(새천년 특별전 도록).
　　국립중앙박물관. 174-183쪽. 재수록 : 안병희(2007). <訓民正音 硏究>.
　　서울대 출판부. 235-252쪽.

허춘강(2000). 成三問의 訓民正音創製와 文化政策. <한국행정사학지> 8. 한국
　　행정사학회. 119-136쪽.

백두현(2001). 조선시대의 한글 보급과 실용에 관한 연구. <진단학보> 92.
　　진단학회. 193-218쪽.

조흥욱(2001). 용비어천가의 창작 경위에 대한 연구 : 국문가사와 한문가사 창
　　작의 선후관계를 중심으로. <어문학논총> 20. 국민대학교. 143-162쪽.

김석연(2002). 몽골어의 누리글 표기의 의의 : 정음이 왜 누리글인가?－정음
　　의 미래 응용성을 중심으로 : 몽골어의 표기 시안 제시. <몽골학>
　　12. 한국몽골학회. 289-317쪽.

정달영(2002). 국제 정음 기호의 제정에 관한 연구. <한국민족문화연구> 10.
　　한민족문화학회. 29-58쪽.

김슬옹(2004). 조선시대 諺文의 비칭성과 통칭성 담론. <겨레어문학> 33. 겨
　　레어문학회. 5-30쪽.

---

112) '훈민정음'은 국사학자에게 완전히 관심 밖의 일인가. 세종조 집현전 학사 가운데
　　간부들은 과연 고루한 수구주의자들인가. 연산군의 탄압으로 한글 발전은 큰 지장
　　을 받았는가. 단종사건에서 생각해 볼 일 등의 내용이 기술되어 있다.

백두현(2004). 한국어 문자 명칭의 역사적 변천. <문학과 언어> 26. 문학과 언어학회. 1-16쪽.

백두현(2004). 우리말[韓國語] 명칭의 역사적 변천과 민족어 의식의 발달. <언어과학연구> 28. 언어과학회. 115-140쪽.

박종덕(2006). 문화콘텐츠로서의 훈민정음의 활용 방안. <한민족문화연구> 18. 한민족문화학회. 49-62쪽.

이상혁(2006). 훈민정음. 언문. 반절. 그리고 한글의 역사적 의미-우리글 명칭 의미의 어휘적 함의를 중심으로-. 정광 외. <역학서와 국어사 연구(솔미 정광 교수 정년퇴임 기념논문집)>. 태학사. 444-487쪽.

김석연(2007). 훈민정음이 누리글이다. <한글> 272. 한글학회. 5-60쪽.

박현모(2007). 정인지가 본 세종의 학문·언어정책 : '이 땅의 사대(事大) 지식인들아. 세종에게서 배우라'. <신동아> 573. 동아일보사. 624-635쪽.

시정곤(2007). 훈민정음의 보급과 교육에 대하여. <우리어문연구> 28. 우리어문학회. 33-63쪽.

이상혁(2007). 훈민정음에 대한 문화콘텐츠적 접근과 그 방향. <한국어학> 36. 한국어학회. 195-220쪽.

김슬옹(2008). 세종의 언어정책 담론 : 훈민정음의 통합과 통섭 전략. <The 2008 KAPA International Conference 2008 한국행정학회 추계 국제학술대회 발표논문집 Ⅵ : Globalization & Reframing the Public Sector 세계화와 공공부문의 리프레이밍>. KAPA 한국행정학회. 21-38쪽. 재수록 : 김슬옹(2010). <세종대왕과 훈민정음학(12장. 세종의 언어정책 담론 : 훈민정음을 통한 통합과 통섭)>. 지식산업사. 440-465쪽.

김영욱(2008). 한글의 역사와 기능 : 한글 창제에 관한 쟁점·한글의 근대적 부활·한글의 미래를 중심으로. <제2회 한국어학회 국제학술대회>. 한국어학회. 373-381쪽.

이상혁(2008). 훈민정음과 한글의 정치사적 시론 : 문자의 이데올로기적 측면을 중심으로. <제2회 한국어학회 국제학술대회>. 한국어학회. 424-434쪽.

이상혁(2008). 훈민정음과 한글의 언어문화사적 접근－문자. 문자 기능의 이
데올로기적 속성을 중심으로. <한국어학> 41. 한국어학회. 61-82쪽.
재수록 : 홍종선 외(2008). 훈민정음과 한글의 언어문화사적 접근.
<세계 속의 한글>. 박이정. 217-238쪽.

이호권(2008). 조선시대 한글 문헌 간행의 시기별 경향과 특징. <한국어학>
41. 한국어학회. 83-114쪽.

장영길(2008). 한글의 문자학적 우수성. <국제언어문학> 17. 국제언어문학회.
79-99쪽.

최용기(2008). 세종의 문자 정책과 한글 진흥 정책의 미래. <제28회 한말연
구학회 전국학술발표대회 자료집>. 한말연구학회.

김슬옹(2009). 한글(언문)은 조선왕조의 공용 글자였다. <우리말 우리얼> 66.
우리말살리는겨레모임. 21-22쪽.

박대종(2009). <訓民正音>의 例義와 解例本 完成日. <한글＋한자문화> 125.
전국한자교육추진총연합회. 90-91쪽.113)

신용권(2009). 訓民正音을 사용한 漢字音 표기. <훈민정음을 통한 외국어 표
기>(훈민정음학회 2009 전국 학술대회 발표논문집). 훈민정음학회.
1-32쪽.

안주호·이태승(2009). 훈민정음과 실담문자. <훈민정음을 통한 외국어 표
기>(훈민정음학회 2009 전국 학술대회 발표논문집). 훈민정음학회.
51-16쪽.

정승혜(2009). 훈민정음과 일본어 표기. <훈민정음을 통한 외국어 표기>(훈
민정음학회 2009 전국 학술대회 발표논문집). 훈민정음학회. 33-50쪽.

백두현(2009). 훈민정음을 활용한 조선시대의 인민 통치. <진단학보> 108.

---

113) 전자책(http://www.hanja-edu.com)은 92-93쪽.

진단학회. 263-297쪽.

이상규(2009). 디지털 시대에 한글의 미래. <우리말연구> 25. 우리말학회. 2-62쪽.

최용기(2010). 세종의 문자 정책과 한글 진흥 정책의 미래. <국어문학> 49.
국어문학회. 39-64쪽.

석주연(2010). 한국어 문자 언어문화의 제도화와 훈민정음 : 문자 '훈민정음'의
창제와 해례본 <훈민정음>의 간행을 중심으로. <한국언어문화학> 7권
1호. 국제한국언어문화학회. 197-218쪽.

심재기(2010). 훈민정음(訓民正音)의 수난(受難). <한글+한자문화>. 전국한
자교육추진총연합회.

이상규(2011). <한글 고문서 연구>. 경진.

강창석(2012) 훈민정음 반포와 관련된 몇 가지 문제. <훈민정음과 오늘(2012년
훈민정음학회 국내학술대회 자료집)>. (사)훈민정음학회. 67-85쪽.

김동준(2012). 崔錫鼎의 語文觀과 文明認識. <고전문학연구>42. 월인. 307-338쪽.

이범진(2012). 상주본의 가치 1조원? <주간조선> 2194. 조선뉴스프레스.
46-48쪽.

이상혁(2012). <훈민정음>(1446)과 어문규정(1988)의 역사적 상관성 연구―
<해례>의 규정과 <한글 맞춤법>을 중심으로. <한성어문학> 31. 한
성어문학회. 57-82쪽.

이충렬(2012). 500년 만에 세상 밖으로 '간송본' 뒤엔 이들이 있었다. <주간
조선> 2194. 조선뉴스프레스. 52-53쪽.

정우영(2012). 中期國語 佛典諺解의 歷史性과 言語文化史的 價値. <한국어학>
55. 한국어학회. 295-340쪽.

홍윤표(2012). 한글 문헌의 편찬과 보급. 토지주택박물관(2012). <한글과 세
종>. 토지주택박물관.

심소희·구현아(2013). 조선시기 최석정과 황윤석의 성음인식 비교. <中國言
語研究> 45. 한국중국언어학회. 1-34쪽.

우상영(2013). 중세국어 문법과 고전시가의 통합교육 모형 연구. 한남대 교육대학원.

이경구(2013). 19세기 전반 민, 지식인, 문자관에 대한 시론. <개념과 소통> 12. 한림대 한림과학원. 133-160쪽.

이상혁(2013). 남북 서사규범의 역사성과 그 상관 관계 연구 : <훈민정음> 및 <한글마춤법통일안>과의 대응을 중심으로. <漢城語文學> 32. 한성대학교 출판부. 45-66쪽.

강창석(2014). <諺文字母>의 작성 주체와 시기에 대하여. <언어와 정보사회> 22호 서강대 언어정보연구소. 27-52쪽.

심소희(2014).<經世訓民正音圖> 坤冊 <群書折衷> 연구. <민족문화> 43. 한국고전번역원. 451-523쪽.

우형식(2014). 국어 된소리 표기법의 변천 양상. <우리말연구>39. 우리말학회. 141-179쪽.

김영미(2015). 훈민정음·정음·언문의 명칭 의미. <인문과학연구> 44. 강원대 인문과학연구소. 211-233쪽.

이희재(2014). 17세기 조선후기 최석정의 훈민정음의 역학적 원리 연구. <大同哲學> 66. 대동철학회. 51-66쪽.

9. 번역

박지홍(1979). 한문본 훈민정음의 번역에 대하여. <한글> 164. 한글학회. 61-86쪽.

박지홍(1980). 훈민정음의 번역 연구 : 정확한 독해를 위하여. <논문집> 30. 부산대학교. 13-35쪽.

김동언(1985). 훈민정음 국역본의 번역시기 문제. <한글> 189. 한글학회.

123-145쪽.

김민수(1985). 訓民正音(解例)의 번역에 대하여. <말> 10. 연세대 한국어학당. 19-45쪽.114)

박지홍(1987). 훈민정음을 다시 살핀다 : 번역을 중심으로. <한글> 196. 한글학회. 341-353쪽.

박지홍(1988). 국역 훈민정음. 신상순·이돈주·이환묵 편(1988). <훈민정음의 이해>. 한신문화사. 263-292쪽.

김근수(1996). 世宗 親製 訓民正音序의 국역에 대한 고찰.115) <한국학연구> 42. 한국학연구소. 3-14쪽.

권재선(1997). 제자해 해석상의 문제점과 그 해명. <한글> 235. 한글학회. 175-203쪽.

최세화(1997). 訓民正音解例 後序의 번역에 대하여. <동국어문학> 9. 동국대 국어교육과. 1-26쪽.

강헌규(1998). '象形而字 倣古篆'에 대하여. <人文社會科學硏究>. 公州大學校附設人文社會科學硏究所. 1-10쪽.

이상혁(2005). 홍기문과 원본 <훈민정음>의 번역에 대하여. <한국학연구> 23. 고려대 한국학연구소. 235-254쪽.

김슬옹(2006). 훈민정음 해례본의 '우리나라와 말글' 명칭 번역 담론—표준 공역을 제안하며. <언어과학 연구> 39. 언어과학회. 27-54쪽. 재수록 : 김슬옹(2011). <세종대왕과 훈민정음학>. 지식산업사. 180-233쪽.

강신항(2008). 쉽게 풀어 쓴 <훈민정음> 내용 : 오늘의 말로 읽는 <훈민정음>. 국립국어원 편. <알기 쉽게 풀어 쓴 훈민정음>. 생각의나무. 91-116쪽.116)

---

114) 초기 번역의 계보를 최초로 밝히고 세 번역(방종현 : 1940. 방종현 : 1946. 홍기문 : 1946) 번역 원문 대조 수록.
115) 차례 제목에는 '國譯世宗親製訓民正音序考'로 되어 있다.

김슬옹(2008). 訓民正音 세종 '서문'의 현대 번역 비교와 공역 시안. <한국어
　　의미학> 25. 한국어의미학회. 1-25쪽. 재수록 : 김슬옹(2011). <세종
　　대왕과 훈민정음학>. 지식산업사. 236-268쪽.

정요일(2008). 訓民正音 '序文'의 '者'·'놈' 意味와 관련한 古典 再檢討의 必要性
　　論議 : '者'와 '놈'. '것' 또는 '경우'를 뜻한다. <어문연구> 139. 한국어
　　문교육연구회. 269-295쪽.

박대종(2009). <訓民正音>내 '凝'字 오역 및 정정. <한글＋한자문화> 124. 전
　　국한자교육추진총연합회. 78-79쪽.117)

서민정(2011). <훈민정음> '서문'의 두 가지 번역. <코기토> 69. 부산대 인문
　　학연구소. 29-52쪽.

김무봉(2012). 조선 전기 언해 사업의 현황과 사회 문화적 의의. <한국어문
　　학연구> 58. 한국어문학연구학회. 5-50쪽.

김풍기(2012). 조선 전기 언해 사업의 문화적 의미. <한국어문학연구> 58.
　　한국어문학연구학회. 165-188쪽.

서민정(2012). 조선 시대의 번역 표기에 대한 연구. <코기토> 72. 부산대 인
　　문학연구소. 325-344쪽.

송태효(2012). 초기 언해본의 번역인문학적 탐구. <통번역학연구> 16권 2호.
　　한국외대 통번역연구소. 139-159쪽.

김슬옹(2013). <訓民正音> '정음 예의'의 표준 공역 시안. <겨레어문학> 51.
　　겨레어문학회. 263-324쪽.

김정우(2013). 훈민정음 언해는 '언어 내 번역'인가? <통번역교육연구>11권
　　3호. 한국통번역교육학회. 29-47쪽.

---

116) Translateed into English by Shin Sangsoon. *Hhunminjeongeum written plainly so as to be
　　unterstood by everyone.* "*Hunmin jeongeum* as Read in the Modern Korean Language."
117) 전자책(http://www.hanja-edu.com)은 80-81쪽.

10. 주석과 풀이

일치인(1941). 訓民正音에서 뽑은 語彙. <한글> 83. 조선어학회. 10-11쪽.

방종현(1945). 훈민정음의 서문을 읽으며. <민중조선> 1.

김영덕(1956). 訓民正音序文考. <호서문학> 3.

유창균(1966). '象形而字倣古篆'에 對하여. <진단학보> 29 · 30(합병호). 진단학
　　　　회. 재수록 : 이기문 편(1977). <文字>(國語學 論文選) 7. 민중서관.
　　　　153-179쪽.

진영환(1966). 御製 訓民正音 序文의 새로운 解釋－國子 創製의 目的이 무엇인
　　　　가를 爲하여－. <논문집> 21권-2. 대전공업전문학교. 13-25쪽.

이동림(1973). 諺文字母 俗所謂 反切 二十七字 策定根據 : 훈민정음 제정은 '예
　　　　부운략' 속음 정리로부터. <梁柱東 博士 古稀紀念論文集>. 탐구당.

김영신(1974). 고등학교 고전 교재에 대한 어학적 고찰. <한글> 154. 한글학
　　　　회. 64-86쪽.118)

김준성(1974). <文化敎育 革命論 한글교육> 프린트본. 연세대 중앙도서관 소장.119)

박지홍(1983). 원본 訓民正音의 연구 : 御製 訓民正音 篇. <동방학지> 36 · 37.
　　　　연세대학교. 217-244쪽.

장태진(1983). 訓民正音 序文의 言語計劃論的 構造. <金判永 博士 華甲紀念論文
　　　　集>. 199-222쪽.

박지홍(1984). 훈민정음의 짜임 연구 : 삼성해를 중심으로. <사대논문집－인
　　　　문과학편> 9. 부산대학교 사범대학. 77-93쪽.

박지홍(1986). 원본 訓民正音의 짜임 연구 : 例義와 꼬리말의 내용 견줌. <석
　　　　당논총> 12. 동아대학교. 141-156쪽.

---

118) 교과서에 실려 있는 언해류 전반에 걸친 논문이지만. <훈민정음> 언해본 세종 서
　　문의 '말씀'에 대한 주요한 논의를 담고 있어 이 목록에 포함시켰다.
119) 훈민정음 제자와 기원설 등의 해설이 들어 있음.

이숭녕(1986). '말'과 '말씀'의 意味識別에 對하여-'나랏말ᄊ미…'의 解析을 머
　　금고-. <東泉 趙健相 先生 古稀記念論叢>. 개신어문연구회. 221-238쪽.

여찬영(1987). 훈민정음의 언해에 대한 관견. <韓國語學과 알타이語學>(우정
　　박은용 박사 회갑 기념 논총). 효성여대 출판부.

이응백(1988). 訓民正音 창제의 근본 뜻 : 愚民·耳를 중심으로. <어문연구>
　　57. 일조각. 118-124쪽.

장태진(1988). <訓民正音> 序文의 談話 構造. 이동림 편. <꼭 읽어야 할 국어
　　학 논문집>. 집문당. 433-451쪽.

박병채(1990). '世宗大王의 訓民正音 御制序文 再吟味(이응백)'에 대한 論評.
　　<어문연구> 68. 일조각. 470-472쪽.

성원경(1993). 訓民正音 解例本에 있어서의 問題點 小考. <인문과학논총> 25.
　　건국대학교. 139-149쪽.

허재영(1993). 훈민정음에 나타난 성운학의 기본 개념. 춘허 성원경 박사 화갑 기
　　념 논총 간행위원회 편 <한중음운학논총> 1. 서광학술자료사. 295-314쪽.
　　재수록 : 허재영(2008). <국어의 변화와 국어사 탐색>. 소통. 87-112쪽.

이성일(1994). 訓民正音 序文과 King Alfred의 Cura Pastoralis 序文 : 文孝根
　　선생님께. <인문과학> 71. 연세대학교. 191-208쪽.

최명재(1994). 訓民正音의 '異乎中國'에 관한 考察. <어문연구> 81·82. 한국어
　　문교육연구회. 179-185쪽.

안병희(1996). 訓民正音의 '便於日用耳'에 대하여. <淸凡 陳泰夏 敎授 啓七 頌壽
　　紀念 語文學論叢>. 태학사. 621-628쪽.

권재선(1997). 제자해 해석상의 문제점과 그 해명. <한글> 235. 한글학회.
　　175-203쪽.

김무식(1998). '훈민정음'에 나타난 음성학 술어의 특징과 의미. <수련어문논
　　집> 24. 수련어문학회. 1-16쪽.

박지홍(1998). 훈민정음 해례에 나타나는 수수께끼 하나. <한글 새소식>

308. 한글학회. 4-6쪽.

박지홍(1999). 원본 훈민정음의 월점에 대한 연구. <부산한글> 18. 한글학회 부산지회. 155-164쪽.

김 원(2000). 훈민정음 머리말의 건축적 해석. <한글 새소식> 339. 한글학회. 10-12쪽.

신지연(2000). 訓民正音의 두 序文의 텍스트성. <언어> 25-3. 한국언어학회. 367-382쪽.

이상혁(2000). 훈민정음 해례 '용자례' 분석. <21세기 국어학의 과제>. 월인. 613-632쪽.

허재영(2000). 훈민정음 해례 합자해의 '아동·변야지언(兒童邊野之言)'. <한 말연구> 6. 한말연구학회. 217-225쪽. 재수록 : 허재영(2008). <국어 의 변화와 국어사 탐색>. 소통.

홍윤표(2005). 訓民正音의 '상형이자방고전(象形而字倣古篆)'에 대하여. <국어 학> 46. 국어학회. 53-66쪽.

고성익(2008). 원문의 분석을 통해서 본 '상형이자방고전(象形而字倣古篆)'의 의미. <국어사학회 2007년 겨울 연구회 발표자료집>. 국어사학회. 13-27쪽.

홍윤표(2008). 訓民正音의 '여문자불상유통(與文字不相流通)'에 대하여. <이숭녕 근대국어학의 개척자 : 심악 이숭녕 선생 탄신 100주년 기념 논문집 (서울대 대학원 국어연구회 편)>. 태학사. 767-786쪽.

김완진(2009). 文面解讀과 漢字의 多意性. <국어학> 54. 국어학회. 3-18쪽.

박형우(2009). 訓民正音 '象形而字倣古篆'의 의미. <한민족어문학> 53. 한민족 어문학회. 154-180쪽.

백두현(2009). <訓民正音> 해례본의 텍스트 구조 연구. <국어학> 54. 국어학회. 75-107쪽.

김영환(2011). 한글 만든 원리 "상형" 및 "자방고전"에 대한 비판적 이해.

<한글새소식> 462. 한글학회. 8-9쪽.

정우영(2012).『訓民正音』해례본의 번역을 위한 기본적 이해. 동국대 번역학
　　　연구소 봄학술대회(5.19). 동국대 번역학연구소.

홍윤표(2012). 훈민정음에 대한 몇 가지 주장. 2012 훈민정음학회 국내학술대
　　　회발표논문집 <훈민정음과 오늘>. (사) 훈민정음학회. 1-29.

정우영(2013가). <訓民正音> 언해본 텍스트의 새로운 분석. <제63차 한국어
　　　학회 전국학술대회>. 한국어학회(별쇄 1-16).

정우영(2013나). <訓民正音> 해례본 '例義篇'의 구조 분석 -'解例篇'과의 상관
　　　관계를 중심으로-. <2013년 훈민정음학회 국내학술대회 발표논문
　　　집>. (사) 훈민정음학회. 67-100쪽.

정우영(2013다). 세종시대 훈민정음 관련 문헌의 국어학적 재조명. <세종학
　　　연구> 15. 세종대왕기념사업회. 51-72쪽.

정우영(2014). <訓民正音> 해례본의 '例義篇' 구조와 '解例篇'과의 상관관계.
　　　<국어학> 72. 국어학회. 103-153쪽.

황경수(2015). 훈민정음 용자례의 분석. <淸大學術論集> 9. 淸州大學校 學術硏.
　　　163-181쪽.

11. 연구사·연구학사

사공환(1926). 조선문의 사적연구. <신민> 13. 신민사.

최현배(1928). 朝鮮文字史論. <현대평론> 10. 현대평론사.

방종현(1946). 訓民正音史略. <한글> 97. 한글학회.[120] 37-50쪽. 재수록1 : 이
　　　기문 편(1977). 訓民正音史略. <文字>(國語學 論文選) 7. 민중서관.

---

120) 방종현(1948)(단기 4281)의 "<訓民正音通史>. 일성당서점. 홍문각(1988) 영인본 펴
　　　냄."을 간추린 글이다.

137-152쪽. 재수록2 : 김승곤・김윤학(1982). 訓民正音 略史. <말과 글의 이해>. 영학. 40-55쪽.121) 재수록 : 방종현(1963/재판 : 1972). 訓民正音 史略. <일사국어학논집>. 민중서관. 14-30쪽.

유인만(1947). 翁齋 李思質의 한글 學說. <국학> 2. 국학전문학교 학생회 편집부. 65-67쪽.

이숭녕(1955). 國語學史의 時代性論考 : 訓民正音問題를 主題로 하여. <學叢> 1. 학총사. 39-54쪽.

류 렬(유 열)(1963). 민족문자 훈민정음 창제의 문자사적 의의. <조선어학> 4. 조선민주주의 인민공화국과학원 언어문학연구소. 7-12쪽.

서병국(1965). 訓民正音 解例本 以後의 李朝 國語學史 是非. <논문집> 9. 경북대학교. 21-37쪽.

이승욱(1972). 國語文字의 硏究史. <국어국문학> 58-60. 국어국문학회.

김석득(1972). 經世訓民正音圖說의 易理的 構造. <동방학지> 13. 연세대 동방학연구소 135-170쪽.

김석득(1975). 실학과 국어학의 전개―최석정과 신경준과의 학문적 거리. <동방학지> 16. 연세대 국학연구원. 117-143쪽.

서재극(1974). '한글갈'・'훈민정음'의 두루풀이 : 외솔 선생의 학문. <나라사랑> 14. 외솔회. 118-126쪽.

강신항(1986). 實學時代 學者들의 業績에 대하여 : 李思質과 黃胤錫. <교육논총> 1. 성균관대 대학원. 7-20쪽.

이현복(1986). 외국인은 한글을 이렇게 본다. <한글 새소식> 170. 한글학회. 4-5쪽.

고영근(1987). 서평 '訓民正音 硏究(강신항 저)'. <국어생활> 10. 국어연구소. 121-124쪽.

---

121) 재수록 두 편 모두 현대 어문규범대로 바꾸었으나 김승곤・김윤학(1984) 수록본은 한자어 한자 표기를 최대한 줄였다.

이근수(1988). 홍기문(1946) '正音發達史'. <주시경 학보> 2. 주시경연구소.

이승재(1989). 借字表記 研究와 訓民正音의 文字論的 研究에 대하여. <국어학> 19. 국어학회. 203-239쪽.

신창순(1990). 訓民正音 研究 文獻目錄. <정신문화 연구> 38. 한국정신문화연구원. 213-229쪽.

이현희(1990). 訓民正音. 서울대 대학원 국어연구회 편. <國語研究 어디까지 왔나>. 동아출판사. 615-631쪽. 재수록(제목 수정. 논문해설 첨부) : 이현희(2003). 訓民正音 研究史. <한국의 문자와 문자연구(송기중·이현희·정재영·장윤희·한재영·황문환 편)>. 집문당.

강신항(1992). 韻解(訓民正音解題)와 申景濬. 전남대 어학연구소 편(1992). <훈민정음과 국어학>. 전남대 출판부. 57-87쪽.[122] 토론문(고영근. 최태영) 89-95쪽.

강신항(1992). 개화기의 훈민정음 연구. 전남대 어학연구소 편(1992). <훈민정음과 국어학>. 전남대 출판부. 125-141쪽.

도수희(1992). 유희의 언문지에 대하여. 전남대 어학연구소 편(1992). <훈민정음과 국어학>. 전남대 출판부. 1-23쪽.

박지홍(1992). '훈민정음 연구' 분야에 대하여. <한글> 216. 한글학회. 115-142쪽.

이근수(1992). 훈민정음. <국어학 연구 100년사> II. 일조각. 491-500쪽.

강신항(1993). '한글갈'의 훈민정음. <새국어생활> 3-3. 국립국어연구원. 100-113쪽. 재수록 : 강신항(2007). <國語學散稿>. 147-163쪽.

안병희(1993). 북한의 訓民正音 연구 : 외국학자가 본 훈민정음과 북한의 훈민정음 연구. 문화체육부 학술회의. 재수록 : 안병희(2007). <訓民正音 研究>. 서울대 출판부. 279-291쪽.

이호권(1993). '한글갈'의 문헌 연구. <새국어생활> 3-3. 국립국어연구원.

---

122) 본문 제목과 차례 제목이 다름. 차례 제목은 "훈민정음 운해와 신경준".

114-132쪽.

백두현(1994). <훈민정음의 표기법과 음운>(권재선 저) 서평. <영남어문학> 23. 영남어문학회.

송 민(1995). 외국학자의 訓民正音 연구. <어문학 논총> 14. 국민대 어문학 연구소. 27-44쪽.

이토 이데토(伊藤英人)(1995). 申景濬의 '운해 훈민정음(韻解訓民正音)'에 대하여. <국어학> 25. 국어학회. 293-306쪽.

강창석(1996). 훈민정음 연구의 성과와 과제. <광복 50주년 국학의 성과(보 고 논총 96-2)>. 한국정신문화연구원.

김석득(1998). 세종 시대의 국어학. <세종문화사대계 1 : 어학·문학>. 세종 대왕기념사업회. 91-197쪽.

장향실(1999). 翁齋 李思質의 <訓音宗編> 考. <어문논집> 39. 안암어문학회. 108-130쪽.

박성종(2002). 문자연구 50년. 이화여대 한국문화연구원 편. <국어학 연구 50년>. 혜안. 285-325쪽.

리의도(2003). 한글 낱자에 관한 통시적 고찰. <한글> 259. 한글학회. 65-114쪽.

강신항(2004). 홍희준(洪羲俊)의 '언서훈의설(諺書訓義說)'에 대하여. <애산학 보> 30. 애산학회.

이기문(2007). 훈민정음 연구의 회고와 전망. <훈민정음 연구의 이론과 실 제>(사단법인 훈민정음학회 창립 기념 학술대회 발표논문집). 훈민 정음학회. 1-7쪽.

김동준(2007). 소론계 학자들의 자국어문 연구활동과 양상. <민족문학사연 구> 35. 민족문학사연구소. 8-39.

심소희(2012). 최석정의 <經世訓民正音圖說>연구 : <聲音律呂唱和全數圖>과 <經 史正音切韻指南>의 체제 비교를 중심으로. <중국어문학논집> 73. 中 國語文學硏究會. 89-112쪽.

Hyeon-hie Lee(이현희. 2008). "The History of the Research into Hunminjeong-
eum." *Hunminjeongeum and Alphabetic Writing Systems (Proceedings
of the SCRIPT 2008)*. The Hunminjeongeum Society(훈민정음학회).
pp.21-22.

Hyeon-hie Lee(이현희. 2010). "A Survey of the History of Hunminjeongeum
Research. *SCRIPTA vol.2*. The Hunminjeongeum Society(훈민정음
학회). pp.15-59.

김슬옹(2010). 훈민정음 연구 문헌 구성 재론. <2009년 겨울 국어사학회 전
국학술대회 논문집>. 국어사학회·한국학중앙연구원 어문생활사연
구소. 155-162쪽(수정 별지 1-60쪽).

권성훈(2011). 몽골에서의 한국어 연구 동향과 과제.123) <인문과학논집
Journal of cultural studies> 22. 강남대학교. 111-136쪽.

이상혁(2011). 북쪽 국어학자의 훈민정음 연구 분석과 학문적 계보. <우리어
문연구> 39. 우리어문학회. 275-299쪽.

이숭녕(2011). 國語學史의 時代性論考-訓民正音問題를 主題로 하여. 심악이숭녕
전집 간행위원회 편. <심악이숭녕전집> 14(어학사 2). 한국학술정보.

이상규(2014). 여암 신경준의 저정서(邸井書) 분석. <어문론총> 62. 한국문
학언어학회. 153-187쪽.

임용기(2014). '훈민정음(訓民正音)'을 어떻게 연구할 것인가(석좌강의). <제41회
전국학술대회 발표자료집>. 국어학회.

---

123) 훈민정음과 몽골족 문자 비교 연구사 포함.

12. 훈민정음 창제 관련 기관

12.1. 집현전

이광린(1954). 世宗朝의 集賢殿. 최현배 선생 환갑 기념 논문집 간행회 편(1954).
　　　<崔鉉培 先生 還甲記念文集>. 사상계사.124) 157-176쪽.

최승희(1966). 集賢殿 研究 상. <역사학보> 32. 역사학회. 1-58쪽.

최승희(1967). 集賢殿 研究 하. <역사학보> 33. 역사학회. 39-80쪽.

신석호(1974). 학문의 발전과 편찬사업. <한국사> 11. 국사편찬위원회.

려증동(1993). '집현전 7학사 하옥사건'에 대하여. <한국언어문학> 28. 한국
　　　언어문학회.

12.2. 언문청과 정음청

김동욱(1957). 正音廳始末. <논문집>(인문사회과학) 5. 서울대학교. 109-126쪽.

이숭녕(1971). 鑄字所·冊房·正音廳의 相互關係에 對하여. <동대논총> 2. 동덕
　　　여자대학. 89-100쪽. 재수록 : 상은조용욱박사고희기념사업회(1971). 鑄
　　　字所·冊房·正音廳의 相互關係에 對하여. <상은조용욱박사송수기념
　　　논총>. 159-170쪽.

이숭녕(1973). 文宗과 正音廳. <법시(法施)> 66. 법시사. 6-10쪽.

이근수(1979). 朝鮮朝의 國語政策史. <논문집> 3. 한성대학교. 1-51쪽.

---

124) 박음 연도는 단기 4287년을 병기함.

13. 훈민정음 반포 관련 인물125)

13.1. 신숙주

문일평(1949). <朝鮮人物誌>. 정음사.

신숙주/고령 신씨 문헌 간행위원회(1984). <保閑齋全書> 상·중·하. 은성문
　　화사.126)

강주진 편역(1988). <(保閑齋) 申叔舟正傳>. 세광출판사.

강신항(2002). 신숙주의 학문과 인간-신숙주와 운서(韻書)-. <새국어생활>
　　12-3. 국립국어연구원. 43-56쪽.

강신항(2002). 申叔舟의 音韻學. <어문연구> 116. 한국어문교육연구회. 349-375쪽.
　　재수록 : 강신항(2007). <國語學散稿>. 월인. 165-193쪽.

민현구(2002). 신숙주의 학문과 인간-신숙주와 집현전 학자들-. <새국어생
　　활> 12-3. 국립국어연구원. 71-87쪽.

안병희(2002). 신숙주의 학문과 인간-신숙주의 생애와 학문-. <새국어생
　　활> 12-3. 국립국어연구원. 5-25쪽.

이강로(2002). 보한재 신숙주 선생의 생애. <한힌샘 주시경 연구> 14·15.
　　한글학회. 17-42쪽.

이돈주(2002). 신숙주의 언어학적 업적. <한힌샘 주시경 연구> 11. 한글학회.
　　43-75쪽.

이돈주(2002). 신숙주의 학문과 인간-신숙주와 훈민정음-. <새국어생활>
　　12-3. 국립국어연구원. 27-42쪽.

이현희(2002). 신숙주의 국어학적 업적. <보한재 신숙주의 역사적 재조명(문
　　화관광부 2002년도 10월의 문화인물 선정 '보한재 신숙주선생의 달'

---

125) 훈민정음 관련 내용이 기술되어 있는 문헌에 한함.
126) 단행본이지만 주제의 특수성 때문에 이곳에 포함시켰다.

출판 및 학술대회)>. 고령 신씨 대종회 고령신씨 문충공파 종약회.
7-22쪽.

최기호(2002). 신숙주의 <해동제국기>에 대한 고찰. <한힌샘 주시경 연구>
14 · 15. 한글학회. 77-102쪽.

임동철(2004). 補閑齋 申叔舟의 生涯와 業績. <충북향토문화> 16. 충북향토문
화연구소. 35-48쪽.

정 광(2005). 申叔舟와 訓民正音 創製. <논문집> 5. 국제고려학회 서울지회.
3-40쪽. 재수록 : 정광(2006). <훈민정음의 사람들>. 제이앤씨.

13.2. 최만리

방종현(1936). (訓民正音頒布記念을 앞두고) 正音 反對派의 上疏(1). <조선일보>
1936.10.22. 조선일보사. 5쪽.

방종현(1936). (訓民正音頒布記念을 앞두고) 正音 反對派의 上疏(2). <조선일보>
1936.10.23. 조선일보사. 5쪽.

방종현(1936). (訓民正音頒布記念을 앞두고) 正音 反對派의 上疏(3). <조선일보>
1936.10.24. 조선일보사. 5쪽.

방종현(1936). (訓民正音頒布記念을 앞두고) 正音 反對派의 上疏(4). <조선일보>
1936.10.27. 조선일보사. 5쪽.

방종현(1936). (訓民正音頒布記念을 앞두고) 正音 反對派의 上疏(5). <조선일보>
1936.10.28. 조선일보사. 5쪽.

방종현(1936). (訓民正音頒布記念을 앞두고) 正音 反對派의 上疏(6). <조선일보>
1936.10.29. 조선일보사. 5쪽.

방종현(1936). (訓民正音頒布記念을 앞두고) 正音 反對派의 上疏(7).[127] <조선일보>

---

[127] 6회까지가 최만리 반대 상소문의 번역이고 7회는 이에 대한 논평이다. 방종현은 여
기서 최만리 반대 상소에 나오는 언문 27자를 근거로 1443년 12월의 28자 기록은

1936.10.30. 조선일보사. 5쪽.

이숭녕(1964). 崔萬理 研究. <李相佰 博士 回甲記念論叢>. 43-74쪽.

최기호(1983). 훈민정음 창제에 관한 연구 : 집현전과 언문 반대 상소. <동방
학지> 36·37. 연세대학교. 531-557쪽.

심재기(1974). 최만리의 언문 관계 반대 상소문의 추이. <우리문화> 5. 우리
문화연구회.

김슬옹(1993). 세종과 최만리의 논쟁을 통해 다시 생각해 보는 한글 창제의
역사적 의미. <한글 새소식> 255. 한글학회. 9-10쪽.

황선엽(2004). 최만리와 세종. <문헌과 해석> 26. 문헌과해석사. 87-98쪽.

최영선 편저(2009). <한글 창제 반대 상소의 진실>. 신정.128)

류주희(2010). 훈민정음 창제와 甲子上疏. 해동공자 최충선생기념사업회(사)
(2010). <청백리 최만리 선생의 행적과 사대의식(역사 인물 재조명
학술세미나 자료집)>. 신정. 127-158쪽.

민현식(2010). 甲子 上疏文의 텍스트 분석과 국어교육적 含意. 해동공자 최충
선생기념사업회(사)(2010). <청백리 최만리 선생의 행적과 사대의식
(역사 인물 재조명 학술세미나 자료집)>. 신정. 171-246쪽.

장윤희(2010). 문자생활사의 측면에서 본 甲子 上疏文. 해동공자 최충선생기
념사업회(사)(2010). <청백리 최만리 선생의 행적과 사대의식(역사
인물 재조명 학술세미나 자료집)>. 신정. 263-286쪽.

해동공자 최충선생기념사업회(사)(2010). <청백리 최만리 선생의 행적과 사
대의식(역사 인물 재조명 학술세미나 자료집)>. 신정.129)

사관들이 편집 과정에서 본래 27자였던 것을 한 자 추가한 것으로 밝혔다.

128) 행본이지만 주제의 특수성 때문에 이곳에 포함시켰다.

129) 최만리에 대한 재평가 자료집이나 최만리의 훈민정음 반대 상소 문제에 대해 집중
조명하였다.

13.3. 최항

김민수(2004). 훈민정음 창제와 최항 : 그 새로운 사실의 규명을 위하여. <새
　　국어생활> 14-3. 국립국어연구원. 105-114쪽.

최항/세종대왕 기념사업회 편(1997). <(국역) 태허정집>. 세종대왕기념사업회.

강신항(2004). 문정공 최항 선생의 생애와 업적. <어문연구> 32-4. 한국어문
　　교육연구회. 427-447쪽.

김민수(2004). 훈민정음 창제와 최항 : 그 새로운 사실의 규명을 위하여. <새
　　국어생활> 14-3. 국립국어연구원. 105-114쪽.

최명재(2004). 최항 선생의 생애와 주요 업적. <새국어생활> 14-3. 국립국어
　　연구원. 127-134쪽.

13.4. 정의공주

이가원(1994). 훈민정음의 창제. <열상고전 연구> 7. 열상고전연구회. 5-24쪽.

박지홍(1999). 훈민정음 창제와 정의공주. <세종성왕 육백돌>. 세종대왕기념
　　사업회. 138-139쪽.

안병희(2004). 世宗의 訓民正音 創制와 그 協贊者. <國語學> 44. 국어학회.
　　3-38쪽. 재수록 : 안병희(2007). <訓民正音 硏究>. 서울대 출판부.

안국승(2012). 延昌尉 安孟耼과 宗家의 變遷過程. <경기향토사학> 8. 전국문화
　　원연합회경기도지회. 237-282쪽.

최기호(2004). 훈민정음 창제와 정의공주의 변음토착 문제. <세종 탄신 607돌
　　기념 학술대회 자료집-우리의 소리와 말은 어떻게 만났는가>. 한국
　　국악학회・한국어정보학회.

‣ 소설

한소진(2011). 정의공주. 해냄.

‣ 짧은 평전

김슬옹(2013). 한글을 지킨 사람들. 아이세움.

13.5. 기타

최병식(1978). 梅竹軒 成三問 硏究. 고려대 교육대학원 석사학위 논문.

최명재(1997). <訓民正音과 崔恒 先生 : 訓民正音 創制의 主體와 東國正韻 및 龍飛御天歌의 撰述에 관한 硏究>. 정문당.

김경수(1999). 朴彭年의 生涯와 現實 意識. <조선시대 사학보> 11. 조선시대사학회. 31-64쪽.

유한준 엮음(2000). <성삼문·박팽년>. 대일출판사.130)

정 광(2002). 成三問의 학문과 조선전기의 譯學. <어문연구> 30-3. 한국어문교육연구회. 259-291쪽.

전인초(2004). 崔恒과 龍飛御天歌. <어문연구> 124. 한국어문교육연구회. 449-474쪽.

김슬옹(2008). 한글(훈민정음) 공로자 28인 선정과 그 의미. <한글새소식> 425. 한글학회. 11-13쪽.

김영수(2010). 문성공 정인지의 생애와 업적. <괴산문화> 18. 괴산향토사연구회.

---

130) 단행본이지만 주제의 특수성 때문에 이곳에 포함시켰다.

14. 교육

김윤경(1935). 訓民正音에 나타난 綴字法 規定. <한글> 27. 조선어학회. 2-4쪽.

서완석(1963). 훈민정음 머리말. <국어교육> 5. 한국국어교육연구회. 123-130쪽.

송미숙(1985). 훈민정음을 어떻게 가르칠 것인가. <배달말 가르침> 9. 배달
    말학회.

조규태(1985). '훈민정음' 지도 방안에 대하여. 소당 천시권박사 화갑기념 국
    어학논총간행위원회(1985). <소당 천시권박사 화갑기념 국어학논총>.
    형설출판사. 859-869쪽.

허재영(1994). 한글날 들려주는 훈민정음 이야기. <함께여는 국어교육> 21.
    전국국어교사모임. 34-44쪽.

이안나(1996). 훈민정음과 한글에 관한 퀴즈. <함께여는 국어교육> 29. 전국
    국어교사모임. 94-110쪽.

김영숙(1999). 훈민정음 연구. <논문집>(인문사회과학 편) 22. 신흥대학.

김슬옹(2001). 훈민정음과 한글 과학성에 대한 교육 전략. <교육한글> 14.
    한글학회. 31-66쪽. 재수록 : 김슬옹(2010). <세종대왕과 훈민정음학
    (9장)>. 지식산업사. 341-377쪽.

김슬옹(2005). 한글의 우수성에 대한 각계 전문가의 기고(가상 인터뷰). <한
    글 새소식> 398. 한글학회.

김두루한(2006). 훈민정음을 제대로 알자. <나라사랑> 111. 외솔회.

최명환(2006). 한국의 언어문화와 글쓰기의 원리. <국어교육> 119. 한국어교
    육학회. 31-60쪽. 재수록 : 최명환(2009). <글쓰기 원리 탐구>. 지식
    산업사. 15-48쪽.

김지형(2007). 훈민정음의 창제 원리를 활용한 한국어 자모 및 발음 교육 방안.
    <국어국문학> 147. 국어국문학회. 221-257쪽.

김슬옹(2008). '訓民正音(해례본)'의 고전 가치와 다중 읽기용 음토달기 텍스

트 구성론. <한민족문화연구> 24. 한민족문화학회. 5-44쪽. 재수록 : 김슬옹(2010). <세종대왕과 훈민정음학(8장. 훈민정음 해례본의 고전 가치와 다중 읽기용 텍스트 구성)>. 지식산업사. 298-340쪽.

성대훈(2008). '훈민정음 해례본'은 왜 통합 논술의 고전인가. <한글 새소식> 434. 한글학회. 18쪽.

김슬옹(2009). 한글 음절표 의미와 교육용 유형 설정. <한국어학> 44. 한국 어학회. 111-146쪽.

홍윤표(2010). 한글을 어떻게 배워왔을까요?(국어학자 홍윤표의 한글이야기 10). <쉼표. 마침표(국립국어원 소식지)> 60<웹진>. 국립국어원.

안찬원(2011). 훈민정음 창제 원리에 따른 한글 자모 교육. <문법교육> 15. 한국문법교육학회. 181-208쪽.

김진희(2012). '한글 창제 원리'의 교육 내용에 대한 비판적 고찰. <우리말교 육현장연구> 11. 우리말현장학회. 97-126쪽.

김슬옹(2012). 한글 우수성. 과학성. 독창성에 대한 통합 연구. <문법교육> 16. 문법교육학회. 37-82쪽.

김슬옹(2012). 조선시대의 훈민정음 공식문자론. <한글> 297. 한글학회. 205-234쪽.

김부연(2013). <훈민정음> "용자례(用字例)"를 활용한 어휘 교육 방안 모색 －고등학교 학습자를 중심으로－. <한국어문교육> 13. 고려대 한국 어문교육연구소. 7-36쪽.

이동석(2014). 국어사에서의 기술 문법과 학교 문법 : <독서와 문법 Ⅱ> 교과 서를 중심으로. <국어학> 69. 국어학회. 283-329쪽.

15. 종합·응용·비교·평가

김윤경(1929). 訓民正音. <배화>(배화여고보) 1. 배화여고 교우회. 35-44쪽.

김윤경(1932). 訓民正音의 性質과 價置. <동광> 4-4. 62-68쪽.

방종현(1947). 訓民正音과 訓蒙字會와의 비교. <국학(국학대)> 2.

김윤경(1955). 훈민정음의 장점과 단점. <자유문학> 1-2. 자유문학자협회. 89-97쪽. 재수록1 : 한결 김윤경 박사 고희 기념 논문집 간행회 편 (1964). <한결 國語學論集>. 갑진문화사. 104-114쪽. 재수록2 : 한결 김윤경 전집(1985). 4. 연세대학교 출판부. 342-352쪽.

진두봉(1960). 훈민정음에 대한 소고. <국제대학 논지> 1. 국제대학.

이기문(1974). 訓民正音 創製에 관련된 몇 問題. <국어학> 2. 국어학회. 1-15쪽. 재수록 : 이기문 편(1977). <文字>(國語學 論文選 7). 민중서관. 201-216쪽. 재수록 : 서병국(1978). <訓民正音>. 학문사. 97-103쪽.

조건상(1974). 訓民正音에 對한 小論. <월간 충청> 5. 월간충청사. 74-77쪽.

이기문(1976). 최근의 訓民正音 硏究에서 提起된 몇 問題. <진단학보> 42. 진단 학회. 187-190쪽. 재수록 : 이기문 편(1977). <文字>(國語學 論文選) 7. 민중서관. 228-234쪽.

김창근(1977). 한글과 훈민정음. <부산교육> 191.

박지홍(1979). 어제 훈민정음을 통해 본 15세기 국어학자들의 언어의식. <사 대논문집> 6. 부산대학교. 23-40쪽.

이근수(1985). 훈민정음 창제와 관련되는 몇 가지 이야기들.[131] <홍익> 27. 홍익대학교. 104-114쪽.

최윤현(1985). 訓民正音에 대한 理解. 남기탁 등 편. <國語와 民族文化>. 청문각. 219-226쪽.

남광우(1989). 訓民正音과 한글. <기전어문학> 4. 수원대 국어국문학회. 21-36쪽.

김영태(1992). 훈민정음을 봉독한다. <문화통신> 5. 경남문화진흥회국어학회.

---

131) 창제 기록 문제, 세종 창작설/모방설, 표기 문제, 질병 문제, 최만리 반대 상소 문제 등을 다룸.

18-22쪽.

이광호(1996). 외국인이 보는 한글은. <한글사랑> 가을호. 한글사.

한재준(1996). 훈민정음에 나타난 한글의 디자인적 특성에 관한 연구. <디자
인학연구> 17. 한국디자인학회. 57-58쪽.

이상혁(1997). 우리 말글 명칭의 역사적 변천과 의미. 일암 김응모 교수 화갑
기념 논총 간행위원회 엮음. <한국어학의 이해와 전망>. 박이정.
793-812쪽.

이현희(1997). 훈민정음. <새국어생활> 7-4. 국립국어연구원. 237-254쪽.

박양춘(1998). 외국에서 본 한글. <한글 새소식> 313. 한글학회. 12-15쪽.

임용기(2000). 훈민정음. <문헌과 해석> 12. 문헌과해석사. 312-335쪽.

한재준(2001). 한글의 디자인 철학과 원리. <디자인학연구> 42. 한국디자인
학회. 235-244쪽.

박지홍(2003). 훈민정음의 연구 1. <한겨레말 연구> 1. 두메 한겨레말 연구실.

김정대(2004). 외국학자들의 한글에 대한 평가 연구. <국어학> 43. 국어학회.
329-383쪽.

안상수(2004). 한글 디자인과 어울림. <디자인학연구> 57. 한국디자인학회.
383-392쪽.

진용옥(2004). 악률에 기초한 다국어 정음 표기와 정보화 문제. <세종 탄신
607돌 기념 학술대회 자료집－우리의 소리와 말은 어떻게 만났는
가>. 한국국악학회·한국어정보학회.

김형배(2005). 한글. 모든 언어의 꿈. <말과글> 104. 한국어문교열기자협회.
47-51쪽.

진용옥(2005). 존경하는 음성언어학자 이도 선생님(세종)께. <한글 새소식>
400. 한글학회.

최성해(1999). 월인천강지곡 심상. 세종성왕육백돌기념문집위원회 편(1999).
<세종성왕육백돌>. 세종대왕기념사업회. 297-298쪽.

홍윤표(2005). 국어와 한글. <영남국어교육> 9. 영남대 국어교육과. 167-198쪽.

김명호(2007). 훈민정음 창제 원리와 한글의 순서. <훈민정음 창제 원리와 한글 자모 순서>. 주관 : 국어문화운동본부. 주최 : 강길부 의원실. 국립국어원(2007.10.5). 1-48쪽.

김세중(2007). 한글 자모 순서에 대하여. <훈민정음 창제 원리와 한글 자모 순서>. 주관 : 국어문화운동본부. 주최 : 강길부 의원실. 국립국어원 (2007.10.5). 49-64쪽.

반재원(2007). 한글 창제 원리와 초성과 중성의 나열 순서. <훈민정음 창제 원리와 한글 자모 순서>. 주관 : 국어문화운동본부. 주최 : 강길부 의원실. 국립국어원(2007.10.5). 87-100쪽.

최기호(2007). '한글 창제원리와 자모 순서'의 토론. <훈민정음 창제 원리와 한글 자모 순서>. 주관 : 국어문화운동본부. 주최 : 강길부 의원실. 국립국어원(2007.10.5). 65-71쪽.

허철구(2007). 한글 자모 순에 대한 일고. <훈민정음 창제 원리와 한글 자모 순서>. 주관 : 국어문화운동본부. 주최 : 강길부 의원실. 국립국어원 (2007.10.5). 73-85쪽.

김차균(2008). 한글의 운용 방법의 우수성과 세계 공용 문자화. <대전문화> 17. 대전광역시. 9-29쪽.

김혜영(2008). 훈민정음 해례본에 대하여. <인문과학연구> 31. 대구대 인문과학연구소. 23-41쪽.

알브레히트 후베(2008). 훈민정음의 성리학 원칙—한글 정보학에의 그의 적용—. <한글학회 100돌과 우리 말글의 미래>(한글학회 창립 100돌 기념 국제 학술 대회 발표 논문 요약집). 한글학회. 83쪽(별지).

이상혁(2009). 한국학과 훈민정음. 순천향대 인문과학연구소·우리어문학회 엮음. <한국학의 국제화 방안과 우리어문학>. 순천향대 인문과학연구소·우리어문학회 공동 국제학술대회 자료집. 170-179쪽.

이상혁(2009). 한국학과 훈민정음-한국어 문화교육을 기반으로 한 훈민정음 콘텐츠를 중심으로. <우리어문연구> 35. 우리어문학회. 221-246쪽.

김주필(2009). 諺文字母의 反切的 運用과 反切表의 性格. <한국학논총> 32. 국민대 한국학연구소. 491-518쪽.

한재준(2010). 한글에서 디자인의 미래를 발견하다 : 디자인과 문자. <세종대왕과 한글창제와 리더십 승계(2회 세종학 학술회의 훈민정음 564돌 기념). 한국학중앙연구원. 61-73쪽.

김석득(2011). 최소의 최대 생성의 끈 이론 : 한글의 우리 있음과 국제화에 관련하여. <인문논총> 21. 서울여자대 인문과학연구소. 5-33쪽.

석주연(2011). 해례본 <훈민정음>에 대한 또 다른 시각 : 정보 수용자의 관점을 중심으로. <인문학연구> 41. 조선대 인문학연구원. 251-272쪽.

이상혁(2011). 훈민정음의 속살. <한국어문의 내면(윤우 천소영 교수 정년 기념 논문집)>. 와우출판사. 173-186쪽.

고선희(2012). 드라마 <뿌리 깊은 나무>의 판타지성과 하위주체 발화 양상. <國際語文> 55. 국제어문학회. 75-115쪽.

曲曉雲(2012). <五方元音>訓民正音 音解本 연구. <중국어문학논집> 73호. 中國語文學硏究會. 41-57쪽.

김유범(2012). 문자 표기의 형태론적 장치에 대하여. <어문논집> 66. 민족어문학회. 81-100쪽.

김주원(2012). 중국 문헌에 나타난 한글. <문헌과 해석> 52. 문헌과 해석사. 132-141쪽.

김주필(2012) '訓民正音'의 性格과 '轉換'의 意味. <어문학논총> 31. 국민대 어문학 연구소. 1-30쪽.

백두현(2012). 융합성의 관점에서 본 훈민정음의 창제 원리. <훈민정음과 오늘(2012년 훈민정음학회 국내학술대회 자료집)>. (사)훈민정음학회. 88-123쪽.

사재동·사진실(2012).<월인천강지곡(月印千江之曲)>의 훈민정음 활용과 연

행적(演行的) 유통 양상. <語文硏究> 74. 語文硏究學會. 279-306쪽.

안상혁・주용성(2012) 훈민정음 창제에 나타난 세종의 이상—드라마 <뿌리 깊은 나무>와 원전 해례본과의 비교를 통해—. <인문과학> 49. 성균 관대 인문과학연구소. 117-139쪽.

이근열(2012). <훈민정음> 언해의 문법 인식. <우리말연구> 30. 우리말학회. 173-195쪽.

허경무(2012). 한글 제자원리에서 변모된 문자 활용 양상과 앞으로의 과제. <예술문화비평> 7. 한국예술문화비평가협회. 241-249쪽.

홍윤표(2012) 훈민정음에 대한 몇 가지 주장. <훈민정음과 오늘(2012년 훈민 정음학회 국내학술대회 자료집)>. (사)훈민정음학회. 1-29쪽.

김슬옹(2013). 세종학의 필요성과 주요 특성. <한민족문화연구> 42. 한민족 문화학회. 7-42쪽.

김유범(2013). 2014학년도 수능시험 개편안과 국어사 교육. <문법교육> 18호. 한국문법교육학회. 45-64쪽.

문종선(2013). 청농의 '훈민정음 언해본', 한글사랑 일깨워. <(月刊)書藝文化> 190. 단청. 28-33쪽.

박용찬(2013). 훈민정음 창제 정신과 우리의 문자생활 실태. <새국어생활> 23권 제3호. 국립국어원. 19-38쪽.

변정용・이형준(2013). 완전조합 음절 지원 훈민정음 웹 입력기. <정보과학 회논문지> 19권 6호. 한국정보과학회. 371-375쪽.

서예문화연구원(2013). 훈민정음을 통해 본 한글서예 원형찾기. <(月刊)書藝 文化> 183호. 단청. 34-37쪽.

왕옥지(2013). 파스파문자와 한글의 음소 결합적 특징 연구. <中國人文科學> 55. 中國人文學會. 159-178쪽.

이상혁(2013). 중국인을 위한 한국어 교육에 요구되는 몇 가지 언어 문제. <한중인문학연구>. 한중인문학회. 49-70쪽.

김슬옹(2014). 우리가 모르는 한글 이야기. <SERICEO> monthly. v.3. 크레듀.
16-23쪽.

김슬옹(2014). 한글학의 특성과 내용 구성 원리. <한국어학> 64. 한국어학회.
35-58쪽.

사재동(2014). 纂經<東國正韻>의 編緯와 活用樣相. <국학연구론총> 13. 택민
국학연구원. 47-70쪽.

이상규(2014). <훈민정음>에 대한 인문지리학적 접근. <한민족어문학회 학
술대회 자료집>. 한민족어문학회. 1-18쪽.

장용선·박연선(2014). 한글 자음 색채화 가능성 연구 : 훈민정음 해례본에
근거하여. <한국색채학회 논문집> 28권 1호. 한국색채학회. 16-25쪽.

정수암(2014). 한글서예의 서예사적 변천과정. <慶州文化論叢> 17. 경주문화
원 부설 향토문화연구소. 81-99쪽.

차익종(2014). 동국정운의 중성 배열 원리에 대하여 : 훈민정음 해례본의 제
자·합용·상합의 관점에서. <국어학> 70. 국어학회. 157-183쪽.

플러스인생 편집부(2014). 훈민정음, 누리글로 땅끝까지 : 복음을 전 세계로
확산하는 통로, 한글. <플러스인생> 571. 신앙계. 17-21쪽.

김부연(2015). <훈민정음> '해례'의 집필 과정에 대한 탐색 : 텍스트 생산자
와 생산 과정을 중심으로. <2015 훈민정음학회 제4회 전국학술대회
발표논문집>. (사)훈민정음학회. 53-72쪽.

정연찬(2015). 東國正韻은 正當하게 評價되어야 한다. <언어와 정보사회> 24.
서강대 언어정보연구소 1-16쪽.

김선태(2015). 남다른 전통문화 유산. <教育評論> 266. 週刊教育新聞社. 102-105쪽.

외국어 표기 문헌*

小倉進平(1919). 訓民正音に就いて. <藝文> 10-8.

河野六郎(1947). 新發見の訓民正音に就いて. <東洋學報> 31-2.

中村完(1968). 訓民正音における文化の意識について. <朝鮮學報> 47.

이기문(1974). 訓民正音創制の背景と意義 : 韓國史の再照明. <アジア公論> 3-5. アジア공론사. 215-218쪽.

管野裕臣(1977). ハングルとその構造と成立. <언어> 6-10. 일본 : 동경.

陶山信男(1981-1982). 훈민정음 연구(其一-其四). <愛知大學 文學論叢> 66-69. 일본 : 愛知大學.

Bell. E. C(1867). Visible Speech. Knowledge Resources Inc.

Byoung-ho Park(1992). "King Sejong's Contributions to the Development of Legal Institutions." edited by Young-Key Kim-Renaud. *King Sejong the Great-the light of 15th century Korea.* International Circle of Korean Linguistics.

Chao. Y. R(1968). *Language and Symbolic Systems.* Cambridge University

---

* 훈민정음을 언급하지 않은 문헌이나 훈민정음의 우수성을 보편적으로 입증해 주는 문헌이라 실음.

Press.

CHIN W. KIN(1997). "The Structure of Phonological Units in Han'gŭl." Edited by YOUNG-KEY KIM-RENAUD. *THE KOREAN ALPHABET.* University of Hawaii Press. pp.145-160.

Coulmas. F(1989). *The Writing Systems of the World.* Basil Blackwell.

Coulmas. F(2003). *Writing Systems.* Cambridge University Press.

Daniels. P. T(1996). The Study of Writing Systems. in Daniels. P. T. and W. Bright (eds.). *The World's Writing Systems.* Oxford University Press. pp.3-17.

Daniels. P. T(2001). Writing Systems. in Aronoff. M. & J. Rees-Millers (eds.). *The Handbook of Linguistics.* Blackwell Publishers. pp.43-80.

Décret de promulgation de han-gŭl par le roi Sejong. Des sons corrects pour l'instruction du peuple(Textes réunis et présentés par Jean-Paul Desgoutte(2000. L'ÉCRITURE DU CORÉEN : Genèse et avènement. L'Harmattan).

DeFrancis. J(1989). *Visible Speech : The Diverse Oneness of Writing Systems.* University of Hawai'i Press.

Don Baker(1992). "King Sejong the Great : Bringing Heaven and Earth into Harmony." edited by Young-Key Kim-Renaud. *King Sejong the Great-the light of 15th century Korea.* International Circle of Korean Linguistics.

Edkins. D. D. J(1987). "Korean Writing." *The Korean Re pository Vol. IV.* pp.301-307.

French. M. A. 1976. Observations on the Chinese Script and the Classification of Writing-Systems. Haas (ed.). *Writing without Letters.* Manchester University Press. pp.101-129.

Gale. J. S(1912). "The Korean Alphabet." *Transactions of the Korean Branch of the Royal Asiatic Society Vol IV.* Part I.

Gari Ledyard(1997). "The International Linguistic Background of the Correct Sounds for the Instruction of the People." Edited by YOUNG-KEY KIM-RENAUD. *THE KOREAN ALPHABET.* University of Hawaii Press.

Gari Ledyard(2008). The Problem of the 'Imitatio of the Old Seal' : Hunmin-jŏngŭm and ḥPags-pa script. 훈민정음과 파스파 문자 Workshop 조직위원회 편. <훈민정음(訓民正音)과 파스파 문자(八思巴文字) 국제학술 Workshop 논문집>. 한국학중앙연구원. 11-31쪽.

HO-MIN SOHN(손호민. 1997). "Orthographic Divergence in South and North Korea : Toward a Unified Spelling System." Edited by YOUNG-KEY KIM-RENAUD. *THE KOREAN ALPHABET.* University of Hawaii Press.

Hulbert. H. B(1892). "The Korean Alphabet." *The Korean Repository Vol. I* (1-9). March. pp.69-75.

Hwi Joon Ahn(1992). "Ceramic Art of Early Choson Dynasty." edited by Young-Key Kim-Renaud. *King Sejong the Great-the light of 15th century Korea.* International Circle of Korean Linguistics.

Hyeon-hie Lee(이현희. 2008). "The History of the Research into Hunmin-jeongeum." *Hunminjeongeum and Alphabetic Writing Systems (Proceedings of the SCRIPT 2008).* The Hunminjeongeum Society (훈민정음학회). 21-22쪽.

Hyeon-hie Lee(이현희. 2010). "A Survey of the History of Hunminjeongeum Research." *SCRIPTA vol.2.* The Hunminjeongeum Society(훈민정음학회). 15-59쪽.

J. D. McCawley(1966). "Review of Yamagiwa." 1964. *Language 42.1.* pp.170-175.

Jared Diamond(1994). "Writing Right." *Discover. June.* 이현복 옮김(1994). 바른 글자살이. <한글 새소식> 264. 한글학회. 12-14쪽(부분 번역). 이광호 옮김(1994). 디스커버지의 한글 극찬-올바른 표기법. <말글 생활> 2. 말글사.

Junast(照那斯圖)(2008). 訓民正音字母與八思巴字的關係. 훈민정음과 파스파 문자 Workshop 조직위원회 편. <훈민정음(訓民正音)과 파스파 문자(八思巴文字) 국제 학술 Workshop 논문집>. 한국학중앙연구원.

KI-MOON LEE(이기문. 1997). "The Inventor of the Korean Alphabet." Edited by YOUNG-KEY KIM-RENAUD. *THE KOREAN ALPHABET.* University of Hawaii Press.

KI-MOON LEE(이기문. 2009). Reflections on the Invention of the Hunmin-jeongeum. *SCRIPTA vol.1.* 훈민정음학회. 1-36쪽.

Lee Hyeon-hie & Lee Soo Yeon(2012). A different interpretation of the preface to Hunmin jeongeum by King Sejong. <Preceedings of the SCRIPTA 2012>. The Hunmin jeongeum Socity. pp.225-237.

Mark Peterson(1992). "The Sejong Sillok." edited by Young-Key Kim-Renaud. *King Sejong the Great-the light of 15th century Korea.* International Circle of Korean Linguistics.

Martina Deuchler(1992). "Rites in Early Choson Korea." edited by Young-Key Kim-Renaud. *King Sejong the Great-the light of 15th century Korea.* International Circle of Korean Linguistics.

Milan Hejtmanek(1992). "Chiphyonjon." edited by Young-Key Kim-Renaud. *King Sejong the Great-the light of 15th century Korea.* International Circle of Korean Linguistics.

par Chŏng Inji. ministre des cultes du roi Sejong. Commentaires et exemples (Textes réunis et présentés par Jean-Paul Desgoutte(2000). L'ÉCRITURE DU CORÉEN : Genèse et avènement. L'Harmattan).

par Jean Doneux. professeur émérite de l'université de Provence. Une leçon d'écriture (Textes réunis et présentés par Jean-Paul Desgoutte(2000). L'ÉCRITURE DU CORÉEN : Genèse et avènement. L'Harmattan).

par Kim Jin-Young et Jean-Paul Desgoutte. Les enjeux sémiologuques (Textes réunis et présentés par Jean-Paul Desgoutte(2000). L'ÉCRITURE DU CORÉEN : Genèse et avènement. L'Harmattan).

par Kim Jin-Young et Jean-Paul Desgoutte. Une lente maturation (Textes réunis et présentés par Jean-Paul Desgoutte(2000). L'ÉCRITURE DU CORÉEN : Genèse et avènement. L'Harmattan).

par Lee Don-Ju. professeur de l'université de Chŏnnam. Les sources phnologiques chinoises (Textes réunis et présentés par Jean-Paul Desgoutte (2000). L'ÉCRITURE DU CORÉEN : Genèse et avènement. L'Harmattan).

Peter H. Lee(1992). "King Sejong and Songs of Flying Dragons." edited by Young-Key Kim-Renaud. *King Sejong the Great-the light of 15th century Korea.* International Circle of Korean Linguistics.

Pokee Sohn(1992). "King Sejong's Innovations in Printing." edited by Young-Key Kim-Renaud. *King Sejong the Great-the light of 15th century Korea.* International Circle of Korean Linguistics.

PYONG-HI AHN(1997). "The Principles Underlying the Invention of the Korean Alphabet." Edited by YOUNG-KEY KIM-RENAUD. *THE KOREAN ALPHABET.* University of Hawaii Press.

Reischauer. E.O.J.K.Fairbank(1960). *East Asia : The Great Tradition.* Boston : Houghton Mifflin Company.

Robert C. Provine(1992). "King Sejong and Music." edited by Young-Key Kim-Renaud. *King Sejong the Great-the light of 15th century Korea.* International Circle of Korean Linguistics.

Rogers. H(2005). *Writing Systems : A Linguistic Approach.* Blackwell Publishing.

ROSS KING(1997). "Experimentation with Han'gŭl in Russia and the USSR 1914-1937." Edited by YOUNG-KEY KIM-RENAUD. *THE KOREAN ALPHABET.* University of Hawaii Press.

S. Robert Ramsey(1992). "The Korea Alphabet." edited by Young-Key Kim-Renaud. *King Sejong the Great-the light of 15th century Korea.* International Circle of Korean Linguistics.

S. Robert Ramsey(1992). "The Korea Alphabet." edited by Young-Key of the Korean Language." Edited by YOUNG-KEY KIM-RENAUD. *THE KOREAN ALPHABET.* University of Hawaii Press.

S. Robert Ramsey(2010). "The Korean Writing System in the World of the 21 Century. *SCRIPTA vol.2.* The Hunminjeongeum Society(훈민정음학회). pp.1-13.

Sampson. G(1985). *Writing Systems : A Linguistic Introduction.* Stanford University Press.

SANG-OAK LEE(이상억. 1997). "Graphical Ingenuity tn the Korean Writing System : With New Reference to Calligraphy." Edited by YOUNG-KEY KIM-RENAUD. THE KOREAN ALPHABET. University of Hawaii Press.

Sang-woon Jeon · Tae-jin Yi(1992). "Science. Technology. and Agriculture in Fifteenth Century Korea." edited by Young-Key Kim-Renaud. *King Sejong the Great-the light of 15th century Korea.* International Circle of Korean Linguistics.

SINHANG KANG(강신항. 1997). "The Vowel System of the Korean Alphabet and Korean Readings of Chinese Characters." Edited by YOUNG-KEY KIM-RENAUD. *THE KOREAN ALPHABET.* University of Hawaii Press.

Sproat. R(2000). *A Computational Theory of Writing Systems.* Cambridge University Press.

Vos. F(1964). "Korean Writing : Idu and Han'gul." ed. by J. K. Yamagiwa. The Univ. Papers of CIC Far Eastern Language Institute.

Won Sik Hong · Quae Jung Kim(1992). "King Sejong's Contribution to Medicine." edited by Young-Key Kim-Renaud. *King Sejong the Great-the light of 15th century Korea.* International Circle of Korean Linguistics.

Yersu Kim(1992). "Confucianism under King Sejong." edited by Young-Key Kim-Renaud. *King Sejong the Great-the light of 15th century Korea.* International Circle of Korean Linguistics.

YOUNG-KEY KIM-RENAUD(2008). "The Vowel System and Vowel Harmony in 15th Century Korean Revisited." *Hunminjeongeum and Alphabetic Writing Systems (Proceedings of the SCRIPT 2008).* The Hunminjeongeum Society(훈민정음학회). pp.23-36.

YOUNG-KEY KIM-RENAUD(김영기. 1997). "The Phonological Analysis Reflected in the Korean Writing System." Edited by YOUNG-KEY KIM-RENAUD. *THE KOREAN ALPHABET.* University of Hawaii Press.

조선시대 훈민정음 관련 연구

최석정(1678/숙종4). <經世正韻>(經世訓民正音圖說). 영인본 : 김지용 해제(1990).
　　　<經世訓民正音圖說>. 연세대인문과학연구소 김지용 해제(2011). <경세
　　　훈민정음도설(經世訓民正音圖說)>. 명문당.

박성원(1747/영조23). <華東正音通釋韻考(화동정음통석운고)>.

신경준(1750/영조26). <훈민정음운해(訓民正音韻解)> 영인 : 대제각 편집부(1985).
　　　<훈민정음운해(조선어학회 신식활자본)>. 대제각(국어국문학총서 13).
　　　한양대 부설국학연구원 영인(1974). 訓民正音韻解(신경준) / 諺文志(유희).
　　　한양대 부설국학연구원.

학선재 편집부(2007). <訓民正音圖解>. 2007. 학선재.

홍계희(1751/영조27). <三韻聲彙(삼운성휘)>.

황윤석(1774/영조50). <理藪新編(이수신편)>.

박제가(1778/정조2). <北學議(북학의)>.

배상열(1786년/정조10). <書計瑣錄(서계쇄록)>.

이의봉(1789년/정조13). <古今釋林(고금석림)>.

정동유(1806/순조6). <畫永編(주영편)>.

정약용(1819/순조19). <雅言覺非(아언각비)>.

유 희(1824/순조24). <언문지(諺文志)>. 영인본 : 신경준·유희(1974). <訓民
　　正音韻解 / 諺文志>(영인본). 漢陽대학교附設國學研究院.

황윤석(1829/순조29). <자모변(字母辯)>. <화음방언자의해(華音方言字義解)>.

정윤용(1856/철종7). <자류주석(字類註釋)>.

윤정기(1859년/철종10). <동환록(東寰綠)>(<방언(方言)>).

강 위(1869/고종6). <동문자모분해(東文字母分解)>.

이유원(1871/고종8). <임하필기(林下筆記)>(<훈민정음(訓民正音)>. <방언
　　해구경(方言解九經)>. <계림유사방언(鷄林類事方言)>).

노정섭(1885/고종22) : <광견잡록(廣見雜錄)>(<언자방언전성(諺字方言轉聲)>.
　　<자모총도(字母總圖)> 등).

박치원(1886/고종23). <설계수록(雪溪隨錄)>.

권정선(1906). <음경(音經)>. <정음종훈(正音宗訓)>(안 전함).

박문호(1919). <호산집(壺山集)>(<자음복고설(字音復古說)>. <언문설(諺文說)>.
　　<이두해(俚讀解)>).

﹒간행연대 미상 모음

신후담(1702~1761)간행연대 미상 : <河濱雜著(하빈잡저)>(<동식잡기(動植雜記)>.
　　<해동방언(海東方言)>. <중뢰통설(衆籟通說)>. <백과지(百果志)>. <곡
　　보(穀譜)>).

이 익(1681~1763)간행연대 미상 : <星湖僿說(성호사설)> [인사문(人事門).
　　시문문(詩文門)].

남극관(1689~1714)간행연대 미상 : 몽예집(夢囈集)>(사시자(謝施子)).

이사질(1705~1776)간행연대 미상 : <訓音宗編(훈음종편)>.

이광사(1705~1777)간행연대 미상 : <두남집(斗南集)>(<관택당초학자훈(觀澤
　　堂初學字訓)>. <논동국언해토(論東國諺解吐)>). <원교집(圓嶠集)>(<오
　　음정서(五音正序)>).

홍양호(1724~1802)간행연대 미상 : <북새기략(北塞記略)>. <경세정운도설서
    (經世正韻圖說序)>. <훈민정음초성상형도(附訓民正音初聲象形圖)>.

이덕무(1741~1793)간행연대 미상 : <청장관전서(靑莊館全書)>(사소절(士小節).
    앙엽기(盎葉記). 한죽당섭필(寒竹堂涉筆)). <규장전운(奎章全韻)>.

이가환(1742~1801)간행연대 미상 : <정헌쇄록(貞軒瑣錄)>(<조라치(燭剌赤> 등의
    어휘설명).

홍희준(1761~1841)간행연대 미상 : <언서훈의설(諺書訓義說)>.

정약용(?) <아언지하(雅言指瑕)>. <혼돈록(餛飩錄)>.

이규경(1788~1856)간행연대 미상 : <오주연문장전산고(五洲衍文長箋散稿)>
    (각종 변증설).

유신환(1801~1859) : <봉서집(鳳棲集)>(<삼십육성역(三十六聲譯)>).

최한기(1803~1877) : <명남루총서(明南樓叢書)>(<신기통(神氣通)> 등).

조재삼(?~?)간행연대 미상 : <송남잡지(松南雜識)>(<방언류(方言類)>).

금영택(1739~1820. 1934년 후손 간행).<만우재문집(晩寓齋文集)>(<언문자음
    기례(諺文字音起例)>와 <오음초성(五音初聲)>).

미상인 : <언문(諺文)> / <언음첩고(諺音捷考)>(徐念淳?) / <동문집음(東文集
    音)> / <동언고략(東言考略)> / <동언해(東言解)>.

제2부

가나다순

간노 히로미(管野裕臣)(1993). '훈민정음'과 다른 문자 체계의 비교. 서울대 대학원 국어연구회 편. <國語史 資料와 國語學의 硏究>(안병희 선생 회갑 기념 논총). 문학과지성사. 650-659쪽.

감 메(1932). 訓民正音의 글자 모양과 벌림에 對하여-한글 製作의 技巧的 考察-. <한글> 5. 조선어학회. 192-198쪽.

강귀수(1980). 訓民正音 創制와 그 語文政策. <논문집> 18. 공주사범대학교. 19-26쪽.

강귀수(1981). 傳統과 訓民正音의 硏究課題. <논문집> 19. 공주사범대학교. 27-33쪽.

강귀정(2006). 훈민정음 단원의 교육 내용과 교수 학습 방법 연구. 부산대 교육대학원 석사학위 논문.

강규선 편(1998). <월인석보> 권1·2. 보고사.

강규선(1985). 訓民正音과 性理學. 韻學과의 關係. <어문논총> 4. 청주대 국어국문학과. 1-17쪽.

강규선(1986). 訓民正音 創制背景. <인문과학 논총> 5. 청주대 인문과학연구소. 3-19쪽.

강규선(1999). 訓民正音 起源設 硏究. <인문과학 논총> 19. 청주대 인문과학연구소. 47-76쪽.

강규선(2000). 訓民正音 制字解 小考. <어문논총> 15. 동서어문학회. 1-35쪽.

강규선(2001). <訓民正音 硏究>. 보고사.

강규선·황경수(2006). <훈민정음 연구>. 청운.

강길부 편(1997). <훈민정음 창제 원리와 한글 자모 순서 >. 주관 : 국어문화운동본부. 주최 : 강길부 의원실. 국립국어원.

강길운(1955). 初聲並書考. <국어국문학> 13. 국어국문학회.

강길운(1964). 世宗朝의 韻書刊行에 對하여. <陶南趙潤濟博士 回甲記念 論文集>. 신아사. 63-80쪽.

강길운(1971). 崔萬里 反對上疏의 動機에 對하여. <운현> 3. 덕성여자대학교.
7-12쪽. 재수록 : 강길운(1992). <訓民正音과 音韻體系>. 형설출판사.

강길운(1972). 訓民正音創制의 當初 目的에 對하여. <국어국문학> 55·56·57
합본호. 국어국문학회. 1-21쪽. 재수록 : 서병국(1983). <(新講) 訓民正
音>. 학문사. 재수록2 : 강길운(1992). <訓民正音과 音韻體系>. 형설출
판사. 재수록3 : 서병국(1978). <訓民正音>. 학문사. 121-128쪽.

강길운(1992). <訓民正音과 音韻體系>. 형설출판사.

강길운(1999). 세종대왕과 문자정책. 세종성왕육백돌기념문집위원회 편(1999).
<세종성왕육백돌>. 세종대왕기념사업회. 303-306쪽.

강길운(2005). <訓民正音과 音韻體系>. 한국문화사.

강길운(2005 : 2판). <改新版 訓民正音과 音韻體系(강길운 전집 Ⅳ)>. 한국문
화사.

강만길(1977). 한글 창제의 역사적 의미. <창작과 비평> 44. 창작과비평사.
재수록1 : 강만길(1978). <分斷時代의 歷史 認識>. 창작과비평사(세부
항목 제목 새로 붙임). 재수록2 : 김동언 편(1993). <國語를 위한 言語
學>. 태학사. 1993. 261-272쪽(1977년판 재수록).

강상원(2005). <世宗大王創製訓民正音 主役 慧覺尊者 信眉大師>. 한국세종한림원.

강상원(2005). <訓民正音 28字 語源的인 新解釋 : 만년의 신비>. 한국세종한림원.

강석규(1999). 세종대왕과 벤처정신. 세종성왕육백돌기념문집위원회 편(1999).
<세종성왕육백돌>. 세종대왕기념사업회. 307-308쪽.

강신항(1963). <訓民正音> 解例理論과 <性理大全>과의 聯關性. <국어국문학> 26.
국어국문학회. 177-185쪽. 고영근 편(1985). <國語學 硏究史 : 흐름과
動向>. 학연사. 221-231쪽.

강신항(1963). 燕山君 諺文禁壓에 대한 揷疑 : 國語學史上에 미친 影響의 有無
를 中心으로. <진단학보> 24. 진단학회.

강신항(1966). 四聲通解 권두의 자모표에 대하여. <가람 이병기 박사 송수 기

넘 논문집>. 삼지출판사.

강신항(1967). <韻解 訓民正音 硏究>. 한국연구원.

강신항(1969). 韓國韻書에 관한 기초적 연구. 1969년도 문교부 학술연구조성비 연구보고서.

강신항(1973). <四聲通解 硏究>. 신아사.

강신항(1973가). 四聲通解의 聲類. <논문집>(인문사회) 17. 성균관대학교. 31-51쪽.

강신항(1973나). 四聲通解의 韻類. <동양학> 3. 단국대 동양학연구소. 1-73쪽.

강신항(1974). <訓民正音>. 신구문화사.

강신항(1974 · 1995 : 증보판). <譯註 訓民正音>(문고본). 신구문화사.

강신항(1977). 훈민정음 창제 동기의 일면. <언어학> 2. 한국언어학회. 57-63쪽.

강신항(1978). <韻解 訓民正音>. 형설출판사.

강신항(1978). 중국자음과 대음(對音)으로 본 국어 모음체계. <국어학> 7. 국어학회. 1-21쪽.

강신항(1979 · 1986 : 개정판 · 1988 : 개정증보판). <國語學史>. 보성문화사.

강신항(1980). 世宗代 言語觀의 成立. <동양학> 10. 단국대 동양학연구소. 373-387쪽.

강신항(1984). 世宗朝의 語文政策. <세종조문화 연구> Ⅱ. 한국정신문화연구원. 3-59쪽. 재수록 : 강신항(2003가). 『훈민정음연구』. 성균관대학교 출판부. 13-87쪽.

강신항(1984 · 1990 : 증보판). <訓民正音 硏究>. 성균관대 출판부.

강신항(1986). 實學時代 學者들의 業績에 대하여 : 李思質과 黃胤錫. <교육논총> 1. 성균관대 대학원. 7-20쪽.

강신항(1986). 朝鮮後期 正音學者들의 正音觀. 유목상 외 편. <國語學 新硏究>(김민수 교수 화갑 기념). 탑출판사. 937-946쪽.

강신항(1986). 畵永編內 훈민정음 관계 기사에 대하여. <朴鵬培 博士 華甲紀念 論文集>. 배영사. 556-567쪽.

강신항(1987·1990 : 증보판·2003 : 수정증보). <훈민정음연구>. 성균관대학
　　교 출판부.

강신항(1991). 왕권과 훈민정음 창제. <겨레문화> 5. 한국겨레문화연구원.
　　3-23쪽.

강신항(1992). 개화기의 훈민정음 연구. 전남대 어학연구소 편(1992). <훈민
　　정음과 국어학>. 전남대 출판부. 125-141쪽.

강신항(1992). 韻解(訓民正音解題)와 申景濬. 전남대 어학연구소 편(1992). <훈
　　민정음과 국어학>. 전남대 출판부. 57-87쪽. 토론문(고영근·최태영)
　　89-95쪽.

강신항(1992). 한글 창제의 배경과 불교와의 관계. <불교문화연구> 3. 영취
　　불교문화연구원. 1-22쪽.

강신항(1992). 훈민정음 중성체계와 한자음. <춘강 유재영 박사 화갑기념논총>.
　　이회문화사. 23-40쪽. 재수록 : 강신항(2003). <韓漢音韻史硏究>. 태학
　　사. 227-248쪽.

강신항(1993). '한글갈'의 훈민정음. <새국어생활> 3-3. 국립국어연구원.
　　100-113쪽. 재수록 : 강신항(2007). <國語學散稿>. 147-163쪽.

강신항(1993). <ハングルの成立と歷史>. 동경 : 대수관서점(강신항. 1990 : 증
　　보판의 번역판).

강신항(1998). 사성통해 범례에 대하여. 세종대왕기념사업회(1998). <세종학
　　연구> 12·13. 세종대왕기념사업회. 23-38쪽.

강신항(2002). 신숙주의 학문과 인간-신숙주와 운서(韻書)-. <새국어생활>
　　12-3. 국립국어연구원. 43-56쪽.

강신항(2002). 申叔舟의 音韻學. <어문연구> 116. 한국어문교육연구회. 349-375쪽.
　　재수록 : 강신항(2007). <國語學散稿>. 월인. 165-193쪽.

강신항(2003). '正音'에 대하여. <한국어 연구> 1. 한국어연구회. 7-25쪽. 재수
　　록 : 강신항(2007). <國語學散稿>. 월인. 9-26쪽.

강신항(2004). 홍희준(洪羲俊)의 '언서훈의설(諺書訓義說)'에 대하여. <애산학보> 30. 애산학회.

강신항(2006). 역학과 훈민정음해례 이론. <태동고전연구> 22. 한림대 태동고전연구소. 1-28쪽.

강신항(2006). 학문적 진실에 맞는 올바른 한국사상의 구축. <한국사시민강좌>26. 일조각. 178-189쪽.

강신항(2006). 훈민정음과 중세국어 음운체계. <국어사 연구 어디까지 와 있는가>(국어사 학술 발표대회 발표 요지). 연세대 국학연구원. 129-142쪽. 재수록(제목 변경) : 임용기・홍윤표 편(2006). '훈민정음 해례'의 설명에 나타난 몇 가지 문제. <국어사 연구 어디까지 와 있는가>. 태학사. 303-331쪽. 재수록2 : 강신항(2007). '훈민정음 해례'의 설명에 나타난 몇 가지 문제. <國語學散稿>. 월인. 9-26쪽. 57-86쪽.

강신항(2008). 쉽게 풀어 쓴 <훈민정음> 내용 : 오늘의 말로 읽는 <훈민정음>. 국립국어원 편. <알기 쉽게 풀어 쓴 훈민정음>. 생각의나무. 91-116쪽.

강신항(2009). <훈민정음 창제와 연구사>. 경진.

강신항(2009). <訓民正音解例本>안의 聲調에 대한 說明. <한국어연구> 6. 한국어연구회. 39-56쪽.

강옥미(2008). 한글은 자질문자인가. <46차 한국어학회 전국학술대회 자료집>. 한국어학회. 163-182쪽.

강주진 편역(1988). <(保閑齋) 申叔舟正傳>. 세광출판사.

강진숙 외(1983). <세종연구자료총서>. 세종대왕기념사업회.

강창석(1989). 訓民正音의 제작과정에 관한 몇 가지 問題. <울산어문논집> 5. 울산대 국어국문학과. 21-49쪽.

강창석(1992). 15世紀 音韻理論의 硏究 : 借字 表記 傳統과의 관련성을 중심으로. 서울대 대학원 박사학위 논문.

강창석(1996). 한글의 제자 원리와 글자꼴. <새국어생활> 6-2. 국립국어연구원. 19-35쪽. 재수록 : 문화체육부 편(1996). <21세기의 한글>. 문화체육관광부. 34-58쪽. 재수록2 : 송기중·이현희·정재영·장윤희·한재영·황문환 편(2003). <한국의 문자와 문자연구>. 집문당. 675-695쪽.

강창석(1996). 훈민정음 연구의 성과와 과제. <광복 50주년 국학의 성과(보고 논총 96-2)>. 한국정신문화연구원.

강창석(2012). 훈민정음 반포와 관련된 몇 가지 문제. <훈민정음과 오늘(2012년 훈민정음학회 국내학술대회 자료집)>. (사)훈민정음학회. 67-85쪽.

강태원(2007). '세종 어제 훈민정음' 지도에 관한 연구. 인제대 교육대학원 석사학위 논문.

강헌규(1998). '象形而字 倣古篆'에 대하여. <人文社會科學硏究>. 公州大學校附設人文社會科學硏究所. 1-10쪽.

강호천(1986). 訓民正音 制定의 音韻學的 背景 Ⅰ : 中國·夢古韻學을 中心으로. <어문 논총> 5. 청주대 국어국문학과. 97-121쪽.

고노로쿠로(河野六郎)(1989). ハングルとその起源. <日本學士院紀要> 43-3.

고성익(2008). 원문의 분석을 통해서 본 '상형이자방고전(象形而字倣古篆)'의 의미. <국어사학회 2007년 겨울 연구회 발표자료집>. 국어사학회. 13-27쪽.

고영근(1987). 서평 '訓民正音 硏究(강신항 저)'. <국어생활> 10. 국어연구소. 121-124쪽.

고영근(1998). 한국의 전통적 언어철학과 그 근대적 변모 <제2회 동서언어학 집담회(독일)>. 재수록 : 고영근(2001). <한국의 언어연구>. 역락. 17-30쪽.

고영근·남기심 공편(1997). <중세어 자료 강해>. 집문당.

고재섭(1938). 諺文과 再認識論. <비판> 6-6. 비판사. 361-367쪽.

고재휴(1938). 文字의 一般的 發展形態와 <正音>의 文化的 意義. <정음> 24. 조선어학연구회. 5-9쪽.

고재휴(1938). 諺文의 起源說과 蒙古語學運動의 槪況. <정음> 23. 조선어학연
　　구회. 5-9쪽.

고태규(2007). <훈민정음과 작가들>. 널개.

고황경(1999). 국가발전과 우리말. 세종성왕육백돌기념문집위원회 편(1999).
　　<세종성왕육백돌>. 세종대왕기념사업회. 309-322쪽.

공재석(1967). 한글 古篆起源說에 대한 考察. <중국학보> 7. 한국중국학회. 재
　　수록 : 공재석(2002). <中國言語學>. 신서원. 45-54쪽.

공재석(1968). 한글 고전 기원설의 근거가 되는 기일성문설(起一成文說). <우
　　리문화> 2. 우리문화연구회.

管野裕臣(1977). ハングルとその構造と成立. <언어> 6-10. 일본 : 동경.

구법회(2006). '국보 제1호'에 대한 재론－훈민정음을 '으뜸국보'로. <한글 새
　　소식> 403. 한글학회.

국립국어원 편(2008). <알기 쉽게 풀어 쓴 훈민정음(강신항 개정 번역본 수
　　록)>. 생각의나무.

국립국어원 편(2008). <알기 쉽게 풀어 쓴 훈민정음>. 생각의나무.

국립국어원(2008. 강신항). <훈민정음>의 영어판·중국어판·베트남판·몽
　　골판·러시아판.

국어학회 편(1972). <국어학자료 선집> II. 일조각.

국어학회 편(1973). <국어학자료 선집> IV. 일조각.

권덕규(1922). 조선어문의 연원과 그 성립. <동명> 1.

권덕규(1923). <朝鮮語文經緯>. 광문사.

권덕규(1926). 정음 반포 이후의 槪歷. <신민> 13. 신민사.

권덕규(1926). 훈민정음의 연혁. <신민> 20. 신민사.

권덕규(1927). 정음 이전의 조선글. <한글 동인지> 1. 조선어학회. 48-52쪽.

권덕규(1927). 訓民正音의 沿革. <조선어>. 조선어연구회. 61-63쪽.

권덕규(1928). 잘못 考證된 正音 創造者. <한글 동인지> 4. 조선어학회. 6-8쪽.

권덕규(1935). 訓民正音 原本은 아직 얻어 보지 못하였다. <한글> 22. 조선어
　　　학회. 106쪽.

권성기(1982). 訓民正音 자형기원에 관한 일고찰. <한성어문학> 1. 한성대 한
　　　국어문학부. 235-249쪽.

권성훈(2011). 몽골에서의 한국어 연구 동향과 과제. <인문과학논집 Journal
　　　of cultural studies> 22. 강남대학교. 111-136쪽.

권영달(1940). 朝鮮語文의 合理性. <정음> 36. 조선어학연구회. 14-15쪽.

권오성(2004). <세종실록> 악보상에 나타난 국어 관련 사항. <세종탄신 607
　　　돌 기념 학술대회 자료집-우리의 소리와 말은 어떻게 만났는가>. 한
　　　국국악학회·한국어정보학회.

권재선(1971). 훈민정음의 문장 분석에 의한 정음 독자적인 체계의 규명. 영
　　　남대 대학원 석사학위 논문.

권재선(1979). <竝書硏究>. 영남대 대학원 박사학위 논문.
　　　＊ 단행본 : 권재선(1979). <竝書硏究>. 수도문화사.

권재선(1983). 한글의 起源. 추강 황희영 박사 송수 기념 논총 간행위원회 편.
　　　<韓國語 系統論 訓民正音 硏究>. 집문당. 197-226쪽.

권재선(1988). <국어학 발전사> 합본. 우골탑.

권재선(1988·1995 : 깁고 고친판). <훈민정음 해석 연구>. 우골탑.

권재선(1989). <간추린 국어학 발전사>. 우골탑.

권재선(1992). <한글 연구(Ⅰ)>. 우골탑.

권재선(1992). <한글 연구(Ⅱ)>. 우골탑.

권재선(1992). <훈민정음의 표기법과 음운-중세 음운론>. 우골탑.

권재선(1993). 문자 발달과 훈민정음. 김종택 외 5인(1993). <신국어학>. 형
　　　설출판사. 259-317쪽.

권재선(1994). <바로잡은 한글-국문자론->. 우골탑.

권재선(1994). 가림토에 대한 고찰. <한글> 224. 한글학회. 171-192쪽.

권재선(1997). 제자해 해석상의 문제점과 그 해명. <한글> 235. 한글학회.
175-203쪽.

권재선(1998). <훈민정음 글월의 구성 분석적 이해>. 우골탑.

권재선(1998). 한글 반포에 대한 고찰. <어문학> 64. 한국어문학회. 1-24쪽.

권재선(1999). 世宗의 御製東國正韻과 申叔舟등의 反切. <인문과학연구> 3. 대
구대 인문과학연구소. 1-11쪽.

권재선(2002). <한글의 세계화>. 우골탑.

권재선(2014). 자음 상형 원리와 그림풀이에 대해 다시 돌아봄. <한글새소
식> 498. 한글학회. 8-9쪽.

권재선·이현규 공편(1982). <고어자료선>. 학문사.

권재일(1999). 우리 말과 글에 대한 자긍심을 가지자. 세종성왕육백돌기념문집
위원회 편(1999). <세종성왕육백돌>. 세종대왕기념사업회. 323-324쪽.

권종성(1987). <문자학 개요>. 평양 : 과학백과사전 출판사.

글무리 편(1992). <訓民民正정音홈>. 솔터.

김강백(1982). 訓民正音竝書字音韻에 관한 一考察. 중앙대 대학원 석사학위 논문.

김경수(1999). 朴彭年의 生涯와 現實 意識. <조선시대 사학보> 11. 조선시대사
학회. 31-64쪽.

김경탁(1961). 訓民正音을 通하여 본 生成哲學. <원광문화> 3. 원광대학교.
67-72쪽.

김경탁(1965). 訓民正音을 通하여 본 易의 思想. <中國學報> 4. 한국중국학회.
재수록 : 김경탁(1977). <中國哲學槪論>. 범학도서.

김경한(1950). 세종 시대의 문화의식. <성균> 3. 성균관대학교.

김경한(1961). 訓民正音 創制와 民族的 苦憫. <국어국문학> 23. 국어국문학회.
117-120쪽.

김계곤(1964). 훈민정음 원본 발견 경위에 대하여. <보성> 3. 보성고등학교.
재수록 : 김계곤(2005). <훈민정음> 원본 발견 경위에 대하여. <한글

새소식> 398. 한글학회. 4-8쪽.

김계곤(1999). 훈민정음 창제를 기리며. 말글살이의 한글화를 다짐한다. 세종
성왕육백돌기념문집위원회 편(1999). <세종성왕육백돌>. 세종대왕기
념사업회. 325-328쪽.

김광익(1962). 훈민정음의 자모수와 자모 차례의 변천. <말과 글> 1.

김광해(1989). 訓民正音과 108. <주시경학보> 4. 주시경연구소.

김광해(1990). 訓民正音 창제의 또 다른 목적. 기곡 강신항선생 화갑기념논문
집간행위원회(1990). <姜信沆 敎授 回甲紀念 國語學論文集>. 태학사.
27-36쪽. 재수록 : 김광해(2008). 訓民正音 창제의 또 다른 목적. <문
법 현상과 교육>. 박이정. 205-218쪽.

김광해(1991). 훈민정음과 불교. <인문학보> 12. 강릉대 인문과학연구소.

김광해(1992). 한글 창제와 불교신앙. <불교문화연구> 3. 한국불교문화학회.
재수록 : 김광해(2008). 한글 創製와 佛敎 信仰. <문법 현상과 교육>.
박이정. 219-243쪽.

김광해(2000). 풀리지 않는 한글의 신비. <새국어 소식> 27. 국립국어연구원.

김규철(1975). 訓民正音 硏究-初聲字 制定過程을 中心으로-. <論文集> 13. 육
군사관학교. 91-101쪽.

김근수 편(1996). <한국학 연구> 42. 한국학연구소.

김근수(1996). 世宗 親製 訓民正音序의 국역에 대한 고찰. <한국학연구> 42.
한국학연구소. 3-14쪽.

김근수(1996). 訓民正音 文獻考. <한국학 연구> 42. 한국학연구소. 15-18쪽.

김기항(2000). 신기한 훈민정음의 수학적 특성. <대한수학회 소식> 80. 대한
수학회. 24-28쪽.

김기항(2003). 한글화 암호. <대한수학회 소식> 90. 대한수학회. 2-7쪽.

김기항(2004). <암호론>. 경문사.

김길자(1999). 세종대왕의 열린 의지를 꽃피워야 한다. 세종성왕육백돌기념문집

위원회 편(1999). <세종성왕육백돌>. 세종대왕기념사업회. 329-330쪽.

김남돈(1999). 훈민정음 창제 동기와 목적에 관한 국어학사적 고찰. <한국초
　　등교육> 41. 서울교육대학교. 27-51쪽.

김남미(2005). 15세기 국어의 중모음 연구. 서강대 대학원 박사학위 논문.

김동구 편(1967/1985 : 수정증보판). <訓民正音 : [原典籍과 그 現代譯]>. 명문당.

김동소(1996). 중세 한국어의 종합적 연구-표기법과 음운 체계. <한글> 231.
　　한글학회. 5-42쪽.

김동소(2003). <중세 한국어 개설>. 한국문화사.

김동소(2006). 한국어 변천사 연구의 문제점-시대 구분 문제와 비음소적 과
　　잉 문자 아래아('·') 문제에 한정하여. <배달말> 39. 배달말학회.
　　31-71쪽.

김동언(1985). 훈민정음 국역본의 번역시기 문제. <한글> 189. 한글학회.
　　123-145쪽.

김동욱(1957). 正音廳始末. <논문집>(인문사회과학) 5. 서울대학교. 109-126쪽.

김동준(2007). 소론계 학자들의 자국어문 연구활동과 양상. <민족문학사연
　　구> 35. 민족문학사연구소. 8-39.

김동춘(2002). <훈민정음에 숨겨진 인류 역사의 비밀>. 세상의 창.

김두루한(2006). 훈민정음을 제대로 알자. <나라사랑> 111. 외솔회.

김만태(2012). 훈민정음의 제자원리와 역학사상-음양오행론과 삼재론을 중
　　심으로-. <철학사상> 45. 서울대 철학사상연구소. 55-94쪽.

김명식(2010). <나랏말쏘미 가림다 한글>(전4권). 홍익재.

김명호(2005). <한글을 만든 원리-누구나 아는 한글 아무나 모르는 음양오
　　행>. 학고재.

김명호(2007). 훈민정음 창제 원리와 한글의 순서. <훈민정음 창제 원리와
　　한글 자모 순서>. 주관 : 국어문화운동본부. 주최 : 강길부 의원실. 국
　　립국어원(2007.10.5). 1-48쪽.

김무림(1992). 訓民正音의 喉音考察. <한국어문교육> 6. 고려대 사범대학 국
    어교육학회. 31-58쪽.

김무림(2004). <국어의 역사>. 한국문화사.

김무봉(2006). <訓民正音> 原本의 출판 문화재적 가치 연구. <세종학 연구> 14.
    세종대왕기념사업회. 45-70쪽.

김무봉(2006). <訓民正音> 原本의 출판 문화재적 가치 연구. <한국사상과 문
    화> 34. 한국사상문화학회. 309-339쪽.

김무식(1992). 중세 국어 후음 'ㅇㆁㆆㆅ'에 대한 연구 : 주로 음가추정 및 후음
    계열의 상관성에 대하여. <문학과 언어> 13-1. 문학과언어학회.
    51-73쪽.

김무식(1992). 中世 國語 喉音'ㅇ'에 대한 一考察 : 주로 音價推定 및 音韻設定
    與否를 중심으로. <어문학> 53. 한국어문학회. 65-91쪽.

김무식(1993). 중세국어 치음의 음가에 대한 연구 : 주로 全淸音 'ㅈ'을 중심
    으로. <문학과언어> 14-1. 문학과 언어연구회. 23-41쪽.

김무식(1993). 訓民正音의 音韻體系 硏究. 경북대 대학원 박사학위 논문.

김무식(1994). 설축 '資質과 모음체계 記述方法에 대한 反省'. <어문학> 55. 한
    국어문학회. 91-124쪽.

김무식(1994). 훈민정음과 하향적 음 분석 방법. 외골 권재선 박사 화갑 기념
    논문집 간행위원회 엮음(1994). <우리말의 연구>. 우골탑.

김무식(1998). '훈민정음'에 나타난 음성학 술어의 특징과 의미. <수련어문논
    집> 24. 수련어문학회. 1-16쪽.

김문길(1994). 日本 神代文字에 관한 硏究 : 長尾神社 浮刻文字를 중심으로. <日
    本學> 13. 317-341쪽.

김문웅(1980). ㆆ의 表記法 考察. <난정 남광우박사 화갑기념논총>. 일조각.

김미형(2005). <우리말의 어제와 오늘>. 제이앤씨.

김민기·권오성·권영빈(1998). 모음의 구조적 형태와 조합 규칙에 충실한

한글 문자의 유형 분류. <정보과학회논문지> 2-4-B. 한국정보과학회. 685-695쪽.

김민수 외(1997). <외국인의 한글 연구>. 태학사.

김민수(1953). 各字並書 音價論. <국어국문학> 4. 국어국문학회. 4-12쪽.

김민수(1955). 한글 頒布의 時期 : 세종 25年 12月을 주장함. <국어국문학> 14. 국어국문학회. 김민수(1957). 한글 頒布의 時期 問題. <注解 訓民正音>. 통문관. 110-119쪽 재수록.

김민수(1957). <註解 訓民正音>. 통문관.

김민수(1957). 훈민정음 해제. <한글> 121. 한글학회. 393-406쪽.

김민수(1969). 訓民正音 創製의 始末 : 世宗의 國權 確立策을 中心으로 하여. <김재원 박사 회갑 기념 논총>. 을유문화사. 775-795쪽.

김민수(1973). 한글 字母問題에 대한 고찰. <인문논집> 18. 고려대학교 문과대학. 1-48쪽.

김민수(1985). 重母音 'ᅴ, ᅱ'에 대하여. <인문논집> 30. 고려대 문과대학. 1-8쪽.

김민수(1985). 訓民正音(解例)의 번역에 대하여. <말> 10. 연세대 한국어학당. 19-45쪽.

김민수(1994). 훈민정음 반포와 팔종성의 문제. <어문연구> 81 · 82. 일조각.

김민수(2004). 훈민정음 창제와 최항 : 그 새로운 사실의 규명을 위하여. <새 국어생활> 14-3. 국립국어연구원. 105-114쪽.

김민수(2004). 훈민정음 창제와 최항 : 그 새로운 사실의 규명을 위하여. <새 국어생활> 14-3. 국립국어연구원. 105-114쪽.

김병제(1954). 훈민정음 성립에 관한 몇 가지 문제. <조선 민주주의 인민공화국 과학원 학보> 3. 평양.

김병제(1956). 조선의 고유 문자 훈민정음. <조선어문> 1. 평양.

김봉태(2000). <훈민정음 창제의 비밀 : 한글과 산스크리트 문자>. 대문사.

김봉태(2002). <훈민정음의 음운체계와 글자 모양 : 산스크리트 · 티벳 · 파스

파 문자>. 삼우사.

김부연(2011). <훈민정음> 해례본의 국어과 교육 내용에 대한 연구. 고려대
　　교육대학원 석사학위 논문.

김부연(2012). <훈민정음> 사진 자료에 대한 비판적 고찰. <한국어학> 55.
　　한국어학회. 103-137쪽.

김부연(2012). <훈민정음> 사진 자료의 제시 및 활용 방안 모색. <60차 한국
　　어학회 전국학술대회 자료집>. 한국어학회. 75-107쪽.

김부연(2013). <훈민정음> "용자례(用字例)"를 활용한 어휘 교육 방안 모색
　　-고등학교 학습자를 중심으로-. <한국어문교육> 13. 고려대 한국
　　어문교육연구소. 7-36쪽.

김상돈(1997). 훈민정음의 삼분적 요소에 대하여. 일암 김응모 교수 화갑 기념
　　논총 간행위원회 엮음. <한국어학의 이해와 전망>. 박이정. 717-728쪽.

김상태(2005). 15세기 국어의 자소체계 연구 : 訓民正音을 중심으로. <한국어
　　학> 26. 한국어학회. 1-23쪽.

김상태(2005). 중세국어 자절(字節) 구조 연구. <인문과학논집> 31. 청주대
　　학술연구소. 453-470쪽.

김상태(2012). 훈민정음 제자 원리와 한자 육서의 자소론적 연구. <국어학> 63.
　　국어학회. 105-128쪽.

김상태(2012). 훈민정음의 자소 결합 방식과 구조 연구. <훈민정음과 오늘
　　(2012년 훈민정음학회 국내학술대회 발표논문집)>. 훈민정음학회.
　　33-59쪽.

김석득(1971). 한국 3대 운서의 언어학사적 의의-음소관 및 생성철학관 중심-.
　　<인문과학> 24·25 합병호. 연세대 인문과학연구소. 1-20쪽.

김석득(1971). 훈민정음 해례의 언어학적 분석 : 이원론적인 변별적 자질론 및
　　언어철학적 이해. <한글학회 50돌 기념 논문집>. 한글학회. 291-310쪽.
　　재수록 : 서병국(1978). <訓民正音>. 학문사. 132-145쪽.

김석득(1972). 經世訓民正音圖說의 易理的 構造. <동방학지> 13. 연세대 동방
학연구소. 135-170쪽.

김석득(1973). 한국어 研究士에 나타난 東洋哲學 : 18世紀를 中心으로. <성곡
논총> 4. 성곡학술문화재단. 111-150쪽.

김석득(1975). <韓國語 研究史> 上·下. 연세대 출판부.

김석득(1975). 실학과 국어학의 전개-최석정과 신경준과의 학문적 거리.
<동방학지> 16. 연세대 국학연구원. 117-143쪽.

김석득(1978). 훈민정음-참 이치와 생성의 힘-. <세종문화> 13. 세종대왕
기념사업회.

김석득(1983). <우리말 연구사>. 정음문화사.

김석득(1984). 15세기 된소리체계의 기능 부담량 : 훈민정음 각자병서와 형태
적 자질과의 관계에서. <말소리> 7·8. 대한음성학회. 40-52쪽.

김석득(1984). 훈민정음(해례)의 각자병서와 15세기 형태 자질과의 관계 : 15
세기 된소리 음소의 기능 부담량 측정을 위하여. <동방학지> 42. 연
세대학교. 1-32쪽.

김석득(1998). 세종 시대의 국어학. <세종문화사대계 1 : 어학·문학>. 세종
대왕기념사업회. 91-197쪽.

김석득(1999). 훈민정음과 세종대왕. <세종성왕 육백돌>. 세종대왕기념사업회.

김석득(2000). 훈민정음과 우리 글자살이의 역사. <한인교육 연구> 17. 재미
한인학교협의회.

김석득(2009). <우리말 연구사>. 태학사.

김석득(2011). 최소의 최대 생성의 끈 이론 : 한글의 우리 있음과 국제화에
관련하여. <인문논총> 21. 서울여자대 인문과학연구소. 5-33쪽.

김석연(1993). 정음 사상의 재조명과 부흥. <한글> 219. 한글학회. 155-217쪽.

김석연(1996). 한글·한국어 교육의 세계화 시대는 훈민정음의 재조명과 부
흥책을 촉구한다. <제5회 국제 한국어 학술대회 발표 자료집>. 한글

학회.

김석연(1997). 훈민정음의 음성과학적·생성적 보편성에 대하여 : 한국어 교육의 세계화 시대는 훈민정음의 재조명과 부흥책을 촉구한다. <교육한글> 10. 한글학회. 181-207쪽.

김석연(2002). 몽골어의 누리글 표기의 의의 : 정음이 왜 누리글인가?—정음의 미래 응용성을 중심으로 : 몽골어의 표기 시안 제시. <몽골학> 12. 한국몽골학회. 289-317쪽.

김석연(2007). 훈민정음이 누리글이다. <한글> 272. 한글학회. 5-60쪽.

김석연·송용일(2000). 훈민정음의 재조명과 조음 기관의 상형 관계. <한국어정보학> 2. 국어정보학회. 34-56쪽.

김석환(1973·1975 : 수정판·1995 : 재판). <한글문견>. 한맥.

김석환(1978). <현토주해 훈민정음>. 보령 : 활문당.

김석환(1979·1995 : 개정판). <한글의 子音名稱과 밑뿌리(起源)에 對하여>. 한맥.

김석환(1997). <훈민정음 연구>. 한신문화사. → 김석환(2010). <훈민정음의 이해>. 박이정.

김선기(1965). 문자 정책론. <한글> 134. <한글학회>. 20-32쪽.

김선기(1970). 한글의 새로운 기원설. <논문집> 3. 명지대학교. 11-81쪽.

김선기(1971). 훈민정음 중성자 'ㅓ'의 음가. <동방학지> 12. 연세대학교. 323-340쪽.

김선기(1972). 東國正韻 ㅃ. ㄸ. ㄲ의 음가. <한글> 150. 한글학회. 3-15쪽.

김성규(2008). 한글과 레오나르도 다빈치. <새국어생활> 18-3. 국립국어원. 187-194쪽.

김성대(1999). <역해 훈민정음>. 하나물.

김성련(1986). 15세기 국어병서에 대한 연구. 충남대 교육대학원 석사학위 논문.

김성렬(1996). 訓民正音 創製와 音節 認識에 대하여. <중국인문과학연구> 1.

국학자료원. 71-85쪽.

김성렬(金成烈)(1996). 關于訓民正音創制與音節認識. <中韓人文科學硏究> 1. 中
韓人文科學硏究會. 305-314쪽.

김성범(2003). 훈민정음 창제 원리에 관한 易哲學的 고찰. 충남대 대학원 석
사학위 논문.

김성열(1987). 中世國語母音 硏究. 성균관대 대학원 박사학위 논문.

김세종(2004). 정음 창제와 율려론의 수용. <세종탄신 607돌 기념 학술대회
자료집-우리의 소리와 말은 어떻게 만났는가>. 한국국악학회·한
국어정보학회.

김세중(2007). 한글 자모 순서에 대하여. <훈민정음 창제 원리와 한글 자모
순서>. 주관 : 국어문화운동본부. 주최 : 강길부 의원실. 국립국어원
(2007.10.5). 49-64쪽.

김세환(2001). <(기하학적으로 분석한) 訓民正音 : 유네스코가 정한 세계문화
유산>. 학문사.

김세환(2007). <훈민정음의 신비>. 광명.

김세환(2008). 中國文字의 收容과 <訓民正音>. <중국학> 30. 대한중국학회.
35-58쪽.

김송원(1985). 訓民正音易理의 言語學的 資質論 : 중성의 제자원리를 중심으로.
건국대 대학원 석사학위 논문.

김수정(2011). '훈민정음'의 교육내용에 대한 연구 : 국어생활사를 중심으로.
한국교원대 대학원 석사학위 논문.

김슬옹(1985). 우리식 한글화와 제2의 의식혁명. <한글 새소식> 151. 한
글학회. 23-24쪽.

김슬옹(1993). 세종과 최만리의 논쟁을 통해 다시 생각해 보는 한글 창제의
역사적 의미. <한글 새소식> 255. 한글학회. 9-10쪽.

김슬옹(1995). 훈민정음 언해본(희방사본)의 희방사를 찾아서. <함께여는 국

어교육> 25. 전국국어교사모임. 123-150쪽.

김슬옹(1996). 한국인의 훈민정음과 삼성전자의 훈민정음. <함께여는 국어교
육> 29. 전국국어교사모임. 38-61쪽.

김슬옹(1997). 세종 탄신 600돌의 진정한 의미설정을 위하여. <나라사랑> 94.
외솔회. 156-159쪽.

김슬옹(2001). 훈민정음과 한글 과학성에 대한 교육 전략. <교육한글> 14.
한글학회. 31-66쪽. 재수록 : 김슬옹(2010). <세종대왕과 훈민정음학
(9장)>. 지식산업사. 341-377쪽.

김슬옹(2004). 조선시대 諺文의 비칭성과 통칭성 담론. <겨레어문학> 33. 겨
레어문학회. 5-30쪽.

김슬옹(2005). <조선시대 언문의 제도적 사용 연구>. 한국문화사.
  * 박사논문의 단행본화 : 김슬옹(2005). 조선왕조실록의 한글(훈민정
  음) 관련 기사를 통해 본 문자생활 연구. 상명대 국어국문학과 박사
  학위 논문.

김슬옹(2005). 조선왕조실록의 한글(훈민정음) 관련 기사를 통해 본 문자생
활 연구. 상명대 대학원 국어국문학과 박사학위 논문.
  * 단행본 : 김슬옹(2005). <조선시대 언문의 제도적 사용 연구>. 한국
  문화사.

김슬옹(2005). 한글의 우수성에 대한 각계 전문가의 기고(가상 인터뷰). <한
글 새소식> 398. 한글학회.

김슬옹(2006). '훈민정음'의 명칭 맥락과 의미. <한글> 272. 한글학회. 165-196쪽.
재수록 : 김슬옹(2010). <세종대왕과 훈민정음학(3장. 훈민정음의 명
칭)>. 지식산업사. 102-132쪽.

김슬옹(2006). 훈민정음 해례본의 '우리나라와 말글' 명칭 번역 담론－표준
공역을 제안하며. <언어과학 연구> 39. 언어과학회. 27-54쪽. 재수
록 : 김슬옹(2011). <세종대왕과 훈민정음학>. 지식산업사. 180-233쪽.

김슬옹(2006). 訓民正音(해례본)의 간행 책으로서의 담론과 교육 전략. <한국
    어문학 연구> 47. 한국어문학연구학회. 119-147쪽.

김슬옹(2007). '훈민정음' 문자 만든 원리와 속성의 중층 담론. <한민족문화
    연구> 21. 한민족문화학회. 95-135쪽. 재수록 : 김슬옹(2007). <28자
    로 이룬 문자혁명 훈민정음>. 아이세움. 147-197쪽 중고생용으로 수
    정 재수록. 재수록2 : 재수록 : 김슬옹(2010). <세종대왕과 훈민정음
    학(4장. '훈민정음'을 만든 원리와 속성)>. 지식산업사. 133-180쪽.

김슬옹(2007). <28자로 이룬 문자혁명 훈민정음>. 아이세움.

김슬옹(2007). 훈민정음 창제 동기와 목적에 대한 중층 담론. <사회언어학>
    15-1. 한국사회언어학회. 21-45쪽. 김슬옹(2007). <28자로 이룬 문자
    혁명 훈민정음>. 아이세움. 25-69쪽 중고생용으로 수정 재수록. 재수
    록2 : 김슬옹(2010). <세종대왕과 훈민정음학(1장. 훈민정음의 창제
    동기와 목적)>. 지식산업사. 18-54쪽.

김슬옹(2007). 훈민정음 창제 목표 달성의 배경에 관한 연구. <한국어의 역사와
    문화>(솔재 최기호 박사 정년 퇴임 기념 논총). 박이정. 145-184쪽. 재수
    록 : 김슬옹(2010). <세종대왕과 훈민정음학(2장. 훈민정음 창제 목표
    달성의 배경)>. 지식산업사. 55-99쪽.

김슬옹(2007). 훈민정음은 과학이다. <문예와비평> 17. 집문당. 20-50쪽.

김슬옹(2008). '訓民正音(해례본)'의 고전 가치와 다중 읽기용 음토달기 텍스트
    구성론. <한민족문화연구> 24. 한민족문화학회. 5-44쪽. 재수록 : 김
    슬옹(2010). <세종대왕과 훈민정음학(8장. 훈민정음 해례본의 고전
    가치와 다중 읽기용 텍스트 구성)>. 지식산업사. 298-340쪽.

김슬옹(2008). 세종과 소쉬르의 통합언어학적 비교 연구. <사회언어학> 16권
    1호. 1-23쪽. 한국사회언어학회. 재수록 : 김슬옹(2010). <세종대왕과
    훈민정음학(11장. 세종과 소쉬르의 통합언어학적 비교)>. 지식산업사.
    404-439쪽.

김슬옹(2008). 세종의 언어정책 담론 : 훈민정음의 통합과 통섭 전략. <The
    2008 KAPA International Conference 2008 한국행정학회 추계 국제학
    술대회 발표논문집 Ⅵ : Globalization & Reframing the Public Sector
    세계화와 공공부문의 리프레이밍>. KAPA 한국행정학회. 21-38쪽.
    재수록 : 김슬옹(2010). <세종대왕과 훈민정음학(12장. 세종의 언어정
    책 담론 : 훈민정음을 통한 통합과 통섭)>. 지식산업사. 440-465쪽.

김슬옹(2008). 한글(훈민정음) 공로자 28인 선정과 그 의미. <한글새소식> 425.
    한글학회. 11-13쪽.

김슬옹(2008). 訓民正音 세종 '서문'의 현대 번역 비교와 공역 시안. <한국어
    의미학> 25. 한국어의미학회. 1-25쪽. 재수록 : 김슬옹(2011). <세종
    대왕과 훈민정음학>. 지식산업사. 236-268쪽.

김슬옹(2009). 세종언어정책 담론 : 훈민정음을 통한 통합과 통섭 전략. <U.B.
    한국학 연구> 창간호. 몽골 울란바타르대 한국학연구소. 37-61쪽 : (Ки
    м Сылун. 2009. Сэжун хааны хэлний бодлогын хэлэлцүүл
    эг : "Хүньминжөным"-гээр илрэн гарсан нэгдмэл төлөвлө
    гөө).

김슬옹(2009). 한글 음절표 의미와 교육용 유형 설정. <한국어학> 44. 한국
    어학회. 111-146쪽.

김슬옹(2009). 한글(언문)은 조선왕조의 공용 글자였다. <우리말 우리얼> 66.
    우리말살리는겨레모임. 21-22쪽.

김슬옹(2010). <세종대왕과 훈민정음학>. 지식산업사.

김슬옹(2010). 훈민정음 연구 문헌 구성 재론. <2009년 겨울 국어사학회 전
    국학술대회 논문집>. 국어사학회·한국학중앙연구원 어문생활사연
    구소. 155-162쪽(수정 별지 1-60쪽).

김슬옹(2010/개정판 : 2011). <세종대왕과 훈민정음학>. 지식산업사.

김슬옹(2012). <조선시대의 훈민정음 발달사>. 역락.

김슬옹(2012). 세종학의 과학적 보편주의와 생태적 보편주의. <지구화 시대와 글로컬리티의 가치(2012 상반기 전국 학술대회 자료집)>. 영주어문학회·한민족문화학회. 91-112쪽.

김슬옹(2012). 조선시대의 훈민정음 공식문자론. <한글> 297. 한글학회. 205-234쪽.

김슬옹(2012). 한글 우수성, 과학성, 독창성에 대한 통합 연구. <문법교육> 16. 문법교육학회. 37-82쪽.

김슬옹(2013). <세종 한글로 세상을 바꾸다>. 창비.

김슬옹(2013). <한글 우수성과 한글 세계화>. Hangulpark.

김슬옹(2014). 세종의 '정음 문자관'의 맥락 연구. <한말연구> 35. 한말연구학회. 5-45쪽.

김승곤(1989). 세종어제 훈민정음의 "ㄱ. ㅋ. ㆁ. …"들은 어떻게 읽어야 할 것인가? <한글 새소식> 201. 한글학회. 13-14쪽.

김승곤(1998). 세종 시대의 어문정책. <세종문화사대계 1 : 어학·문학>. 세종대왕기념사업회. 201-303쪽.

김승환(2015). <과학으로 풀어쓴 訓民正音>. 이화문화출판사.

김양진(2006). <용비어천가>의 훈민정음 주음 어휘 연구. 정광 외. <역학서와 국어사 연구>. 태학사. 430-443쪽.

김영국(1981). 訓民正音의 字母體系에 대하여 : 複合字形의 生成과 그 音價를 中心으로. <경기어문학> 2. 경기대학교. 209-226쪽.

김영국(1997). <訓民正音> 解例本의 四聲 體系와 傍點. <동악어문논집> 32. 동악어문학회. 87-110쪽.

김영덕(1956). 訓民正音序文考. <호서문학> 3.

김영만(1967). 이조전기의 한자음의 운율(성조) Ⅰ·Ⅱ. <한글> 139. 한글학회. 95-113쪽.

김영만(1987). 훈민정음 자형의 원형과 생성체계 연구. <張泰鎭 博士 回甲紀念

國語國文學論叢>. 삼영사. 43-70쪽.

김영명(2012). 한글 창제의 목적에 관한 종합 검토. <615돌 세종날 기념 전국 국어학 학술 대회 발표 논문 요약집(세종대왕 다시 보기)>. 한글학회. 73-83쪽.

김영배(2000). 15세기 언해본. <국어사자료연구—佛典諺解 중심>. 월인 193-293쪽. 김영배·김무봉. 세종 시대의 언해. <세종문화사대계 1 : 어학·문학>. 세종대왕기념사업회. 1998. 307-415쪽 재수록(일부 재구성).

김영배(2000). 연구 자료의 영인 : 훈민정음의 경우. <새국어생활> 10-3. 국립국어연구원. 161.

김영배·김무봉(1998). 세종 시대의 언해. <세종문화사대계 1 : 어학·문학>. 세종대왕기념사업회. 307-415쪽.

김영선(2002). 15세기 국어의 홀소리 체계와 홀소리 '이'. <언어과학> 9-1. 한국언어과학회. 1-18쪽.

김영송(1976). 훈민정음의 홀소리 체계. <논문집> 15. 부산대학교.

김영송(1977). '舌縮'의 본질. <국어국문학> 13·14. 부산대 국어국문학과. 47-59쪽.

김영송(1977). 훈민정음의 '설축' 자질. <언어학> 2. 한국언어학회.

김영송(1983). 훈민정음 중성의 조음적 특징과 그 체계. 추강 황희영 박사 송수 기념 논총 간행위원회 편. <韓國語 系統論 : 訓民正音 硏究>. 집문당. 227-242쪽.

김영송(1988). 훈민정음의 모음체계. 신상순·이돈주·이환묵 편(1988). <훈민정음의 이해>. 한신문화사. 81-112쪽.

김영수(2010). 문성공 정인지의 생애와 업적. <괴산문화> 18. 괴산향토사연구회.

김영숙(1999). 훈민정음 연구. <논문집>(인문사회과학 편) 22. 신흥대학.

김영신(1974). 고등학교 고전 교재에 대한 어학적 고찰. <한글> 154. 한글학회. 64-86쪽.

김영옥(1981). 조음음성학 측면에서 본 '훈민정음 해례'의 자음체계 연구.
<홍익> 23. 홍익대학교. 152-164쪽.

김영욱(2007). <(세종이 발명한 최고의 알파벳) 한글>. 루덴스.

김영욱(2008). 한글의 역사와 기능 : 한글 창제에 관한 쟁점·한글의 근대적
부활·한글의 미래를 중심으로. <제2회 한국어학회 국제학술대회>.
한국어학회. 373-381쪽.

김영태(1992). 훈민정음을 봉독한다. <문화통신> 5. 경남문화진흥회국어학회.
18-22쪽.

김영환(1987). <해례>의 중세적 언어관. <한글> 198. 한글학회. 131-158쪽.

김영환(2005). 전통적 말글 의식에 대한 연구-한글 창제를 중심으로-. <민
족문화 논총> 31. 영남대 민족문화연구소. 463-487쪽.

김영환(2011). 한글 만든 원리 "상형" 및 "자방고전"에 대한 비판적 이해.
<한글새소식> 462. 한글학회. 8-9쪽.

김영황(1965). 훈민정음의 음운리론. <조선어학> 1 영인본. 연문사 : 이득춘
편(2001). <조선어 력사언어학연구>(김영황 교수 논문집). 역락. 재
수록 : 65-87쪽.

김영황(1990). 최기의 정음표기법과 'ㅸ'. 'ㅿ'의 음운성 문제. <김일성종합대
학 학보> 영인본 4·6. 코리아콘텐츠랩. 재수록 : 이득춘 편(2001).
<조선어 력사언어학연구>(김영황 교수 논문집). 연변대 동방문화연
구원. 역락. 105-126쪽.

김영황(1994). 훈민정음 중성자 'ㆍ'와 관련하여 제기되는 몇 가지 문제. <조
선어문> 영인본 2. 조선과학 언어문화연구소. 이득춘 편(2001). <조
선어 력사언어학연구>(김영황 교수 논문집). 연변대 동방문화연구원.
역락. 89-104쪽.

김완진(1964). 中世國語 二重母音의 音韻論的 解釋에 對하여. <학술원 논문
집>(인문사회과학편) 4. 학술원. 49-66쪽.

김완진(1972). 世宗代의 語文政策에 對한 硏究-訓民正音을 圍繞한 數三의 問題. <성곡논총> 3. 성곡학술문화재단. 185-215쪽. 재수록1 : 김완진(1984). 訓民正音 製作의 目的. <國語와 民族文化(김민수·고영근·이익섭·심재기 공편>. 집문당. 261-268쪽. 재수록2 : 김완진(1996). <음운과 문자>. 신구문화사. 301-345쪽.

김완진(1975). 訓民正音 子音字와 加劃의 原理. <어문연구> 7·8 합병호(일석 이희승 팔순기념 특대호). 한국어문교육연구회. 일조각. 186-194쪽. 재수록1 : 김완진(1996). <음운과 문자>. 신구문화사. 346-357쪽. 재수록2 : 이기문(1977). <국어학 논문선> 7(文字) 민중서관. 217-227쪽. 재수록3 : 고영근 편(1985). <국어학 연구사-흐름과 동향>. 학연사. 232-242쪽.

김완진(1983). 訓民正音 制字 經緯에 대한 새 考察. <金哲埈博士 華甲紀念 史學論叢>. 지식산업사. 353-366쪽. 재수록 : 김완진(1996). <음운과 문자>. 신구문화사. 358-376쪽.

김완진(1983). 訓民正音 創製의 諸段階. <第一次 KOREA學 學際 交流 세미나 論文集>. 日本KOREA學 硏究會. 25-31쪽. 재수록 : 김완진(1996). <음운과 문자>. 신구문화사. 424-429쪽.

김완진(1984). 訓民正音 創製에 관한 硏究. <한국문화> 5. 서울대학교. 1-19쪽. 재수록 : 김완진(1996). <음운과 문자>. 신구문화사. 377-398쪽.

김완진(1986). 訓民正音의 이전의 문자생활. <국어생활> 6. 국어연구소.

김완진(1996). <음운과 문자>. 신구문화사.

김완진(1998). A Dual Theory in the Creation of the Korean Alphabet. <아시아의 문자와 문맹>. 고려대 언어정보연구소.

김완진(2009). 文面解讀과 漢字의 多義性. <국어학> 54. 국어학회. 3-16쪽.

김용경(1974). 李朝時代의 語學機關硏究. <논문집> 13. 충남대학교. 73-89쪽.

김용경(1996). 훈민정음에 나타난 이원적 언어관. <한말연구> 2. 한말연구학회. 53-64쪽.

김용경·도수희(1973). 이조시대의 어학기관 연구(문교부 연구 보고서). <어
　　문학계> 5. 문교부.

김용운(1987). 한국인의 자연관과 세종 과학. <세종학 연구> 2. 세종대왕기
　　념사업회. 55-79쪽.

김운태(1981). 세종조 정치문화-세종의 정치적 이념과 실용주의적 개혁을
　　중심으로-. <논문집>(인문사회) 20. 학술원. 113-162쪽.

김웅배(1984). 並書音價 考察을 위한 訓民正音의 再檢討. <인문과학> 1. 목포
　　대 인문학연구소. 51-71쪽.

김웅배(2000). 訓民正音에 나타난 中國韻學의 創造的 受容. <목포어문학> 2.
　　목포대 국어국문학과. 225-233쪽.

김 원(2000). 훈민정음 머리말의 건축적 해석. <한글 새소식> 339. 한글학회.
　　10-12쪽.

김유범(2007). 문헌어의 음성적 구현을 위한 연구(1)-15세기 문헌자료 언해본
　　<훈민정음>의 '어제서문'을 대상으로-. <한국어학> 34. 한국어학회.
　　169-207쪽.

김유범(2008). 해례본 <훈민정음> 기술 내용의 재인식. <제2회 한국어학회
　　국제학술대회>. 한국어학회. 313-321쪽.

김유범(2009). 텍스트 구성 차원에서 바라본 해례본 <훈민정음> 기술 내용의
　　몇 문제. <한국어학> 43. 한국어학회. 105-124쪽.

김윤경(1929). 훈민정음 발표의 사정(일어). <史苑> 2권 3호. 재수록(번역)1 :
　　한결 김윤경 박사 고희 기념 논문집 간행회 편(1964). <한결 國語學
　　論集>. 갑진문화사. 369-380쪽. 재수록(번역)2 : 한결 김윤경 전집
　　(1985). 4. 연세대학교 출판부. 370-381쪽.

김윤경(1929). 訓民正音. <배화>(배화여고보) 1. 배화여고 교우회. 35-44쪽.

김윤경(1931). 朝鮮文字의 歷史的 考察(序篇). <동광> 17. 동광사. 19-20쪽.

김윤경(1931). 訓民正音 創作에 對한 異說. <연희> 7. 연희전문학교. 23-35쪽.

재수록 : 한결 김윤경 전집(1985) 4. 연세대학교 출판부. 356-369쪽.

김윤경(1932). 한글 기원 제설. <한글> 5. 조선어학회. 201-205쪽.

김윤경(1932). 한글 적기의 바뀜-朝鮮文 表記法의 變遷. <한글> 3. 조선어학회.
98-111쪽.

김윤경(1932). 訓民正音의 起源論 : 朝鮮文字의 歷史的 考察 二. <동광> 4-5. 동
광사. 76-81쪽.

김윤경(1932). 訓民正音의 性質과 價置. <동광> 4-4. 62-68쪽.

김윤경(1934). 조선글 연혁. <한글> 15. 조선어학회. 14-15쪽.

김윤경(1934). 訓民正音 發布에 對하여(라디오 기념 방송 원고). <한글> 10.
조선어학회. 413-416쪽.

김윤경(1934). 訓民正音 製定의 苦心. <중앙> 2권 11호. 조선중앙일보사.
685-688쪽.

김윤경(1935). 訓民正音에 나타난 綴字法 規定. <한글> 27. 조선어학회. 2-4쪽.

김윤경(1938). <朝鮮文字及語學史>. 조선기념도서출판관.

김윤경(1946). 세종대왕과 훈민정음. <한글> 94. 조선어학회. 23-26쪽. 재수록 :
한결 김윤경 전집(1985) 4. 연세대학교 출판부. 456-461쪽.

김윤경(1946). 우리글은 무엇을 본뜨어 만들었나. <한글문화> 1. 한글문화보
급회. 3-5쪽. 39쪽.

김윤경(1948/1954 : 4판). <韓國文字及語學史>. 동국문화사. 재수록 : 한결 金允
經全集 1 : 朝鮮文字及語學史(연세대학교 출판부. 1985).

김윤경(1954). △ㆆㅎㅱㅸ뼁들의 소리값. 최현배 선생 환갑 기념 논문집 간
행회 편(1954). <崔鉉培 先生 還甲記念文集>. 사상계사. 67-90쪽.
재수록1 : 한결 김윤경 박사 고희 기념 논문집 간행회 편(1964)
<한결 國語學論集>. 갑진문화사. 42-58쪽. 재수록2 : 한결 김윤경
전집(1985) 4. 연세대학교 출판부. 315-330쪽.

김윤경(1955). 훈민정음의 장점과 단점. <자유문학> 1-2. 자유문학자협회. 89-97쪽.

재수록1 : 한결 김윤경 박사 고희 기념 논문집 간행회 편(1964). <한결 國語 學論集>. 갑진문화사. 104-114쪽. 재수록2 : 한결 김윤경 전집(1985) 4. 연세대학교 출판부. 342-352쪽.

김윤경(1957). 훈민정음에 대한 몇 가지 고찰. <一石 李熙昇 先生 頌壽紀念論叢>. 일조각. 191-202쪽. 재수록1 : 한결 김윤경 박사 고희 기념 논문집 간 행회 편(1964). <한결 國語學論集>. 갑진문화사. 80-90쪽. 재수록2 : 한 결 김윤경 전집(1985) 4. 연세대학교 출판부. 331-341쪽.

김윤경(1958). 우리말 소리의 발음(방송 원고 모음). 재수록 : 한결 김윤경 박 사 고희 기념 논문집 간행회 편(1964). <한결 國語學 論集>. 갑진문화 사. 301-334쪽.

김윤경(1963). <새로 지은 국어학사>. 을유문화사.

김윤경(1964). 국어학의 기초문헌의 해제. <논문집> 1. 한양대학교. 재수록 : 한결 김윤경 전집(1985) 4. 연세대학교 출판부. 229-314쪽.

김윤주(1984). 訓民正音 子音字와 加劃의 원리. <한성어문학> 3. 한성대 한성 어문학회. 87-98쪽.

김이종(2009). <한글 역사 연구>. 한국문화사.

김익수(1986). 朱子의 易學과 訓民正音 創制와의 關聯性 研究. <경기어문학> 7. 경기대 인문대 국어국문학회. 271-295쪽.

김일근(1986). 政法文書의 한글 實用攷-한글 古文書學 序說-. <增訂 諺簡의 研究-한글書簡의 研究와 資料集成-. 건국대학교 출판부. 306-332쪽.

김정대(2004). 외국학자들의 한글에 대한 평가 연구. <국어학> 43. 국어학회. 329-383쪽.

김정대(2008). 한글은 자질문자인가 아닌가? : 한글에 대한 자질문자 공방론. <제2회 한국어학회 국제학술대회>. 한국어학회. 44-56쪽.

김정대(2008). 한글은 자질문자인가 아닌가? : 한글에 대한 자질문자 공방론. <한국어학> 41. 한국어학회. 1-33쪽.

김정수(1987). 한말[韓語] 목청 터짐소리 /ㆆ/의 실존. <한글> 198. 한글학회.
3-14쪽.

김정수(1990). <한글의 역사와 미래>. 열화당.

김정수(2006). 1443년에 세종이 손수 훈민정음을 만들었다. <주간조선> 1925
호(10.9). 조선일보사. 70-74쪽.

김종규(1989). 中世國語 母音의 連結制約과 音韻現象. <국어연구> 90. 국어연
구회.

김종규(1989). 중세국어 모음의 연결 제약과 음운 현상. 서울대 석사학위 논문.

김종명(2006). 세종의 불교신앙과 훈민정음 창제. <동양정치사상사> 6-1. 한
국동양정치사상사학회. 51-68쪽.

김종택(1976). 한글의 文字論的 位相-그 改善點을 중심으로. 간행위원회 편.
<韓國語文論叢>(우촌 강복수 박사 회갑 기념 논문집). 69-76쪽.

김종택(1985). 한글은 문자 구실을 어떻게 해왔나. <건국어문학> 9·10합집
(覓南 金一根博士華甲紀念語文學論叢)>. 형설출판사. 859-868쪽.

김주보(1992). 訓民正音解例에 나타난 國語語彙考 : 語彙消滅과 語義變化를 中心
으로. <반교어문연구> 3. 반교어문학회. 28-51쪽.

김주원(1988). 모음조화와 설축-'훈민정음 해례'의 설축에 대하여-. <언어
학> 9·10. 한국언어학회. 29-43쪽.

김주원(1999). 훈민정음의 설축의 수용 과정. 세종성왕육백돌기념문집위원회
편(1999). <세종성왕육백돌>. 세종대왕기념사업회. 250-252쪽.

김주원(2005). 훈민정음 해례본의 인류문화사적 가치(2)-한글의 문자론적
특징(세계 기록유산, 훈민정음 6). <대한토목학회지> 53-8. 대한토목
학회. 133-136쪽.

김주원(2005). 훈민정음 해례본의 인류문화사적 가치(3) : 모음조화와 설축
(세계 기록유산, 훈민정음 7). <대한토목학회지> 53-9. 대한토목학회.
118-121쪽.

김주원(2005가). 세계기록유산 훈민정음 1 : 우리가 자랑할 수 있는 문화유산. <대한토목학회지> 299. 대한토목학회. 86-89쪽.

김주원(2005나). 세계기록유산 훈민정음 4 : 훈민정음 해례본의 구성. <대한토목학회지> 302. 대한토목학회. 112-115쪽.

김주원(2005다). 훈민정음 해례본의 뒷면. <대한토목학회지> 306. 대한토목학회. 181-185쪽.

김주원(2005라). 훈민정음 해례본의 뒷면 글 내용과 그에 관련된 몇 문제. <국어학> 45. 국어학회.

김주원(2006). 훈민정음 해례본의 겉과 속. <새국어생활> 16-3. 국립국어원. 35-49쪽(김주원. 2005가 · 나 · 다의 일부를 정리).

김주원(2008). <훈민정음> 소개와 그 의미 : 대한민국을 넘어 인류 문화유산으로. 국립국어원 편. <알기 쉽게 풀어 쓴 훈민정음>. 생각의나무. 21-36쪽.

김주원(2010). 훈민정음 해례본의 크기. <문헌과 해석> 52. 문헌과해석사. 158-161쪽.

김주원(2012). 중국 문헌에 나타난 한글. <문헌과 해석> 52. 문헌과해석사. 132-141쪽.

김주원(2013). <훈민정음>. 민음사.

김주원(2013). 훈민정음 실록본 연구. <한글> 302. 한글학회. 277-309쪽.

김주필(1991). 훈민정음 창제의 언어 내적 배경과 기반. 서울대 대학원 국어연구회 편. <國語學의 새로운 認識과 展開>(김완진 선생 회갑 기념 논총). 민음사. 89-107쪽.

김주필(1999). 한글의 과학성과 독창성. <논문집> 1. 국제고려학회. 191-230쪽.

김주필(2004). 차자표기와 훈민정음 창제의 관련성 재고. 편찬위원회 편. <한국어의 역사>. 보고사. 119-148쪽.

김주필(2005). 중국 문자학과 <훈민정음> 문자이론. <인문연구> 48. 영남대 인문과학연구소. 69-103쪽.

김주필(2009). 諺文字母의 反切的 運用과 反切表의 性格. <한국학논총> 32. 국민대 한국학연구소. 491-518쪽.

김주필(2010). '訓民正音'의 性格과 '轉換'의 의미. <2009년 겨울 국어사학회 전국학술대회 논문집>. 국어사학회·한국학중앙연구원 어문생활사연구소. 3-21쪽.

김주필(2011). 고려대학교 소장 <훈민정음>(언해본)의 특징과 의미. <어문학논총> 30-1. 국민대 어문학연구소 1-20쪽.

김주필(2012) '訓民正音'의 性格과 '轉換'의 意味. <어문학논총> 31. 국민대 어문학 연구소. 1-30쪽.

김준성(1974). <文化敎育 革命論 한글교육> 프린트본. 연세대 중앙도서관 소장.

김중서(1984). 초성합용병서의 연구에 관한 재고찰. 서울대 대학원 석사학위 논문.

김지용(1968). 經世訓民正音圖說 崔錫鼎 저. <인문과학> 19. 연세대 인문과학연구소. 167-202쪽.

김지용(1978). 訓民正音 解例. 일본 도쿄 한국연구원 별책 자료.

김지형(2005). 東國正韻式 漢字音에서의 'ㆍ'의 音價 : 中國 漢字音과의 대비를 중심으로. <어문연구> 38. 한국어문교육연구회. 85-108쪽.

김지형(2007). 훈민정음의 창제 원리를 활용한 한국어 자모 및 발음 교육 방안. <국어국문학> 147. 국어국문학회. 221-257쪽.

김진규(1991). 訓蒙字會의 引·凡例 小考 : 訓民正音 解例와 訓蒙字會凡例의 音素排列을 中心으로. <논문집> 29. 공주대학교. 67-86쪽.

김진규(2006). 참 놀라운 훈민정음의 창제 원리. <나라사랑> 111. 외솔회. 71-75쪽.

김진아(1983). 훈민정음 창제 당시 한글 문자꼴의 연구. 이화여대 대학원 석사학위 논문.

김진희(2012). '한글 창제 원리'의 교육 내용에 대한 비판적 고찰. <우리말교육현장연구> 11. 우리말현장학회. 97-126쪽.

김차균(1984). 15세기 국어의 음운체계. <논문집> 11-2. 충남대 인문과학연구소 재수록 : 새결 박태권선생회갑기념논총 간행 위원회(1984). <새결 박태권선생회갑기념논총>. 제일문화사. 137-158쪽.

김차균(1985). 훈민정음 해례의 모음체계. <선오당 김형기선생팔질기념 국어학논총>. 어문연구회.

김차균(1988). 훈민정음의 성조. 신상순 · 이돈주 · 이환묵 편(1988). <훈민정음의 이해>. 한신문화사. 113-182쪽.

김차균(1995). 현대 언어학과 집현전 음운학파의 전통. <논문집> 22-1. 충남대 인문과학연구소. 243-284쪽.

김차균(1999). 세종 임금과 성조. 세종성왕육백돌기념문집위원회 편(1999). <세종성왕육백돌>. 세종대왕기념사업회. 253-260쪽.

김차균(2008). 한글의 운용 방법의 우수성과 세계 공용 문자화. <대전문화> 17. 대전광역시. 9-29쪽.

김차균(2014). 중세 국어와 창원 방언 성조의 비교 : <훈민정음>(해례)과 <소학언해>(범례)의 방점 자료에 바탕을 두고. <한글> 290. 한글학회. 5-72쪽.

김창근(1977). 한글과 훈민정음. <부산교육> 191.

김창주(1992). 中國 韻書가 訓民正音 創製에 미친 影響 硏究. <논문집> 29. 예산농업전문대학. 87-92쪽.

김천명(1960). 훈민정음 考-훈민정음이 정상적으로 발달하지 못한 이유-. <어문논집> 1. 중앙대 국어국문학회. 54-66쪽.

김철헌(1958). 東國正韻 初聲攷. <국어국문학> 19. 국어국문학회. 107-132쪽.

김태완(2005). 訓民正音과 中國 韻書와의 分合관계 : 訓民正音의 初聲을 중심으로. <중국인문과학> 31. 중국인문학회. 19-35쪽.

김태준(1936). 世宗大王과 八道歌謠 蒐集事業. <한글> 35. 조선어학회. 195-196쪽.

김형규(1947). 訓民正音과 그 前의 우리 文字. <한글> 99. 한글학회. 2-11쪽.

김형규(1949). 우리 글자론(文字論). <한글> 108. 한글학회. 8-18쪽.

김형배(2005). 한글, 모든 언어의 꿈. <말과글> 104. 한국어문교열기자협회.
    47-51쪽.

김혜영(1993). 훈민정음의 중성체계와 15세기 국어의 모음체계. <경남 어문
    논집> 5. 경남대 문과대학 국어국문학과. 235-253쪽.

김혜영(2008). 훈민정음 해례본에 대하여. <인문과학연구> 31. 대구대 인문
    과학연구소. 23-41쪽.

김홍렬(2006). 訓民正音의 易學的 解釋. 충북대 교육대학원 석사학위 논문.

나찬연(2012). <훈민정음의 이해>. 월인.

나카무라 간(中村完)(1995). <論文選集 訓民正音の世界>. 創榮出版.

나카무라 간(中村完)(1995). <訓民正音の世界>. 創學出版.

남광우(1964). 東國正韻式 漢字音聲調의 研究. <논문집> 9. 중앙대학교. 9-34쪽.

남광우(1989). 한글날을 맞아 '訓民正音과 한글'을 생각해 본다. <어문연구>
    17-4. 한국어문교육연구회. 394-408쪽.

남광우(1989). 訓民正音과 한글. <기전어문학> 4. 수원대학 국어국문학회.
    21-36쪽.

남광우(1996). 한글날, 한글, 한글학회. <국어교육> 52. 한국국어교육학회. 55-63쪽.

남광우(1997). 世宗大王의 訓民正音 創制精神의 再照明 : 現 語文·語文敎育政策
    批判과 그 代案 提示. <어문연구> 94. 일조각. 5-23쪽.

남권희(2009). 새로 발견된 <訓民正音解例>본과 일본판 石峯 <千字文> 소개.
    <훈민정음을 통한 외국어 표기>(훈민정음학회 2009 전국 학술대회
    발표논문집). 훈민정음학회. 별지 1-13쪽.

남성우(1979). 中國韻學과 性理學이 訓民正音 創制에 미친 影響. <중국연구> 4.
    한국외대 중국문제연구소. 159-187쪽.

남윤경(2001). 世宗代 創製된 訓民正音에 대한 歷史的 接近 : 崔萬理 등 集賢殿學
士들의 訓民正音 反對上疏를 통하여. 서강대 사학과 석사학위 논문. 재
수록 : 최보람·구도영·박문영·남윤경·김재문(2007). <한국사연구
논선 64. 朝鮮前期史>. 한미문화사.

남풍현(1978). 訓民正音과 借字 表記法과의 關係. <국문학 논집> 9. 단국대 국
어국문학과. 3-26쪽.

남풍현(1980). 訓民正音의 創制目的과 그 意義. <동양학> 10. 단국대 동양학연
구소. 365-372쪽.

남풍현(1989). 訓民正音의 創制와 文化의 繼承. <어문연구> 17-4. 한국어문교
육연구회. 409-410쪽.

남풍현(1997). 訓民正音의 創制目的-借字表記法과의 관계를 중심으로. 성재 이
돈주 선생 화갑 기념 논총 간행위원회 편(1997). <국어학 연구의 새
지평>. 태학사. 821-847쪽.

노명완(1999). 글깨치기와 한글. 세종성왕육백돌기념문집위원회 편(1999). <세
종성왕육백돌>. 세종대왕기념사업회. 335-337쪽.

노정애(2013). 訓民正音 創製의 民族文學史的 意義 研究. 중앙대 대학원 석사학위
논문.

陶山信男(1981-1982). 훈민정음 연구(其——其四). <愛知大學 文學論叢> 66-69.
일본 : 愛知大學.

도수희(1971). 각자병서 연구. <한글학회 50돌 기념논문집>. 한글학회.

도수희(1992). 유희의 언문지에 대하여. 전남대 어학연구소 편(1992). <훈민
정음과 국어학>. 전남대 출판부. 1-23쪽.

동악어문학회(1980). <訓民正音>. 이우출판사.

라이너 도멜스(R.Dormels)(2008). 세종대왕 시대의 언어정책 프로젝트 간의 연
관관계(The Relationship between the phonological Projects of the King
Sejong era). <제2회 한국어학회 국제학술대회>. 한국어학회. 27-37쪽.

려증동(1990). 세종시대 언서책성에 대한 연구 : <세종실록>을 중심으로. <배달말> 15. 배달말학회. 213-234쪽.

려증동(1990). 훈민정음을 반포한 일이 없었다. <어문연구> 20. 어문연구회. 185-188쪽.

려증동(1993). '집현전 7학사 하옥사건'에 대하여. <한국언어문학> 28. 한국 언어문학회.

려증동(1999). 세종대왕이 만든 배달글자. 세종성왕육백돌기념문집위원회 편 (1999). <세종성왕육백돌>. 세종대왕기념사업회. 261-264쪽.

려증동(2001). <배달글자>. 한국학술정보.

렴광호(1997). 훈민정음 제자와 관련된 몇 가지 문제. <중국 조선어문> 4. 중국 조선어문잡지사. 29-33쪽.

렴종률(1963). 우리의 고유 문자 '훈민정음'의 창제. <조선어학> 4. 조선민주 주의인민공화국 과학원 언어문학연구소. 3-6쪽.

렴종률(1994). 훈민정음은 독창적인 글자리론에 기초하여 만든 가장 과학적 인 글자. <조선어문> 93. 평양 : 과학백과사전 종합출판사.

렴종률·김영황(1982). <훈민정음에 대하여>. 김일성종합대학출판사.

렴종률·김영황(1982). <훈민정음에 대하여>. 평양 : 김일성종합대학출판사.

류 렬(유 열)(1963). 민족 문자 '훈민정음' 창제의 문자사적 의미. <조선어 학> 4. 조선민주주의 인민공화국 과학원 언어문학연구소.

류 렬(유 열)(1950). 訓民正音 원본의 발견 및 유래. <홍익> 1(창간호). 홍 익대 학도호국단문화부. 88-93쪽.

류 렬(유 열)(1958). 훈민정음이란 어떤 책인가. <말과 글> 5.

류 렬(유 열)(1961). 훈민정음에 반영된 주체적 입장과 주체적 태도. <말과 글> 1.

류 렬(유 열)(1963). 민족문자 '훈민정음' 창제의 문자사적 의의. <조선어 학> 4. 조선민주주의인민공화국 과학원 언어문학연구소. 7-12쪽.

류 렬(유 열)(1963). 훈민정음(해례)에 대하여. <조선어학> 4. 조선민주주
    의 인민공화국 과학원 언어문학연구소.

류 렬(유 열). 1994. 우리 민족은 고조선시기부터 고유한 문자를 가진 슬기
    로운 민족. <중국 조선어문> 1. 중국 조선어문잡지사.

류주희(2010). 훈민정음 창제와 甲子上疏. 해동공자 최충선생기념사업회(사)
    (2010). <청백리 최만리 선생의 행적과 사대의식(역사 인물 재조명
    학술세미나 자료집)>. 신정. 127-158쪽.

리득춘(1989). 훈민정음 기원의 이설. 하도기원론. <중국 조선어문> 5. 중국
    조선어문잡지사. 11-17쪽.

리득춘(1994). 훈민정음 창제의 리론적 기초와 중국음운학. <조선어 한자어
    음 연구>. 서광학술자료사.

리득춘(1999). 훈민정음 창제설과 비창제설. <중국 조선어문> 2. 중국 조선
    어문잡지사. 14-16쪽.

리득춘(2000). 訓民正音與中國音韻學. <한국학논문집> 8. 북경대 한국학연구중심.

리득춘·리승자·김광수(2006). <조선어 발달사>. 역락.

리 영(1960). 우리 글자의 과학성. <말과 글> 1.

리의도(1984). 훈민정음의 중성에 대한 새로운 해석. <한글> 186. 한글학회.
    151-172쪽.

리의도(1999). 한글. 제2의 탄생을 이룩해 낼 사람은 누구인가? 세종성왕육
    백돌기념문집위원회 편(1999). <세종성왕육백돌>. 세종대왕기념사업
    회. 338-339쪽.

리의도(2003). 한글 낱자에 관한 통시적 고찰. <한글> 259. 한글학회. 65-114쪽.

리의도(2006). '한글날' 발전사. <한글> 273. 한글학회. 7-47쪽.

리의도(2006). '한글날'의 유래와 발자취. <나라사랑> 111. 외솔회. 76-86쪽.

리홍매(1997). 훈민정음 친제설과 비친제설. <중국조선어문> 6. 길림성민족
    사무위원회. 28-30쪽.

문선규(1983). 訓民正音解例의 子音上의 疑義. 추강 황희영 박사 송수 기념 논총
　　간행위원회 편. <韓國語 系統論 訓民正音 硏究>. 집문당. 243-258쪽.

문일평(1949). <朝鮮人物誌>. 정음사.

문제안(1999). 500년 동안 짓밟힌 한글. 50년 걸려 활짝 피어났습니다. 세종
　　성왕육백돌기념문집위원회 편(1999). <세종성왕육백돌>. 세종대왕기
　　념사업회. 340-346쪽.

문중량(2006). 세종대 과학기술의 '자주성' 다시 보기. <역사학보> 189. 역사
　　학회. 39-72쪽.

문화재청 누리집(http://www.cha.go.kr/). <문화유산정보. '세계의 기록유산'>.

문화체육부(1993). <외국 학자가 본 훈민정음과 북한의 훈민정음 연구>. 문
　　화체육부·국어학회.

문효근(1974). 正音 初期 文獻의 易理的 直觀的 聲點 說明. <인문과학> 31. 연
　　세대 인문과학연구소. 1-45쪽.

문효근(1978). 훈민정음의 'ㅇ'와 'ㅇㅇ' 음가에 대한 몇 가지 문제. <한글>
　　162. 한글학회. 109-139쪽.

문효근(1981). 훈민정음의 음절 생성 규정의 이해. <국어교육논총> 1. 연세대
　　교육대학원.

문효근(1986). 훈민정음의 '終聲復用初聲'의 이해-'종성해'와의 관련에서. <한
　　글> 193. 한글학회. 139-162쪽.

문효근(1987). 훈민정음의 "ㅇ聲淡而虛"는 기(氣)의 있음. <한글> 196. 한글학
　　회. 355-376쪽.

문효근(1993). 훈민정음 제자 원리. <세종학 연구> 8. 세종대왕기념사업회. 3-282쪽.

문효근(1995). 김윤경의 학문의 세계와 이를 계승 발전시키기 위한 하나의
　　시론. <동방학지> 89·90. 연세대 국학연구원. 1-43쪽.

문효근(1998). 훈민정음의 형체학적 풀이 : 'ㅇ'의 형체를 밝히기 위하여. <동
　　방학지> 100. 연세대 국학연구원. 185-238쪽.

민현구(2002). 신숙주의 학문과 인간—신숙주와 집현전 학자들—. <새국어생
　　활> 12-3. 국립국어연구원. 71-87쪽.

민현식(1992). <中世國語 講讀>. 개문사.

민현식(2010). 甲子 上疏文의 텍스트 분석과 국어교육적 含意. 해동공자 최충
　　선생기념사업회(사)(2010). <청백리 최만리 선생의 행적과 사대의식
　　(역사 인물 재조명 학술세미나 자료집)>. 신정. 171-246쪽.

민현식(2011). 甲子 上疏文의 텍스트언어학적 分析 硏究. <語文硏究> 39-3. 한
　　국어문연구회. 7-42쪽.

민현식(2011). 국어 교과서 제재 선정의 문제점 : '甲子 上疏文'을 중심으로.
　　<국어교육> 136. 국어교육학회. 357-387쪽.

밀아생(1935). 訓民正音 原本에 싸고도는 問題. <한글> 22. 조선어학회.
　　103-105쪽.

박기완 역(Bak. Giuan. 1989). <Esperantigita Hun Min Gong Um(에스페란토로
　　옮긴 훈민정음)>. 한글학회.

박남수(1935). 訓民正音誕辰을 當하야 : 蜜啞生頭上에 一棒을 加함. <정음> 10.
　　조선어학연구소. 58-60쪽.

박대종(2009). <訓民正音>내 '凝'字 오역 및 정정. <한글＋한자문화> 124. 전
　　국한자교육추진총연합회. 78-79쪽.

박대종(2009). <訓民正音>의 例義와 解例本 完成日. <한글＋한자문화> 125.
　　전국한자교육추진총연합회. 90-91쪽.

박동규(2001). 샤오 용의 사상이 한글 제정에 끼친 영향. <한글> 253. 한글학회.
　　103-133쪽.

박동근(1993). 훈민정음에 나타난 禮樂과 正音·正聲 사상과의 관계. 춘허 성
　　원경 박사 화갑 기념 논총 간행위원회 편. <한중음운학논총> 1. 서
　　광학술자료사. 279-294쪽.

박문기(2011). <정음 선생 : 문화대국을 여는 길>. 엠에스북스.

박미영(2006). 국어 지식 영역에서 국어사 교육의 내용과 방법-국어의 변화를 고려한 훈민정음 교수·학습 원리를 중심으로-. 성신여대 교육대학원 교육학과 석사학위 논문.

박병채(1957). 破裂音攷 : 訓民正音 創製의 音聲學的 考察. <국어국문학> 17. 국어국문학회. 77-93쪽.

박병채(1967). 韓國文字發達史. <한국문화사 대계> 5. 고려대 민족문화연구소.

박병채(1974). 한글과 일본의 신대문자. <유네스코 뉴스> 169.

박병채(1976). <(譯解) 訓民正音>(문고본). 박영사.

박병채(1983). 洪武正韻譯訓의 發音註釋에 대하여-訓民正音과 관련하여-. 추강 황희영 박사 송수 기념 논총 간행위원회 편. <韓國語 系統論 訓民正音 硏究>. 집문당. 259-274쪽.

박병채(1985). 문자 발달사상에서 본 한글. <국어생활> 3. 국어연구소. 32-40쪽.

박병채(1990). '世宗大王의 訓民正音 御制序文 再吟味(이응백)'에 대한 論評. <어문연구> 68. 일조각. 470-472쪽.

박병천(1997). 훈민정음 해례본 한글문자의 자형학적 분석. <겨레문화> 11. 한국겨레문화연구원. 69-170쪽.

박병천(2000). <조선 초기 한글 판본체 연구 : 훈민정음·동국정운·월인천강지곡>. 일지사.

박병천(2006). 훈민정음 해례본의 한글 자형 수정 방안에 대한 연구-사진본과 영인본의 한글 문자를 대상으로-. <세종학 연구> 14. 세종대왕 기념사업회. 19-44쪽.

박병호(1996). 훈민정음 체계의 형성과 성격. 연세대 대학원 석사학위 논문.

박선우(2008). 음성부호로서의 훈민정음 : 훈민정음과 일반적 음성부호의 비교. <제2회 한국어학회 국제학술대회>. 한국어학회. 322-333쪽.

박선우(2009). 음성부호로서의 훈민정음-훈민정음과 일반적 음성부호의 비교-. <한국어학> 43. 한국어학회. 125-150쪽.

박성종(2002). 문자연구 50년. 이화여대 한국문화연구원 편. <국어학 연구 50
　　　년>. 혜안. 285-325쪽.

박수남(1935). 훈민정음 탄신을 당하야 蜜啞生에 일봉을 가함. <정음> 10. 조
　　　선어학연구회. 58-60쪽.

박승빈 편(1932). <訓民正音>. 동광당서점.

박승빈(1921). 諺文後解. <계명> 1. 계명구락부.

박승빈(1934). 訓民正音原書의 考究. <정음> 4. 조선어학연구회. 22-25쪽.

박승빈(1937). 훈민정음 기념 講話稿. <정음> 21. 조선어학연구회. 2-6쪽.

박승수(1936). 訓民正音重刊跋[한문]. <정음> 16. 조선어학연구회. 31쪽.

박양춘(1994). <한글을 세계문자로 만들자>. 지식산업사.

박양춘(1998). 외국에서 본 한글. <한글 새소식> 313. 한글학회. 12-15쪽.

박영순(1999). 한글과 민족 문화. 세종성왕육백돌기념문집위원회 편(1999).
　　　<세종성왕육백돌>. 세종대왕기념사업회. 347-348쪽.

박영준·시정곤·정주리·최경봉(2002). <우리말의 수수께끼 : 역사 속으로
　　　떠나는 우리말 여행>. 김영사. 中西. 恭子(ナカニシ. キョウコ) 역.
　　　2007. <ハングルの歴史>. 東京 : 白水社.

박영진(2005). 훈민정음 해례본의 발견 경위에 대한 재고. <한글 새소식>
　　　395. 한글학회.

박영철(1986). 훈민정음의 중성 연구. 부산대 대학원 석사학위 논문.

박원준(1985). 各字並書 研究. 원광대 대학원 석사학위 논문.

박은용·김형수 공편(1984). <國語資料 古文選>. 형설출판사.

박은용·김형수(1994). <국어자료 고문선>. 형설출판사.

박종국(1976). <주해 훈민정음>(문고본). 정음사.

박종국(1982). 훈민정음 '예의'에 관한 연구 : 그 해석과 이본 간의 오기에 대
　　　하여. 건국대 대학원 석사학위 논문.

박종국(1983). 훈민정음 이본 간에 나타난 '예의'의 몇 가지 문제. <겨레어문

학> 8. 겨레어문학회. 185-204쪽.

박종국(1983). 훈민정음 이본 간에 나타난 '예의'의 몇 가지 문제. <문호> 8. 건국대 국어국문학연구회.

박종국(1984). <세종대왕과 훈민정음>. 세종대왕기념사업회.

박종국(1994). <국어학사>. 문지사.

박종국(1996/2009 : 증보판). <한국어발달사 증보>. 세종학연구원.

박종국(2007). <훈민정음 종합 연구>. 세종학연구원.

박종국(2012). <우리 국어학사>. 세종학연구원.

박종덕(2005). 훈민정음 해례본의 원형과 유출 과정. <제37차 한국어학회 전국 학술대회 논문집>. 한국어학회.

박종덕(2005). 훈민정음 해례본의 출처 연구. <국어학회 32회 전국학술대회 발표지>. 국어학회.

박종덕(2006). 문화콘텐츠로서의 훈민정음의 활용 방안. <한민족문화연구> 18. 한민족문화학회. 49-62쪽.

박종덕(2006). 훈민정음 해례본의 유출 과정 연구—학계에서 바라본 '발견'에 대한 반론의 입장에서—. <한국어학> 31. 한국어학회. 171-194쪽.

박종희(1992). 訓民正音의 喉音 體系. <논문집> 10. 원광대 대학원. 7-37쪽.

박지홍(1960). 韓國文字史의 小考. <건대학보> 9. 건국대학교. 140-153쪽.

박지홍(1977). 언해본 훈민정음 연구—낱자 이름과 말본의식. <성봉 김성배 박사 회갑기념논문집>(성봉김성배박사회갑기념논문집간행위원회). 47-62쪽.

박지홍(1979). 어제 훈민정음을 통해 본 15세기 국어학자들의 언어의식. <사대논문집> 6. 부산대학교. 23-40쪽.

박지홍(1979). 한문본 훈민정음의 번역에 대하여. <한글> 164. 한글학회. 61-86쪽.

박지홍(1980). 훈민정음의 번역 연구 : 정확한 독해를 위하여. <논문집> 30.

부산대학교. 13-35쪽.

박지홍(1981). 어제훈민정음의 연구 : 한문본과 한글본의 비교에서. <한글> 173·174. 한글학회.

박지홍(1983). 원본 훈민정음(訓民正音)의 연구-어제(御製) 훈민정음편. <동방학지> 36·37. 연세대 국학연구원. 217-244쪽.

박지홍(1983). 원본 訓民正音의 연구 : 御製 訓民正音 篇. <동방학지> 36·37. 연세대학교. 217-244쪽.

박지홍(1984). <풀이한 訓民正音-연구·주석>. 과학사.

박지홍(1984). 훈민정음의 짜임 연구 : 삼성해를 중심으로. <사대논문집-인문과학편> 9. 부산대학교 사범대학. 77-93쪽.

박지홍(1986). 원본 訓民正音의 짜임 연구 : 例義와 꼬리말의 내용 견줌. <석당논총> 12. 동아대학교. 141-156쪽.

박지홍(1986). 훈민정음 제정의 연구 : 자모 차례의 세움과 그 제정. <한글> 191. 한글학회. 105-120쪽.

박지홍(1987). 훈민정음을 다시 살핀다 : 번역을 중심으로. <한글> 196. 한글학회. 341-353쪽.

박지홍(1988). 국역 훈민정음. 신상순·이돈주·이환묵 편(1988). <훈민정음의 이해>. 한신문화사. 263-292쪽.

박지홍(1989). 훈민정음 제정에 따른 정음 맞춤법의 성립. <한글 새소식> 204. 한글학회. 16-17쪽.

박지홍(1992). '훈민정음 연구' 분야에 대하여. <한글> 216. 한글학회. 115-142쪽.

박지홍(1998). 훈민정음 해례에 나타나는 수수께끼 하나. <한글 새소식> 308. 한글학회. 4-6쪽.

박지홍(1999). 원본 훈민정음의 월점에 대한 연구. <부산한글> 18. 한글학회 부산지회. 155-164쪽.

박지홍(1999). 훈민정음 창제와 정의공주. <세종성왕 육백돌>. 세종대왕기념사업회. 138-139쪽.

박지홍(1999). 훈민정음을 만든 원리. <한글 새소식> 322. 한글학회.

박지홍(2003). 훈민정음의 연구 1. <한겨레말 연구> 1. 두메 한겨레말 연구실.

박지홍(2008). 정음 반포를 앞둔 집현전의 움직임과 세종의 처리 1. <한글 새소식> 431. 한글학회. 8-10쪽.

박지홍(2008). 정음 반포를 앞둔 집현전의 움직임과 세종의 처리 2. <한글 새소식> 434. 한글학회. 14-18쪽.

박지홍(2008). 정음 반포를 앞둔 집현전의 움직임과 세종의 처리 3. <한글 새소식> 436. 한글학회. 12-13쪽.

박지홍·박유리(2013). <우리나라 글살이의 변천과 훈민정음>. 새문사.

박창원(1988). 15세기 국어의 이중모음. <경남어문논집> 1. 경남대 국어국문과. 63-88쪽.

박창원(1993). 훈민정음 제자의 '理'에 대한 고찰. 서울대 대학원 국어연구회 편. <國語史資料와 國語學의 硏究>(안병희 선생 회갑 기념 논총). 문학과지 성사. 613-641쪽. 재수록 : 송기중·이현희·정재영·장윤희·한재영· 황문환 편(2003). <한국의 문자와 문자연구>. 집문당. 637-674쪽.

박창원(1994). 15세기 국어의 자음체계의 변화와 통시적 성격 Ⅰ-'ㅸ'의 변 화를 중심으로-. <인하언문연구> 창간호. 571-600쪽.

박창원(1995). 15세기 국어의 자음체계의 변화와 통시적 성격 Ⅱ-치음의 변 화를 중심으로-. <애산학보> 16. 애산학회. 69-102쪽.

박창원(1998). 한국인의 문자생활사. <동양학> 28. 단국대 동양학연구소. 57-88쪽.

박창원(2000). 문자의 수용과 변용 그리고 창제. <인문학논총> 2. 이화여자 대학교.

박창원(2005). <훈민정음>. 신구문화사.

박태권(1999). 세종성왕과 훈민정음 창제 배경. 세종성왕육백돌기념문집위원회 편(1999). <세종성왕육백돌>. 세종대왕기념사업회. 265-267쪽.

박현모(2007). 정인지가 본 세종의 학문·언어정책 : '이 땅의 사대(事大) 지식
인들아. 세종에게서 배우라'. <신동아> 573. 동아일보사. 624-635쪽.

박현모(2010). 세종은 왜 훈민정음을 창제했나? : 법과 문자. <세종대왕과 한
글창제와 리더십 승계(2회 세종학 학술회의 훈민정음 564돌 기념).
한국학중앙연구원. 27-46쪽.

박형우(2009). 訓民正音 '象形而字倣古篆'의 의미. <한민족어문학> 53. 한민족
어문학회. 154-180쪽.

박홍호(1994). '한글의 과학성' 정밀 분석 : 한글 왜 과학적인가. <과학동아>
9-10. 동아사이언스. 98-129쪽.

반재원(2001). <한글과 천문>. 한배달.

반재원(2002). <한글의 세계화 이대로 좋은가 : 한글 국제화를 위한 제언>.
한배달.

반재원(2004). 한글 국제화의 선결과제-쓰이지 않는 4글자(ㆍ. ㅿ. ㆆ. ㅇ)의
음가복원. <2004 코리언 컴퓨터처리 국제학술대회 논문집3(남북 정보기
술 교류 10주년 기념>International Conference on Computer Processing
of Korean Language 2004(ICCKL. 2004. Shenyang. China). 조선과학
기술총연맹. 중국조선어신식학회. (사)국어정보학회. 중국 심양 금화
원 호텔(12.19-12.23). 115-124쪽.

반재원(2005). 새로 밝혀지는 훈민정음 창제 기원과 중국어 표기의 예. <ICMIP
2005 논문자료집>. 국어정보학회.

반재원(2007). 없어진 4글자의 음가. <한글 창제원리와 옛글자 살려쓰기>.
역락. 47-62쪽. 재수록 : 반재원(2009). 없어진 4글자의 음가. <씨아
시말>. 백암. 239-252쪽.

반재원(2007). 한글 창제 원리와 초성과 중성의 나열 순서. <훈민정음 창제
원리와 한글 자모 순서>. 주관 : 국어문화운동본부. 주최 : 강길부 의

원실. 국립국어원(2007.10.5). 87-100쪽.

반재원(2007). 한글 창제의 바탕은 천문학. <한글 창제원리와 옛글자 살려 쓰기>. 역락. 119-156쪽. 재수록 : 반재원(2009). <씨아 시말>. 백암. 165-237쪽.

반재원(2009). <씨알 시말>. 백암.

반재원(2009). 훈민정음 원본의 중국(中國)의 뜻과 해례본 발견 경위. <씨아 시 말>. 백암. 165-237쪽.

반재원(2011). '자방고전'과 '무조조술'에 대한 견해-<한글 새소식> 462호에 실 린 김영환 교수의 글을 읽고 <한글새소식> 465호. 한글학회. 18-19쪽.

반재원·허정윤(2007). <한글 창제 원리와 옛글자 살려 쓰기 : 한글 세계 공 용화를 위한 선결 과제>. 역락.

방석종(2008). <훈민정흠의 세계 문자화>. 전통문화연구회.

방종현(1932). ㄱ ㄴ ㄷ …의 稱號. <조선어문학회보>. 재수록 : 방종현(1963/재 판 : 1972). ㄱ ㄴ ㄷ …의 稱號. <일사국어학논집>. 민중서관. 72-80쪽.

방종현(1935). 한글 硏究 圖書 解題 (1) : 훈민정음. <한글> 20. 조선어학회. 20-21 쪽. 재수록 : 방종현(1963/재판 : 1972). 한글 硏究 圖書解題 (一~七). <일 사국어학논집>. 민중서관. 271-284쪽.

방종현(1936). (訓民正音頒布記念을 앞두고) 正音 反對派의 上疏(1). <조선일보> 1936.10.22. 조선일보사. 5쪽.

방종현(1936). (訓民正音頒布記念을 앞두고) 正音 反對派의 上疏(2). <조선일보> 1936.10.23. 조선일보사. 5쪽.

방종현(1936). (訓民正音頒布記念을 앞두고) 正音 反對派의 上疏(3). <조선일보> 1936.10.24. 조선일보사. 5쪽.

방종현(1936). (訓民正音頒布記念을 앞두고) 正音 反對派의 上疏(4). <조선일보> 1936.10.27. 조선일보사. 5쪽.

방종현(1936). (訓民正音頒布記念을 앞두고) 正音 反對派의 上疏(5). <조선일보>

1936.10.28. 조선일보사. 5쪽.

방종현(1936). (訓民正音頒布記念을 앞두고) 正音 反對派의 上疏(6). <조선일보>
1936.10.29. 조선일보사. 5쪽.

방종현(1936). (訓民正音頒布記念을 앞두고) 正音 反對派의 上疏(7). <조선일보>
1936.10.30. 조선일보사. 5쪽.

방종현(1936). 한글의 名稱. 조선일보. 재수록 : 방종현(1963/재판 : 1972). 한
글의 名稱. <일사국어학논집>. 민중서관. 67-71쪽.

방종현(1940). "·"와 "△"에 대하여. <한글> 79. 조선어학회. 1-2쪽.

방종현(1940). 原本 訓民正音의 發見(1). <조선일보> 7월 30일. 조선일보사. 4쪽.

방종현(1940). 原本 訓民正音의 發見(2). <조선일보> 7월 31일. 조선일보사. 4쪽.

방종현(1940). 原本 訓民正音의 發見(3). <조선일보> 8월 1일. 조선일보사. 4쪽.

방종현(1940). 原本 訓民正音의 發見(4). <조선일보> 8월 2일. 조선일보사. 4쪽.

방종현(1940). 原本 訓民正音의 發見(완). <조선일보> 8월 4일. 조선일보사. 4쪽.

방종현(1945). 훈민정음의 서문을 읽으며. <민중조선> 1.

방종현(1946). <(原本解釋) 훈민정음>. 진학출판협회.

방종현(1946). 訓民正音 解題(조선어학회 1946 영인본 해제). 재수록 : 방종현
(1963/재판 : 1972). 訓民正音 解題. <一蓑國語學論執>. 민중서관. 3-13쪽.

방종현(1946). 訓民正音史略. <한글> 97. 한글학회. 37-50쪽. 재수록1 : 이기문
편(1977). 訓民正音史略. <文字>(國語學 論文選) 7. 민중서관. 137-152쪽.
재수록2 : 김승곤·김윤학(1982). 訓民正音 略史. <말과 글의 이해>.
영학. 40-55쪽. 재수록 : 방종현(1963/재판 : 1972). 訓民正音 史略. <일
사국어학논집>. 민중서관. 14-30쪽.

방종현(1947). 訓民正音과 訓蒙字會와의 비교. <국학(국학대)> 2.

방종현(1947). 訓民正音과 訓蒙字會와의 比較. <국학> 2. 국학전문학교 학생회
편집부. 10-18쪽. 재수록 : 방종현(1963/재판 : 1972). 訓民正音과 訓蒙
字會와의 比較. <일사국어학논집>. 민중서관. 55-66쪽.

방종현(1948). <訓民正音通史>. 일성당서점. 홍문각(1988) 영인본 펴냄.

방종현(1948/1963). 훈민정음. <현대문화독본>(김정환 편). 문영당. 재수록 :
　　<일사국어학논집>(1963). 민중서관. 31-54쪽.

방종현(1963). <一蓑國語學論集>. 민중서관.

방진수(1949). <朝鮮文字發展史>. 대양프린트사.

배대온(2000). 훈민정음 창제와 관련하여. <경상어문> 5·6. 경상대 국어국
　　문학과 경상어문학회. 11-23쪽.

배보은(2004). 문자의 자질에 대한 연구. 경남대 대학원 석사학위 논문.

배영환(1999). 훈민정음 制字의 원리에 대하여. <청계논총> 1. 한국정신문화
　　연구원 한국학대학원. 29-60쪽.

배윤덕(1988). 신경준의 운해 연구 : 사성통해와 관련하여. 연세대학교 박사
　　학위 논문.

배윤덕(2005). <우리말 韻書의 硏究>. 성신여자대학교 출판부.

배희임(1999). 훈민정음과 가림토문에 관한 소고. <배재논총> 3. 배재대학교.
　　7-19쪽.

백두현(1994). <훈민정음의 표기법과 음운>(권재선 저) 서평. <영남어문학> 23.
　　영남어문학회.

백두현(2001). 조선시대의 한글 보급과 실용에 관한 연구. <진단학보> 92.
　　진단학회. 193-218쪽.

백두현(2004). 우리말[韓國語] 명칭의 역사적 변천과 민족어 의식의 발달.
　　<언어과학연구> 28. 언어과학회. 115-140쪽.

백두현(2004). 한국어 문자 명칭의 역사적 변천. <문학과 언어> 26. 문학과
　　언어학회. 1-16쪽.

백두현(2009). <訓民正音> 해례본의 텍스트 구조 연구. <국어학> 54. 국어학회.
　　75-107쪽.

백두현(2009). 훈민정음을 활용한 조선시대의 인민 통치. <진단학보> 108.

진단학회. 263-297쪽.

백두현(2010). <훈민정음> 해례본의 영인과 <합부 훈민정음> 연구. <朝鮮學報> 214. 일본 : 조선학회. 1-29쪽.

백두현(2012). 융합성의 관점에서 본 훈민정음의 창제 원리. <어문론총> 57-10. 한국문학언어학회. 115-156쪽.

백두현(2012). 융합성의 관점에서 본 훈민정음의 창제 원리. <훈민정음과 오늘(2012년 훈민정음학회 국내학술대회 자료집)>. (사)훈민정음학회. 88-123쪽.

백두현(2013). 작업 단계로 본 훈민정음의 제자 과정과 원리. <한글> 301. 한글학회. 83-124쪽.

백두현(2014). <훈민정음>해례의 제자론(制字論)에 대한 비판적 고찰. <語文學> 123. 韓國語文學會. 39-66쪽.

백봉자(1999). 신기한 한글. 세종성왕육백돌기념문집위원회 편(1999). <세종성왕육백돌>. 세종대왕기념사업회. 354-356.

법왕궁·활안 공편(2012). <세종대왕의 훈민정음과 혜각존자 신미대사>. 삼각산문수원.

베르너 사세(Werner Sasse)(2005). Hangeul : Combining Traditional Philosophy and a Scientific Attitude. <제2회 한글문화 정보화 포럼 자료(559돌 한글날 기념)>. 한글 인터넷 주소 추진 총연합회. 24-29쪽.

변정용(1991). 훈민정음 창제 원리와 한글코드 제정 원리. <제3회 한글 및 한국어 정보처리 학술논문집>. 정보과학회.

변정용(1992). 훈민정음 창제 원리와 한글코드 제정 원리 : 자소형 제안. <제4회 한글 및 한국어 정보처리 학술발표 논문집>. 정보과학회.

변정용(1994). 훈민정음 원리의 공학화에 기반한 한글 부호계의 발전 방향. <정보과학회지> 12-8. 한국정보과학회.

변정용(1996). 한글의 과학성. <함께여는 국어교육> 29. 전국국어교사모임.

62-76쪽.

사공환(1926). 조선문의 사적연구. <신민> 13. 신민사.

사재동(2009). 訓民正音 創製·實用의 佛教文化學的 考察. <한국불교문화학회 2009년도 정기학술대회 자료집>. 한국불교문화학회. 1-44쪽.

사재동(2010). 訓民正音 創製·實用의 佛教文化學的 考察. <국학연구론총> 5. 택민국학연구원.

사재동(2014). <훈민정음의 창제와 실용>. 역락.

서강대 인문과학연구소 편(1972). <월인석보(月印釋譜)> 권1·2. 서강대학교.

서병국(1964). 訓民正音 解例本의 制字解 研究 : 制字原理를 中心으로. <논문집> 8. 경북대학교. 13-32쪽.

서병국(1965). 訓民正音 解例本 以後의 李朝 國語學史 是非. <논문집> 9. 경북대학교. 21-37쪽.

서병국(1973). 中國 韻學이 訓民正音 制定에 미친 影響에 關한 研究. <교육연구지> 15. 경북대학교. 25-52쪽. 재수록 : 서병국(1983). <新講 訓民正音>. 학문사.

서병국(1975). <新講 訓民正音>. 경북대 출판부.

서병국(1978). <新講 訓民正音>. 학문사.

서병국(1978). <訓民正音>. 학문사.

서상덕(1953). <審究解釋 訓民正音> 프린트판. 일광출판사.

서완석(1963). 훈민정음 머리말. <국어교육> 5. 한국국어교육연구회. 123-130쪽.

서재극(1974). '한글갈'·'훈민정음'의 두루풀이 : 외솔 선생의 학문. <나라사랑> 14. 외솔회. 118-126쪽.

서재극(1991). 훈민정음의 '母字之音'. <국어의 이해와 인식>(갈음 김석득 교수 회갑 기념 논문집). 한국문화사. 531-535쪽.

서재극(1994). <훈민정음>의 한자 사성 권표. 외골 권재선 박사 화갑 기념 논문집 간행위원회 엮음(1994). <우리말의 연구>. 우골탑. 39-50쪽.

서정범(1989). 訓民正音의 創制와 漢字音 改新. <어문연구> 17-4. 한국어문교
육연구회. 411-412쪽.

서정범(1999). 훈민정음의 정(正의) 참뜻. 세종성왕육백돌기념문집위원회 편
(1999). <세종성왕육백돌>. 세종대왕기념사업회. 268-271쪽.

서정수(2004). 소리와 글자의 관련문제. <세종 탄신 607돌 기념 학술대회 자
료집-우리의 소리와 말은 어떻게 만났는가>. 한국국악학회·한국
어정보학회.

석주연(2010). 한국어 문자 언어문화의 제도화와 훈민정음 : 문자 '훈민정음'의
창제와 해례본 <훈민정음>의 간행을 중심으로. <한국언어문화학> 7권
1호. 국제한국언어문화학회. 197-218쪽.

석주연(2011). 해례본 <훈민정음>에 대한 또 다른 시각 : 정보 수용자의 관점을
중심으로. <인문학연구> 41. 조선대 인문학연구원. 251-272쪽.

설학줄(2002). 학습자 중심의 옛글 학습 지도 방법 연구 : '세종 어제 훈민정
음'을 중심으로. 경상대 교육대학원 석사학위 논문.

성경린(1986). <세종 시대의 음악>. 세종대왕기념사업회.

성기옥(1989). 龍飛御天歌의 文學的 성격 : 訓民正音 창제와 관련된 國文詩歌로
서의 역사적 의미를 중심으로. <진단학보> 68. 진단학회. 143-170쪽.

성낙수(2006). 훈민정음의 창제 동기에 대하여. <나라사랑> 111. 외솔회. 67-71쪽.

성대훈(2008). '훈민정음 해례본'은 왜 통합 논술의 고전인가. <한글 새소식>
434. 한글학회. 18쪽.

성원경(1969). 切韻指掌與訓民正音 制字解例之 理論關係攷. <반공(反攻)> 323.
대북 : 국립편역관.

성원경(1969). 훈민정음 성모와 중국 성모의 비교 연구. <우정> 328. 중화민국
국립편역관.

성원경(1969/1976). <十五世紀韓國字音與中國聲韻之關係>. 권성서재.

성원경(1970). 訓民正音 諸字理論과 中國 韻書와의 관계. <학술지> 11. 건국대

학교. 131-150쪽.

성원경(1971). 東國正韻과 洪武正韻譯訓音의 比較硏究. <학술지> 12. 건국대학교.

성원경(1974). 訓民正音制字解初聲考. <문리논총> 3-1. 건국대학교. 26-38쪽.

성원경(1983). 訓民正音解例中 '韻書疑與喩多相混用'攷. 추강 황희영 박사 송수기념 논총 간행위원회 편. <韓國語 系統論 訓民正音 硏究>. 집문당. 275-294쪽.

성원경(1985). 숙종어제 '訓民正音後序' 내용 고찰. <覓南 金一根 博士 華甲紀念 語文學論叢>. 건국대학교.

성원경(1985). 肅宗御製 訓民正音(後)序 內容考察. <겨레어문학> 9. 건국대국어국문학연구회. 851-858쪽.

성원경(1993). 訓民正音 解例本에 있어서의 問題點 小考. <인문과학논총> 25. 건국대학교. 139-149쪽.

成元慶(성원경)(1969). 十五世紀韓國字音與中國聲韻之關係. 台北：國立台灣師範大學國文硏究所(대만 박사학위 논문). → 성원경(1976). <十五世紀韓國字音與中國聲韻之關係>. 권성서재.

세종대왕기념사업회 역주(1992). <역주 월인석보> 제1·2. 세종대왕기념사업회.

세종대왕기념사업회 편(1996). <세종학 연구> 11. 세종대왕기념사업회.

세종대왕기념사업회 편(2003). <훈민정음>. 세종대왕기념사업회.

세종대왕기념사업회(1970). <세종 장헌대왕 실록>. 세종대왕기념사업회.

세종대왕기념사업회(1987). <세종대왕 연보>. 세종대왕기념사업회.

세종대왕기념사업회(1992). <역주 월인석보> 제1·2. 세종대왕기념사업회.

세종대왕기념사업회(1998). <세종문화사대계 1 : 어학·문학>. 세종대왕기념사업회.

세종대왕기념사업회(1999). <세종문화사대계 4 : 윤리·교육·철학·종교>. 세종대왕기념사업회.

세종대왕기념사업회(2000). <세종문화사대계 2 : 과학>. 세종대왕기념사업회.

세종대왕기념사업회(2001). <세종문화사대계 3 : 정치・경제・군사・외교・역사>. 세종대왕기념사업회.

세종대왕기념사업회(2001). <세종문화사대계 5 : 음악・미술>. 세종대왕기념사업회.

小倉進平(1919). 訓民正音に就いて. <藝文> 10-8.

손보기(1977). <금속활자와 인쇄술>. 세종대왕기념사업회.

손보기(1984). <세종대왕과 집현전>. 세종대왕기념사업회.

손보기(1986). <세종 시대의 인쇄 출판>. 세종대왕기념사업회.

손유석・강정수(2004). 訓民正音의 制字背景과 易學的 原理. <동의생리병리학회지> 18-1. 대한동의생리학회. 28-38쪽.

손인수(1999). <세종 시대의 교육문화 연구>. 문음사.

송기중(1991). 세계의 문자와 한글. <언어> 16-1. 한국언어학회. 153-180쪽. 재수록 : 송기중・이현희・정재영・장윤희・한재영・황문환 편(2003). <한국의 문자와 문자연구>. 집문당. 13-40쪽.

송기중(1996). 세계의 여러 문자와 한글. <새국어생활> 6-2. 국립국어연구원. 65-83쪽.

송기중(1997). 東北아시아 歷史上의 諸文字와 한글의 起源. <진단학보> 84. 진단학회. 203-226쪽.

송기중(2009). 꽉바('Phags-pa 八思巴) 문자와 訓民正音. 附『蒙古字韻』解題. <국어학> 54. 국어학회. 17~74쪽.

송미숙(1985). 훈민정음을 어떻게 가르칠 것인가. <배달말 가르침> 9. 배달말학회.

송 민(1995). 외국학자의 訓民正音 연구. <어문학 논총> 14. 국민대 어문학연구소. 27-44쪽.

송 민(1999). 세종대왕의 우리말 표기법. 세종성왕육백돌기념문집위원회 편

(1999). <세종성왕육백돌>. 세종대왕기념사업회. 272-273쪽.

송성호(1986). 十五世紀의 各自竝書 音價論. 경희대 교육대학원 석사학위 논문.

송철의(1987). 十五世紀 國語의 表記法에 대한 音韻論的 考察 : 訓民正音 創制
初期 文獻을 中心으로. <국어학> 16. 국어학회. 325-360쪽. 재수록 :
송기중·이현희·정재영·장윤희·한재영·황문환 편(2003). <한국
의 문자와 문자연구>. 집문당. 727-766쪽.

송호수(1984). 속 한글의 뿌리 : 한글은 世宗 이전에도 있었다 2. <광장> 127.
세계평화교수협의회. 96-107쪽.

송호수(1984). 속 한글의 뿌리 : 한글은 世宗 이전에도 있었다. <정우> 4-5.
국회의원 동우회. 74-81쪽.

송호수(1984). 속 한글의 뿌리 : 한글은 世宗 이전에도 있었다 2. <정우> 4-7.
국회의원 동우회. 124-133쪽.

송호수(1984). 속 한글의 뿌리 : 한글은 世宗 이전에도 있었다. <광장> 125.
세계평화교수협의회. 147-156쪽.

시정곤(2007). 훈민정음의 보급과 교육에 대하여. <우리어문연구> 28. 우리
어문학회. 33-63쪽.

신경준(1750/영조26). <훈민정음운해(訓民正音韻解)>.

신경철(1994). 한글 母音字의 字形 變遷 考察. <한국언어문학> 33. 한국언어문
학회. 27-46쪽.

신경철(1998). 훈민정음의 모음자와 모음체계 신고. <한국어교육> 9-1. 국제
한국어교육학회. 149-162쪽.

신경철(2001). 한글 下逸字音字의 자형 변천 고찰. <논문집> 20. 상지영서대학.
375-397쪽.

신기철(1979). 한글 반포와 그 걸어온 길. <통일세계> 107. 세계기독교통일
신령협회. 90쪽.

신명균(1927). 訓民正音 原本에 對하여. <동아일보>(10. 24). 동아일보사. 3쪽.

신명균(1927). 訓民正音 創刊에 際하야. <한글 동인지> 창간호. 조선어학회.
    5-7쪽.

신명균(1928). <문자 중의 覇王 한글>. <별건곤> 12·13호. 개벽사.

신방현(1985). 한글 그 우수성과 논리의 독특성 : 훈민정음 창제의 배경과 발
    전과정. <공군> 195. 공군본부.

신복룡(2010). 세종은 한글을 어떻게 활용했나? <세종대왕과 한글창제와 리
    더십 승계(2회 세종학 학술회의 훈민정음 564돌 기념). 한국학중앙연
    구원. 47-60쪽.

신상순·이돈주·이환묵 편(1988). <훈민정음의 이해>. 한신문화사.

신상순·이돈주·이환묵 편(1988). <훈민정음의 이해>. 한신문화사 : (Translated
    by Language Research Center Chonnam National University. 1990.
    Understanding Hunmin-jongum. Hanshin Publishing Company).

신석호(1974). 학문의 발전과 편찬사업. <한국사> 11. 국사편찬위원회.

신숙주/고령 신씨 문헌 간행위원회(1984). <保閑齋全書> 상·중·하. 은성문
    화사.

신용권(2009). 訓民正音을 사용한 漢字音 표기. <훈민정음을 통한 외국어 표
    기>(훈민정음학회 2009 전국 학술대회 발표논문집). 훈민정음학회.
    1-32쪽.

신운용(2011). 세종의 훈민정음 창제와 한국말의 개념 문제. <仙道文化> 10.
    국제뇌교육종합대학원 국학연구원. 325-347쪽.

신지연(2000). 訓民正音의 두 序文의 텍스트성. <언어> 25-3. 한국언어학회.
    367-382쪽.

신창순(1975). 訓民正音에 대하여 : 그 文字論的 考察. <국어국문학> 12. 부산대
    국어국문학회. 5-22쪽.

신창순(1990). 訓民正音 硏究 文獻目錄. <정신문화 연구> 38. 한국정신문화연
    구원. 213-229쪽.

신창순(1994). 訓民正音의 機能的 考察. <어문연구> 22-1·2호. 한국어문교육
　　　연구회. 276-286쪽.

신태현(1940). 訓民正音 雜攷 : 制字原理와 母音調和. <정음> 36. 조선어학연구회.
　　　11-13쪽.

심소희(1996). 정음관의 형성 배경과 계승 및 발전에 대하여. <한글> 234. 한
　　　글학회. 191-224쪽.

심소희(1996). 한글음성문자(The Korean Phonetic Alphabet)의 재고찰. <말
　　　소리> 31·32. 대한음성학회. 23-50쪽.

심소희(1999). 동아시아 지역의 언어관-정음(正音) 사상의 연구. <중국언어
　　　연구> 10. 한국중국언어학회. 1-30쪽.

심소희(2012). 최석정의 <經世訓民正音圖說>연구 : <聲音律呂唱和全數圖>과 <經
　　　史正音切韻指南>의 체제 비교를 중심으로. <중국어문학논집> 73. 中
　　　國語文學硏究會. 89-112쪽.

심소희(2013). <한자 정음관의 통시적 연구>. 이화여자대학교출판부.

심재금(1983). 訓民正音 硏究 : 해례본을 중심으로. 이화여대 교육대학원 석사
　　　학위 논문.

심재기(1974). 최만리의 언문 관계 반대 상소문의 추이. <우리문화> 5. 우리
　　　문화연구회.

심재기(1985). 훈민정음의 창제. <한국사람의 말과 글>. 지학사.

심재기(2010). 훈민정음(訓民正音)의 수난(受難). <한글＋한자문화>. 전국한
　　　자교육추진총연합회.

심재기(Jae-Ke Shim)(1987). Formation of Korean Alphabet. <어학연구>
　　　23-3. 서울대 어학연구소 527-537쪽.

안대현(2000). 15세기 국어의 홀소리체계에 대한 연구. 연세대 대학원 석사
　　　학위 논문.

안대회·김성규(2000). 李思質이 제시한 훈민정음 창제 원리 1. <문헌과 해

석> 12. 문헌과해석사. 267-278쪽.

안명철(2004). 訓民正音 資質文字說에 대하여. <어문연구> 123. 한국어문교육
연구회. 43-60쪽.

안명철(2006). 훈민정음의 제자 원리와 육서. <우리말글> 38. 43-58쪽.

안병희(1970). 肅宗의 '訓民正音後序'. <낙산어문> 2. 서울대학교. 재수록1 : 안
병희(1992). <國語史 研究>. 문학과지성사. 재수록2 : 안병희(2007). <訓
民正音 研究>. 서울대 출판부. 107-115쪽.

안병희(1971). 15世紀의 漢字音 한글 表記에 대하여. <金亨奎 博士 頌壽紀念論
叢>. 일조각. 371-380쪽.

안병희(1972). 해제(세종어제 훈민정음). 국어학회 편. <國語學 資料 選集> II.
일조각.

안병희(1976). 訓民正音의 異本. <진단학보> 42. 진단학회 : <國語史 研究>.
문학과지성사. 재수록 : 안병희(2007). <訓民正音 研究>. 서울대 출판부.
3-10쪽.

안병희(1979). 中世語의 한글 資料에 대한 綜合的인 考察. <규장각> 3. 서울대
도서관.

안병희(1985). 訓民正音 使用에 관한 歷史的 研究 : 창제로부터 19세기까지. <동
방학지> 46·47·48. 연세대학교. 793-822쪽. 재수록1 : 안병희(1992).
훈민정음 사용의 역사-창제로부터 19세기까지. <國語史 研究>. 문학
과지성사. 재수록2 : 안병희(2007). 훈민정음 사용의 역사-창제로부
터 19세기까지. <訓民正音 研究>. 서울대 출판부. 199-234쪽.

안병희(1986). 訓民正音 解例本의 復原에 대하여. 유목상 외 편. <國語學 新研
究>(약천 김민수교수 화갑기념). 탑출판사. 재수록1 : 안병희(1992).
훈민정음 해례본의 복원. <國語史 研究>. 문학과지성사. 186-195쪽.
재수록2 : 안병희(2007).<訓民正音 研究>. 서울대 출판부. 91-105쪽.

안병희(1990). <訓民正音 諺解>의 두어 문제. <碧史 李佑成 先生 定年退職紀念

國語國文學論叢>. 여강출판사. 21-33쪽. 재수록1 : 안병희(1992). <國語 史 研究>. 문학과지성사. 196-207쪽. 재수록2 : 안병희(2007).<訓民正 音 研究>. 서울대 출판부. 91-105쪽.

안병희(1990). 訓民正音의 制字原理에 대하여. 기곡 강신항선생 화갑기념논문 집간행위원회(1990). <姜信沆 敎授 回甲紀念 國語學論文集>. 태학사. 135-145쪽. 재수록 : 안병희(1992). 훈민정음 제자 원리. <국어사 연 구>. 문학과지성사. 215-226쪽.

안병희(1992). <國語史研究>. 문학과지성사.

안병희(1993). 북한의 訓民正音 연구 : 외국학자가 본 훈민정음과 북한의 훈 민정음 연구. 문화체육부 학술회의. 재수록 : 안병희(2007).<訓民正音 研究>. 서울대출판부. 279-291쪽.

안병희(1996). 訓民正音의 '便於日用耳'에 대하여. <淸凡 陳泰夏 敎授 啓七 頌壽 紀念 語文學論叢>. 태학사. 621-628쪽.

안병희(1997). "The Principles Underlying the Invention of the Korean Alphabet." ed by Young-key Kim-Renaud. *The Korean Alphabet : Its History and Structure*. Univ. of Hawaii Press. 89-106쪽.

안병희(1997). 訓民正音 解例本과 그 複製에 대하여. <진단학보> 84. 진단학회. 191-202쪽. 재수록 : 안병희(2007).<훈민정음> 해례본과 그 복제. <訓 民正音 研究>. 서울대출판부. 25-44쪽.

안병희(2000). 한글의 창제와 보급. <겨레의 글 한글>(새천년 특별전 도록). 국립중앙박물관. 174-183쪽. 재수록 : 안병희(2007).<訓民正音 研究>. 서울대출판부. 235-252쪽.

안병희(2002). <訓民正音>(解例本) 三題. <진단학보> 93. 진단학회. 진단학회. 173-197쪽. 재수록 : 안병희(2007). <訓民正音 研究>. 서울대출판부.

안병희(2002). 신숙주의 학문과 인간-신숙주의 생애와 학문-. <새국어생 활> 12-3. 국립국어연구원. 5-25쪽.

안병희(2003). 解例本의 八終聲에 대하여. <국어학> 41. 국어학회. 3-24쪽.

안병희(2004). 世宗의 訓民正音 創制와 그 協贊者. <國語學> 44. 국어학회. 3-38쪽. 재수록 : 안병희(2007). <訓民正音 硏究>. 서울대출판부.

안병희(2007). <訓民正音 硏究>. 서울대출판부.

안병희(2007). 宋錫夏 선생 透寫의 '訓民正音'. <한국어연구>(안병희 교수 추념호) 4. 한국어연구회. 127-130쪽.

안상수(2004). 한글 디자인과 어울림. <디자인학연구> 57. 한국디자인학회. 383-392쪽.

안상혁·주용성(2012) 훈민정음 창제에 나타난 세종의 이상-드라마 <뿌리 깊은 나무>와 원전 해례본과의 비교를 통해-. <인문과학> 49. 성균 관대 인문과학연구소. 117-139쪽.

안송산(1999). 세종대왕과 문맹 퇴치 운동. 세종성왕육백돌기념문집위원회 편(1999). <세종성왕육백돌>. 세종대왕기념사업회. 357-370쪽.

안자산(1925). 諺文의 淵源. <시대일보> 1925.5.12. 재수록(활자재판) : 김창규 (2000). <安自山의 國文學硏究>. 국학자료원. 205-216쪽.

안자산(1931). 朝鮮語의 起源과 그 價値. <朝鮮> 159. 재수록(활자재판) : 김창 규(2000). 언문의 기원과 그 가치. <安自山의 國文學硏究>. 국학자료 원. 431-445쪽.

안자산(안확)(1926). 언문 발생 전후의 기록법. <신민> 13. 신민사.

안자산(안확)(1926). 언문의 출처. <동광> 6. 65-67쪽.

안자산(안확)(1937). 諺文의 價値와 進化. <계명시보> 44. 6-7쪽.

안자산(안확)(1938). 諺文과 文化 及 民族性 : 附 諺文史. <정음> 24. 조선어학 연구회. 3-4쪽.

안주호·이태승(2009). 훈민정음과 실담문자. <훈민정음을 통한 외국어 표 기>(훈민정음학회 2009 전국 학술대회 발표논문집). 훈민정음학회. 51-16쪽.

안찬원(2011). 훈민정음 창제 원리에 따른 한글 자모 교육. <문법교육> 15.
　　　　한국문법교육학회. 181-208쪽.

안춘근(1983). 訓民正音 解例本의 書誌學的 考察. 추강 황희영 박사 송수 기념 논
　　　　총 간행위원회 편. <韓國語 系統論 訓民正音 硏究>. 집문당. 295-306쪽.

알브레히트 후베(2008). 훈민정음의 성리학 원칙-한글 정보학에의 그의 적
　　　　용-. <한글학회 100돌과 우리 말글의 미래>(한글학회 창립 100돌
　　　　기념 국제 학술 대회 발표 논문 요약집). 한글학회. 83쪽(별지).

알브레히트 후베(2008). 훈민정음의 성리학 원칙-한글 정보학에의 그의 적용-.
　　　　<한글학회 창립 100돌 기념 국제학술 대회 자료집>. 한글학회. 83쪽.

野間秀樹(2010). ≪ハングルの誕生-音から文字を創る≫. 平凡社. 노마 히데키/
　　　　김진아·김기연·박수진 옮김(2011). 한글의 탄생 : <문자>라는 기적.
　　　　돌베개.

양상은(1935). 訓民正音 紀念日에 對하야 李克魯氏의 錯覺을 警함. <정음> 11.
　　　　조선어학연구소. 26쪽.

양숙경(1991). 훈민정음 풀이에 대하여 : 제자해를 중심으로. 성신여대 대학원
　　　　석사학위 논문.

양주동(1940). 新發見 : "訓民正音"에 對하여. <정음> 36. 조선어학연구회.
　　　　9-10쪽.

양해승(2012). <훈민정음>의 象形說과 六書의 관련에 대한 연구. <冠嶽語文硏
　　　　究> 37. 서울대국어국문학과. 179-210쪽.

여찬영(1987). 훈민정음의 언해에 대한 관견. <韓國語學과 알타이語學>(우정
　　　　박은용 박사 회갑 기념 논총). 효성여대 출판부.

연호탁(1998). 한글의 기원에 관한 고찰. <관대 논문집> 26. 관동대학교.
　　　　49-64쪽.

연호탁(2000). 訓民正音의 制字 起源 再論 : '古篆'의 正體 把握을 中心으로. <사
　　　　회언어학> 8-2. 사회언어학회. 281-300쪽.

오구라 신페이(小倉進平)(1940). <增訂補注 朝鮮語學史>. 東京 : 刀江書院.

오오만(1997). "On the Origin of Hun Min Jeong Uem : Focused on Denying and Commending on the Origin of Japanese 'Jin Dai' Letters." Korean Language 22.

오오만(1998). 훈민정음 기원설 : 일본・'神代文字起源說'을 비판, 부정한다. <배달말> 22. 배달말학회. 121-135쪽.

오옥진 판각(2003). <訓民正音>. 통문관.

오정란(1994). 훈민정음 초성 체계의 정밀 전사의식. <논문집> 23. 광운대 기초과학연구소. 9-24쪽.

오정란(2004). 훈민정음 재출자(再出字)와 상합자(相合字)의 거리와 재음절화. <한국어학> 22. 한국어학회. 267-298쪽.

오정란(2007). 한글의 제자 원리와 훈몽자회. <어린이와 함께 여는 국어교육> 12. 전국초등국어교과모임. 52-63쪽.

오종록(2005). 세종 때 과학기술이 발달한 까닭. <내일을 여는 역사> 19. 서해문집. 80-95쪽.

오종록(2008). 훈민정음 창제와 반대 상소. <(내일을 여는) 역사> 32호. 서해문집. 57-65쪽.

와타나베 다카코(2002). 훈민정음 연구사 : 일본인 학자들의 연구를 중심으로. 연세대 대학원 석사학위 논문.

왕한석(1970). 훈민정음에 보이는 우리말 어휘의 변천시고. <선청어문> 1. 서울대 사범대학. 79-87쪽.

우　메(히로유키)(1997). 훈민정음의 문자론적 의의. <한글 새소식> 297. 한글학회.

우메다 히로유키(梅田博之)(2005). 훈민정음의 문자론적 의의와 현대 일본 사회에서의 사용 실태. <제2회 한글문화 정보화 포럼 자료(559돌 한글날 기념)>. 한글 인터넷 주소 추진 총연합회. 14-22쪽.

우민섭(1983). ㅎ의 機能과 音價에 對하여. 추강 황희영 박사 송수 기념 논총
　　간행위원회 편. <韓國語系統論 訓民正音硏究>. 집문당. 307-318쪽.

우민섭(1988). 15世紀 國語의 初聲竝書 硏究. 중앙대 대학원 박사학위 논문.

우민섭(1997). 15世紀 國語의 母音體系 再論. <인문과학연구> 3. 전주대 인문
　　과학연구소. 1-21쪽.

우민섭(1998). 15世紀 國語의 母音體系. <어문연구> 97. 한국어문교육연구회.
　　98-117쪽.

우현기 엮음(1938년/1944년 : 재판). <한글 歷代選>. 중앙인서관장판.

원응국(1963). 훈민정음의 철자 원칙. <조선어학> 4. 조선민주주의 인민공화국
　　과학원 언어문학연구소. 23-26쪽.

유만근(1997). 15세기 訓民正音 表音力을 恢復하자. <어문연구> 25-2. 한국어
　　문교육연구회. 45-53쪽.

유만근(1999). 남북간 날짜 다른 한글날. 세종성왕육백돌기쪽넘문집위원회
　　편(1999). <세종성왕육백돌>. 세종대왕기념사업회. 376.

유목상(1983). 훈민정음 자모고(字母攷). 추강 황희영 박사 송수 기념 논총 간
　　행위원회 편. <韓國語 系統論 訓民正音 硏究>. 집문당. 319-332쪽.

유미림(2005). 세종의 훈민정음 창제의 정치. <동양정치사상사> 4-1. 한국
　　동양정치사상학회. 131-153쪽. 재수록 : 정윤재 외(2006). <세종의 국
　　가 경영>. 지식산업사.

유　열(류　렬)(1946). <원본 훈민정음 풀이>(조선어학회 편). 보신각.

유　열(류　렬)(1947). <원본 풀이한 훈민정음>. 보신각.

유　열(류　렬)(1947). <원본 훈민정음 풀이>. 조선어학회.

유인만(1947). 翁齋 李思質의 한글 學說. <국학> 2. 국학전문학교 학생회 편
　　집부. 65-67쪽.

유정기(1968). 訓民正音의 哲學的 體系. <동양문화> 6·7. 영남대학교. 179-197쪽.

유정기(1970). 哲學的 體系에서 본 訓民正音考. <현대교육> 3-2. 현대교육사.

28-40쪽.

유정기(1979). <국자문제론집>. 상지사.

유정열(1979). 訓民正音 創製動機考. 건국대 대학원 석사학위 논문.

유진중(2013). 訓民正音 初聲體系의 聲韻學적 硏究. 가천대학교 박사학위 논문.

유창균(1959). 東國正韻에 나타난 母音의 特色-특히 訓民正音 母音組織의 本質
　　　　을 究明하기 爲하여. <논문집> 2. 청구대학교.

유창균(1963). 訓民正音 中聲體系 構成의 根據. <어문학> 10. 24-43쪽.

유창균(1965). 東國正韻 硏究 : 其二·九十一韻의 成立과 그 背景. <진단학보> 28.
　　　　진단학회. 97-134쪽.

유창균(1965). 中聲體系 構成의 根據를 再論함. <국어국문학> 30. 국어국문학회.
　　　　51-83쪽.

유창균(1966). '象形而字倣古篆'에 對하여. <진단학보> 29·30(합병호). 진단학
　　　　회. 재수록 : 이기문 편(1977). <文字>(國語學 論文選) 7. 민중서관.
　　　　153-179쪽.

유창균(1966). <東國正韻 硏究> 연구편·원론편. 형설출판사.

유창균(1966). 東國正韻 硏究 序說. <동양문화> 5. 영남대 동양문화연구소.
　　　　21-69쪽.

유창균(1968). 古今韻會擧要의 反切과 東國正韻과의 比較. <동양문화> 8. 영남대
　　　　동양문화연구소. 95-142쪽.

유창균(1972). 世宗朝 漢音系 韻書의 成立過程에 對하여. <문리대학보> 1. 영
　　　　남대 문리과대학. 1-26쪽.

유창균(1974). <蒙古韻略과 四聲通攷의 硏究>. 형설출판사.

유창균(1977). <訓民正音> 문고본. 형설출판사.

유창균(1977). 訓民正音과 八思巴字와의 상관성 : 훈민정음 기원의 측면. 석계
　　　　조인제 박사 환력 기념 논총. 회갑기념출판위원회 편(1977). <石溪 趙
　　　　仁濟 博士 還曆紀念論叢>. 95-115쪽.

유창균(1978). 조선시대 세종조 언어정책의 역사적 성격(일본어). <동양학
　　보> 59. 東京 : 東洋文庫.

유창균(1979). <東國正韻>. 형설출판사.

유창균(1979). 韓國韻書의 形成과 發達過程. <민족문화> 5. 민족문화추진회.
　　7-22쪽.

유창균(1989). 皇極經世書가 國語學에 끼친 影響. <석당 논총> 15. 동아대 석
　　당전통문화연구소. 69-102쪽.

유창균(1993). <訓民正音 譯註>. 형설출판사.

유창균(2008). 蒙古韻略과 東國正韻. 훈민정음과 파스파 문자 Workshop 조직
　　위원회 편. <훈민정음(訓民正音)과 파스파 문자(八思巴文字) 국제 학
　　술 Workshop 논문집>. 한국학중앙연구원. 101-112쪽.

유창돈(1958). <언문지주해>. 신구문화사.

유창돈(1962). 15世紀 國語의 音韻體系. <국어학> 1. 국어학회.

유한준 엮음(2000). <성삼문·박팽년>. 대일출판사.

유홍렬(1949). 세종과 우리 문화. <한글> 107. 한글학회. 5-16쪽.

유홍렬(1977). 世宗大王과 集賢殿. <어문연구> 15·16. 일조각. 21-23쪽.

유효홍(2011). 훈민정음 문자의 전환 방식에 대한 연구 : <홍무정운역훈>의
　　표기를 중심으로. 한국학중앙연구원 한국학대학원 박사학위 논문.

유　희(1824/순조24). <언문지(諺文志)>. 영인본 : 신경준·유희(1974). <訓民
　　正音韻解 / 諺文志>(영인본). 漢陽대학교附設國學硏究院.

윤국한(2005). 훈민정음 친제설에 대하여 : 문법교과서의 진술을 중심으로.
　　<한국어문교육> 14. 한국교원대 한국어문교육연구소. 193-218쪽.

윤덕중·반재원(1983). <훈민정음 기원론>. 국문사.

윤장규(1997). 訓民正音의 齒音 'ㅈ'에 대한 두 과제. <성균어문연구> 32. 성
　　균관대 국어국문학회. 73-82쪽.

윤정남(2002). 15세기 국어의 'ㄹ'에 관한 연구. 연세대 대학원 석사학위 논문.

윤정하 역(1938). '訓民正音後序' 숙종대왕. <정음> 22. 조선어학연구회. 2쪽.

윤태림(1989). 韓國의 文字生活과 敎育에 대하여. <어문연구> 17-4. 한국어문
　　교육연구회. 413-414쪽.

윤태호(2000). 세종대왕의 교육정책 및 학술정책에 관한 연구. 경기대 교육
　　대학원 석사학위 논문.

윤형기(1941). <朝鮮文字解說>. 미간행영인본.

윤형두(2003). 훈민정음(訓民正音)—쓰고 읽지 못하는 백성들을 위해. <옛책
　　의 한글판본>. 범우사. 13-22쪽.

이가원(1994). 훈민정음의 창제. <열상고전 연구> 7. 열상고전연구회. 5-24쪽.

이강로(1973). 훈민정음 창제 이전의 이학관계의 연구 : 15세기 전반기의 吏
　　文을 중심으로. <논문집> 8. 인천교육대학교. 1-30쪽.

이강로(2002). 보한재 신숙주 선생의 생애. <한힌샘 주시경 연구> 14 · 15.
　　한글학회. 17-42쪽.

이강미(2013). 훈민정음의 서체미 연구. 경기대 미술 디자인 대학원 석사학
　　위 논문.

이경재李敬齋(1954). <整理文字 中途 自述>. 中華民國 : 中央文物供應社.

이경희(1984). 한글 創製와 王權强化. <녹우연구논집> 26. 이화여대 사범대학
　　사회생활과. 13-23쪽.

이경희(2007). 八思巴字와 訓民正音의 공통특징—편찬배경과 표음문자 중심으
　　로. <중국어문학논집> 43. 중국어문학연구회. 169-186쪽.

이광린(1954). 世宗朝의 集賢殿. <崔鉉培 先生 還甲記念文集>. 사상계사. 157-176쪽.

이광린(1954). 世宗朝의 集賢殿. 최현배 선생 환갑 기념 논문집 간행회 편(1954).
　　<崔鉉培 先生 還甲記念文集>. 사상계사. 157-176쪽.

이광호(1988). 訓民正音 '신제 28자'의 성격에 대한 연구. <배달말> 13. 배달
　　말학회. 47-66쪽.

이광호(1989). 訓民正音 解例本의 文字體系에 대한 解析. <語文學論叢> 8. 국민

대 어문학연구소. 109-127쪽. 재수록 : 이광호(2002). 훈민정음 해례본의 문자 체계에 대한 해석. <국어문법의 이해 2>. 태학사. 111-140쪽. 재수록2 : 이광호(2015). 훈민정음 해례본의 문자 체계에 대한 해석. <2015 훈민정음학회 제4회 전국학술대회 발표논문집>. (사)훈민정음학회. 21-50쪽.

이광호(1991). 문자 훈민정음의 논리성. <국어의 이해와 인식>(갈음 김석득 교수 회갑 기념 논문집). 한국문화사. 649-662쪽.

이광호(1992). 訓民正音 '新制二十八字'의 '新制'에 대하여. <한국어문학 연구> 4. 한국외국어대학교. 21-34쪽.

이광호(1992). 訓民正音 制字의 論理性. <정신문화연구> 48. 한국정신문화연구원. 189-193쪽.

이광호(1996). 외국인이 보는 한글은. <한글사랑> 가을호. 한글사.

이광호(1999). 훈민정음 '新制二十八字'의 '신제'. <문헌과 해석> 9. 문헌과해석사. 88-114쪽.

이광호(2005). <訓民正音 解例本>의 '解'와 '例'에 제시된 일부 '實例'에 대한 검토. 임홍빈 외(2005). <우리말연구 : 서른아홉 마당>. 태학사. 519-537쪽.

이광호(2006). <訓民正音 解例本>에서 '本文(例義)'과 '解例'의 내용 관계 검토. 편집위원회(2006). <國語學論叢 : 李秉根 先生 退任記念>. 태학사. 1397-1414쪽.

이광호(2010). 훈민정음 해례본의 편찬에 대한 가설(기조강연). <제181회 전국학술대회자료집>. 한국어문교육연구회. viii-xi x.

이극로(1932). 訓民正音의 獨特한 聲音 觀察. <한글> 5. 조선어학회. 198-201쪽. 재수록 : 이극로(1948). <國語學論叢>. 정음사.

이극로(1936). 訓民正音과 龍飛御天歌. <신동아> 6-4. 동아일보사. 재수록 : 하동호 편(1986). <한글論爭說集>下. 역대문법대계 3부 4책(영인판). 탑출판사. 35-37쪽.

이극로(1939). 訓民正音의 '重刊시' 表記法. <한글> 61. 조선어학회. 10-11쪽.

재수록 : 이극로(1948). 훈민정음의 '사이 ㅅ' 표기법. <國語學論叢>. 정음사. 19-22쪽.

이극로(1941). "ㆍ" 음가를 밝힘. <한글> 83. 조선어학회. 4-5쪽. 재수록 : 이극로(1948). <國語學論叢>. 정음사. 19-22쪽.

이극로(1942). <훈민정음과 용비어천가>(반도사화와 낙토만주 잡지사 펴냄). 만주 신경 : 만선학해사.

이근규(1985). 15세기 국어의 모음조화와 울림도 동화. <언어문학연구> 5. 충남대 영어영문학과. 253-292쪽.

이근규(1986). <중세국어 모음조화의 연구>. 창학사.

이근규(1987). 정음 창제와 문헌 표기의 정립에 대하여. <언어> 8. 충남대학교. 103-121쪽.

이근수(1976). 國語學史上의 定立을 위한 訓民正音 創制問題. <어문논집> 17. 고려대학교. 137-165쪽.

이근수(1977). 몽고의 어문정책과 훈민정음. <어문논집> 19·20 합집. 고려대학교. 569-586쪽.

이근수(1977). 몽고의 어문정책과 훈민정음. <月巖 朴晟義 博士 還甲紀念論叢>. 고려대 국어국문학연구회.

이근수(1977). 北方民族의 語文政策과 訓民正音. <논문집> 1. 한성여자대학교. 1-29쪽.

이근수(1978). 朝鮮朝의 語文政策 硏究. 고려대 대학원 박사학위 논문.
　　＊ 단행 : 이근수(1979). <朝鮮朝 語文政策 硏究>. 개문사.

이근수(1979). <朝鮮朝 語文政策 硏究>. 개문사.
　　＊ 박사학위 논문의 단행본 출판 : 이근수(1978). 朝鮮朝의 語文政策 硏究. 고려대 박사학위 논문.

이근수(1979). 朝鮮朝의 國語政策史. <논문집> 3. 한성대학교. 1-51쪽.

이근수(1981). 조선조의 문자 창제와 그 문제점. <홍익> 23. 홍익대학교.

88-99쪽.

이근수(1983). 訓民正音 創製와 그 政策. 추강 황희영 박사 송수 기념 논총 간행위원회 편. <韓國語 系統論 訓民正音 硏究>. 집문당. 333-356쪽.

이근수(1984). 한글과 일본 신대문자 : "한글은 세종 이전에도 있었다"는 주장과 관련하여. <홍대논총> 16. 홍익대학교. 363-398쪽.

이근수(1984). 한글은 世宗 때 창제되었다. <광장> 2. 세계평화교수협의회. 62-83쪽.

이근수(1985). 훈민정음 창제와 관련되는 몇 가지 이야기들. <홍익> 27. 홍익대학교. 104-114쪽.

이근수(1986). 固有한 古代文字 사용설에 대하여. <국어생활> 6. 국어연구소. 8-19쪽.

이근수(1987 : 개정판). <朝鮮朝의 語文政策 硏究>. 홍익대 출판부.
    * 이근수(1979. <朝鮮朝 語文政策 硏究>. 개문사)의 개정판.

이근수(1988). 한글 창제. 과연 단군인가. <동양문학> 2. 동양문학사. 276-287쪽.

이근수(1988). 홍기문(1946) '正音發達史'. <주시경 학보> 2. 주시경연구소.

이근수(1992). 훈민정음. <국어학 연구 100년사> II. 일조각. 491-500쪽.

이근수(1994). 훈민정음의 언어철학적 분석. <인문과학> 1. 홍익대학교. 83-102쪽.

이근수(1995). <訓民正音 新硏究>. 보고사.

이근수(1996). 훈민정음 창제와 조선왕조. <인문과학> 4. 홍익대 인문과학연구소. 5-20쪽.

이근수(1999). 세종조의 훈민정음 창제와 그 정신. 세종성왕육백돌기념문집위원회 편(1999). <세종성왕육백돌>. 세종대왕기념사업회. 274-275쪽.

이근우(2008). 금속활자. 청자. 그리고 훈민정음에 대한 뒷이야기. <인문사회과학연구> 9-2. 부경대 인문사회과학연구소. 175-201쪽.

이기문(1961·1972 : 개정판). <國語史槪說>. 민중서관.

이기문(1963). <國語表記法의 歷史的研究>. 한국연구원.

이기문(1969). 中世國語 音韻論의 諸問題. <진단학보> 32. 진단학회.

이기문(1972). <國語音韻史 研究>. 한국문화연구소(서울대학교문리과대학내).
재간(탑출판사. 1977).

이기문(1974). 한글의 창제. <한국사>. 국사편찬위원회.

이기문(1974). 訓民正音 創制에 관련된 몇 問題. <국어학> 2. 국어학회. 1-15쪽. 재
수록 : 이기문 편(1977). <文字>(國語學論文選 7). 민중서관. 201-216쪽.
재수록 : 서병국(1978). <訓民正音>. 학문사. 97-103쪽.

이기문(1974). 訓民正音創制의背景と意義 : 韓國史の再照明. <アジア公論> 3-5.
アジア公論社. 215-218쪽.

이기문(1976). 최근의 訓民正音 研究에서 提起된 몇 問題. <진단학보> 42. 진단
학회. 187-190쪽. 재수록 : 이기문 편(1977). <文字>(國語學 論文選) 7.
민중서관. 228-234쪽.

이기문(1978). 十五世紀 表記法의 一考察. <언어학> 3. 한국언어학회. 201-209쪽.

이기문(1980). 訓民正音 創制의 基盤. <동양학> 10. 단국대 동양학연구소.
388-396쪽.

이기문(1981). 東아세아 文字史의 흐름. <동아연구> 1. 서강대 동아연구소.
1-17쪽.

이기문(1992). 訓民正音 親制論. <韓國文化> 13. 서울대 한국문화연구소. 1-18쪽.

이기문(1996). 현대적 관점에서 본 한글. <새국어생활> 6-2. 국립국어연구원.
3-18쪽.

이기문(1997). "The Inventor of the Korean Alphabet." The Korean Alphabet :
Its History and Structure. Univ. of Hawaii Press. 89-106쪽.

이기문(2005). 우리나라 文字史의 흐름. <구결연구> 14. 태학사. 233-251쪽.

이기문(2007). 한글. <한국사 시민 강좌> 23. 일조각.

이기문(2007). 훈민정음 연구의 회고와 전망. <훈민정음 연구의 이론과 실

제>(사단법인 훈민정음학회 창립 기념 학술대회 발표논문집). 훈민
정음학회. 1-7쪽.

이기문(2008). 訓民正音 創制에 대한 再照明. <한국어연구> 5. 한국어연구회.
5-45쪽.

이기문 편(1977). <文字>(國語學論文選) 7. 민중서관.

이기백(1989). 訓民正音의 運用. <어문연구> 17-4. 한국어문교육연구회. 415-
416쪽.

이남덕(1968). 15世紀 國語의 된소리 考. <이숭녕박사 송수기념논총>. 을유문
화사.

이남덕(1973). 훈민정음과 '방격규구사신경(方格規矩四神鏡)'에 나타난 고대 동
방사상 : 이정호 해설역주 훈민정음 훈민정음의 역학적 연구에 붙임.
<국어국문학> 62·63. 국어국문학회. 221-239쪽.

이돈주(1988). <訓民正音>의 解說. 신상순·이돈주·이환묵 편(1988). <훈민
정음의 이해>. 한신문화사. 1-40쪽.

이돈주(1988). 訓民正音의 中國音韻學的 背景. 신상순·이돈주·이환묵 편(1988).
<훈민정음의 이해>. 한신문화사. 199-238쪽.

이돈주(1990). 訓民正音の 創製と 中國 音韻學 理論の 受容. <조선어교육> 4.
일본 : 긴키 대학교(近畿大學校).

이돈주(2002). 신숙주의 언어학적 업적. <한힌샘 주시경 연구> 11. 한글학회.
43-75쪽.

이돈주(2002). 신숙주의 학문과 인간-신숙주와 훈민정음-. <새국어생활>
12-3. 국립국어연구원. 27-42쪽.

이동림(1963). 訓民正音의 制字上形成問題. <无涯 梁柱東 博士 華誕紀念論文集>.
탐구당. 311-336쪽.

이동림(1964). 東國正韻의 硏究 : 特히 九十一韻 二十三字母와 訓民正音 十一母
音 策定에 關하여. <논문집> 1. 동국대학교.

이동림(1965). 東國正韻 硏究(Ⅱ) : 그 等韻圖 作成을 中心으로. <국어국문학> 30. 국어국문학회.

이동림(1966). 國文字策定의 歷史的 條件. <명지어문학> 3. 명지대학교. 51-56쪽.

이동림(1970). <東國正韻 硏究> 상(연구편)·하(재구편). 동국대 국어국문학 연구실.

이동림(1972). 訓民正音과 東國正韻. <문화비평> 12. 아안학회. 73-82쪽.

이동림(1973). 諺文字母 俗所謂 反切 二十七字 策定根據 : 훈민정음 제정은 '예부운략' 속음 정리로부터. <梁柱東 博士 古稀紀念論文集>. 탐구당.

이동림(1974). 訓民正音 創製 經緯에 對하여 : 俗所謂 反切 二十七字와 상관해서. <국어국문학> 64. 국어국문학회. 59-62쪽. 재수록1 : 이기문 편(1977). <文字>(國語學 論文選 7). 민중서관. 180-200쪽. 재수록2 : 이동림 외(1988). <꼭 읽어야 할 국어학 논문집>. 집문당. 414-432쪽. 재수록3 : 서병국(1978). <訓民正音>. 학문사. 129-131쪽.

이동림(1975). 訓民正音의 創製 經緯에 대하여 : '언문 자모 27자'는 최초 원안이다. <국어국문학 논문집> 9·10. 동국대학교. 7-22쪽.

이동림(1979). 언문과 訓民正音 關係. 再認識된 加劃原理를 中心으로. <어문연구> 21. 일조각. 79-89쪽. 재수록 : 기념논총위원회(1980). <연암 현평표 박사 회갑기념논총>. 185-198쪽.

이동림(1980). 訓民正音 '全濁字'는 왜 만들지 않았는가. <경기어문학> 창간호. 경기대학교. 70-74쪽.

이동욱(1999). '한글창제 연구' 독일인 라이너 도멜스 박사(인터뷰) : 저승의 세종대왕은 한글전용을 개탄할 것. <월간조선> 12월호. 조선일보사.

이동준(1981). 세종대왕의 정음 창제와 철학 정신. <세종문화> 47(8월). 48(9월). 49(10월). 세종대왕기념사업회. 재수록 : 이동준 외(2007). 세종의 훈민정음 창제와 철학사상-역학 및 성리학과 관련하여-. <근세한국 철학의 재조명>(행촌 이동준의 일흔 돌 기념 논총). 심산출판사.

이동화(2006). <훈민정음과 중세국어>. 문창사.

이등룡(1999). 세종의 음운 이론. 세종성왕육백돌기념문집위원회 편(1999). <세종성왕육백돌>. 세종대왕기념사업회. 276-279쪽.

이등룡(2004). 訓民正音 諺解本의 '漢音齒聲'에 대한 管見. <인문과학> 34. 성균관대 인문과학연구소. 153-168쪽.

이명규 편저(1984). <註解 中世國語選>. 동성사.

이문수(1988). 世宗의 福祉政策에 關한 硏究 Ⅳ : 訓民正音 創製를 中心으로. <사회문화 연구> 7. 대구대 사회과학연구소. 47-65쪽.

이미화(2010). 고등학교 <국어> 교과서 <훈민정음> 단원 구성 연구. 영남대 교육대학원 석사학위 논문.

이병근(1993). 훈민정음의 초·종성 체계. 신상순·이돈주·이환묵 편(1988). <훈민정음의 이해>. 한신문화사. 59-80쪽.

이병기(1928). 世宗大王과 訓民正音 頒布. <별건곤>12·13. 개벽사.

이병기(1932). 한글의 經過. <한글> 6. 조선어학회. 232-235쪽.

이병기(1997). 세종대왕과 한글. <나라사랑> 94. 외솔회. 32-34쪽.

이병수(1934). 世宗大王의 偉業. <정음> 4. 조선어학연구회. 26-33쪽.

이병운(1987). 훈민정음의 표기법 연구. 부산대 대학원 석사학위 논문.

이병운(1989). 훈민정음 중성자의 제자 원리. <부산한글> 8. 한글학회 부산지회.

이병운(2000). <훈중세국어의 음절과 표기법 연구>. 세종출판사.

이병주(1999). 세종의정음보급책. 세종성왕육백돌기념문집위원회 편(1999). <세종성왕육백돌>. 세종대왕기념사업회. 384-385쪽.

이봉주(2002). 15세기 국어의 모음체계. 원광대 교육대학원 석사학위 논문.

이상규 주해(2013). <훈민정음통사(방종현 원저)>. 올재.

이상규(2008). 훈민정음 영인 이본의 권점(圈點) 분석. <어문학> 100. 형설출판사. 143-172쪽.

이상규(2009). 디지털 시대에 한글의 미래. <우리말연구> 25. 우리말학회. 2-62쪽.

이상규(2009). 훈민정음의 첩운(疊韻) 권점 분석. <새국어생활> 19-1. 국립국어원. 155-184쪽.

이상규(2011). <한글 고문서 연구>. 경진.

이상규(2012). 잔엽 상주본 <훈민정음> 분석. <한글> 298. 한글학회. 5-50쪽.

이상규(2013). <세종실록> 분석을 통한 한글 창제 과정의 재검토. <韓民族語文學> 65. 한민족어문학회. 5-56쪽.

이상규(2014). <훈민정음>에 대한 인문지리학적 접근. <한민족어문학회 학술대회 자료집>. 한민족어문학회. 1-18쪽.

이상규(2014). 여암 신경준의 저정서(邸井書) 분석. <어문론총> 62. 한국문학언어학회. 153-187쪽.

이상백(1957). <한글의 起源>. 통문관.

이상백(1957). <한글의 基源-훈민정음 해설>. 통문관.

이상억(2002). 훈민정음의 자소적(字素的) 독창성-서예의 관점에서-. 고영근 편. <문법과 텍스트>. 서울대 출판부. 47-60쪽.

이상억(2008). '훈민정음' 제대로 이해하기(훈민정음 창제와 제자 원리). 국립국어원 편. <알기 쉽게 풀어 쓴 훈민정음>. 생각의 나무. 37-48쪽.

이상혁(1997). 우리 말글 명칭의 역사적 변천과 의미. 일암 김응모 교수 화갑기념 논총 간행위원회 엮음. <한국어학의 이해와 전망>. 박이정. 793-812쪽.

이상혁(1999). 朝鮮後期 訓民正音 硏究의 歷史的 變遷 : 文字意識을 中心으로. 고려대 대학원 박사학위 논문. → 이상혁(2004). <조선 후기 훈민정음 연구의 역사적 변천>. 역락.

이상혁(2000). 훈민정음 해례 '용자례' 분석. <21세기 국어학의 과제>. 월인. 613-632쪽.

이상혁(2003). 훈민정음 창제 목적에 대한 인문학적 시론(試論)과 15세기 국
　　어관. 이광정 편. <國語學의 새로운 照明>. 역락. 637-654쪽. 재수
　　록 : 이상혁(2004). 훈민정음의 창제 목적에 대한 인문학적 접근. <훈
　　민정음과 국어 연구>. 역락. 37-53쪽.

이상혁(2004). <조선 후기 훈민정음 연구의 역사적 변천>. 역락.
　　* 박사논문의 단행본화 : 이상혁(1999). 朝鮮後期 訓民正音 硏究의 歷史
　　的 變遷 : 文字意識을 中心으로. 고려대 박사학위 논문.

이상혁(2004). <훈민정음과 국어 연구>. 역락.

이상혁(2005). 홍기문과 원본 <훈민정음>의 번역에 대하여. <한국학연구> 23.
　　고려대 한국학연구소. 235-254쪽.

이상혁(2006). 훈민정음. 언문. 반절. 그리고 한글의 역사적 의미-우리글 명
　　칭 의미의 어휘적 함의를 중심으로-. 정광 외. <역학서와 국어사 연
　　구(솔미 정광 교수 정년퇴임 기념논문집)>. 태학사. 444-487쪽.

이상혁(2007). 훈민정음에 대한 문화콘텐츠적 접근과 그 방향. <한국어학> 36.
　　한국어학회. 195-220쪽.

이상혁(2008). 훈민정음과 한글의 언어문화사적 접근-문자. 문자 기능의 이
　　데올로기적 속성을 중심으로. <한국어학> 41. 한국어학회. 61-82쪽.
　　재수록 : 홍종선 외(2008). 훈민정음과 한글의 언어문화사적 접근.
　　<세계 속의 한글>. 박이정. 217-238쪽.

이상혁(2008). 훈민정음과 한글의 정치사적 시론 : 문자의 이데올로기적 측면을
　　중심으로. <제2회 한국어학회 국제학술대회>. 한국어학회. 424-434쪽.

이상혁(2009). 한국학과 훈민정음. 순천향대 인문과학연구소·우리어문학회
　　엮음. <한국학의 국제화 방안과 우리어문학>. 순천향대 인문과학연
　　구소·우리어문학회 공동 국제학술대회 자료집. 170-179쪽.

이상혁(2009). 한국학과 훈민정음-한국어 문화교육을 기반으로 한 훈민정음
　　콘텐츠를 중심으로. <우리어문연구> 35. 우리어문학회. 221-246쪽.

이상혁(2011). 북쪽 국어학자의 훈민정음 연구 분석과 학문적 계보. <우리어문연구> 39. 우리어문학회. 275-299쪽.

이상혁(2011). 훈민정음의 속살. <한국어문의 내면(윤우 천소영교수 정년 기념 논문집)>. 와우출판사. 173-186쪽.

이상혁(2012). <훈민정음>(1446)과 어문규정(1988)의 역사적 상관성 연구― <해례>의 규정과 <한글 맞춤법>을 중심으로. <한성어문학> 31. 한성어문학회. 57-82쪽.

이석주(1994). 문자의 발달과 한글. <한성어문학> 13. 한성대 한국어문학부. 3-52쪽.

이선경(2008). 학산 이정호의 훈민정음(訓民正音)의 역리연구(易理硏究)에 대하여 : <훈민정음의 구조원리>를 중심으로. <유교문화연구> 13. 성균관대 동아시아학술원 유교문화연구소. 229-251쪽.

이성구(1983). 訓民正音과 太極思想. <蘭臺 李應百 博士 回甲紀念論文集>. 보진재. 188-202쪽.

이성구(1983). 訓民正音의 哲學的 考察 : 해례본에 나타난 제자원리를 중심으로. 성균관대 대학원 석사학위 논문(<명지실전 논문집>. 1984).

이성구(1984). 訓民正音 解例의 哲學思想에 관한 硏究 : 易理와 性理學을 중심으로. 명지대 대학원 박사학위 논문.

이성구(1984). 訓民正音의 哲學的 考察 : 解例本에 나타난 制字原理를 中心으로. <논문집> 8. 명지실업전문대학. 7-53쪽.

이성구(1985). <訓民正音 硏究>. 동문사.

이성구(1986). <訓民正音解例>에 나타난 河圖 原理와 中聲. <국어국문학> 95. 국어국문학회. 422-423쪽.

이성구(1986). 훈민정음 해례의 '聲.音.字'의 의미. <鳳竹軒 朴鵬培博士回甲紀念論文集>. 배영사. 90-608쪽.

이성구(1987). <훈민정음해례>의 河圖 理論과 中聲. <열므나 이응호 박사 회갑

기념 논문집>. 한샘. 281-304쪽.

이성구(1987). 훈민정음 초성체계와 오행. 한실 회갑 기념 논총 간행위원회 편. <한실 이상보 박사 회갑기념논총>. 형설출판사.

이성구(1993). <訓民正音解例>에 나타난 '天'과 '地'의 의미. <論文集> 17. 명지실업전문대학. 1-21쪽. 재수록 : 춘허 성원경 박사 화갑 기념 논총 간행위원회(1993). <韓中音韻學論叢> 1. 123-140쪽.

이성구(1994). <訓民正音解例>의 取象과 取義. <논문집> 18. 명지실업전문대학. 1-17쪽.

이성구(1998). <訓民正音 硏究>. 애플기획.

이성연(1980). 世宗의 言語政策에 대한 硏究. <한국언어문학> 19. 한국언어문학회. 197-210쪽.

이성연(1984). 훈민정음 창제에 관한 몇 가지 문제. <한글> 185. 한글학회. 147-170쪽.

이성연(1994). 훈민정음 창제 과정에 대한 연구. <한국언어문학> 32. 형설출판사. 65-80쪽.

이성일(1994). 訓民正音 序文과 King Alfred의 Cura Pastoralis 序文 : 文孝根 선생님께. <인문과학> 71. 연세대학교. 191-208쪽.

이숭녕(1940). '·' 音攷. <震壇學報> 12. 震檀學會. 1-106쪽.

이숭녕(1947). 訓民正音과 母音論. <한글> 100. 한글학회. 460-470쪽.

이숭녕(1953). 訓民正音 硏究의 新提唱. <자유세계> 12. 홍문사.

이숭녕(1955). 國語學史의 時代性論考 : 訓民正音問題를 主題로 하여. <學叢> 1. 학총사. 39-54쪽.

이숭녕(1958). 世宗의 言語政策에 關한 硏究—特히 韻書編纂과 訓民正音 制定과의 關係를 中心으로 하여. <아세아연구> 1·2. 고려대 아세아문제연구소. 29-84쪽.

이숭녕(1959). 言語學에서 본 한글의 優秀性. <지방행정> 8권 74호. 대한지방

공제회. 23-29쪽.

이숭녕(1959). 洪武正韻譯訓의 硏究. <진단학보> 20. 진단학회. 115-151쪽.

이숭녕(1964). 崔萬理 硏究. <李相伯 博士 回甲記念論叢>. 43-74쪽.

이숭녕(1966). 세종대왕의 개성의 고찰. <대동문화연구> 3. 성균관대 대동문화
　　　연구원. 19-82쪽. 재수록 : 이숭녕(1978). <국어학 연구>. 형설출판사.

이숭녕(1966). 한글 制定의 時代 環境. <교육평론> 96. 교육평론사. 14-17쪽.

이숭녕(1966). 한글制定의 時代環境. <교육평론> 96. 교육평론사. 14-69쪽.

이숭녕(1967). 세종대왕 연구에의 의의 제기. <김석재 신부 금양 경축 기념
　　　논총>.

이숭녕(1969/1983). 訓民正音. <韓國의 名著>(문학편) 1. 현암사.

이숭녕(1970). 이조 초기 역대 왕실의 출판 정책의 고찰—특히 불경인행(佛經
　　　印行)의 과정을 중심으로 하여—. <한글> 146. 한글학회. 271-286쪽.

이숭녕(1971). 鑄字所・冊房・正音廳의 相互關係에 對하여. <동대논총> 2. 동
　　　덕여자대학. 89-100쪽. 재수록 : 상은조용욱박사고희기념사업회(1971).
　　　鑄字所・冊房・正音廳의 相互關係에 對하여. <상은조용욱박사송수기념
　　　논총>. 159-170쪽.

이숭녕(1971). 洪武正韻의 認識의 時代的 變貌. 간행위원회 편. <金亨奎 博士
　　　頌壽紀念論叢>. 일조각. 551-566쪽.

이숭녕(1972). <性理大全>과 李朝言語의 硏究. <동양학> 2. 단국대 동양학연
　　　구소. 5-9쪽.

이숭녕(1973). 文宗과 正音廳. <법시(法施)> 66. 법시사. 6-10쪽.

이숭녕(1975). 世宗大王과 訓民正音 制定. <어문연구> 10. 한국어문교육연구회.
　　　665-666쪽.

이숭녕(1976). <革新 國語學史>. 박영사.

이숭녕(1977). 世宗의 言語政策事業과 그 隱密主義的 態度에 對하여—特히 實錄
　　　記錄의 不透明性과 冊房의 露出을 中心으로 하여. <한국학 논총>(하

성 이선근 박사 고회 기념 논문집). 형설출판사. 413-438쪽.

이숭녕(1979). 한글 제정의 배경과 해석. <수도교육> 49. 서울시 교육연구원. 2-7쪽.

이숭녕(1981). <世宗大王의 學問과 思想 : 學者들과 그 業績>. 아세아문화사.

이숭녕(1982). 世宗大王の 言語政策と その 業績 : 世宗大王の 業績と 思想. <アジア公論>118(8月). 한국국제문화협회. 103-116쪽.

이숭녕(1982). 世宗大王の 言語政策と その 業績(下) : 朝鮮王朝の公式史書 <王朝 實錄>と 冊房. <アジア公論> 120(10月). 한국국제문화협회. 151-163쪽.

이숭녕(1986). '말과 '말씀'의 意味識別에 對하여-'나랏말쏘미…'의 解析을 머 금고-. <東泉 趙健相 先生 古稀記念論叢>. 개신어문연구회. 221-238쪽.

이숭녕(1990). 모음 'ㆍ, ㅡ,음에 대한 음운론적 연구. <난정 남광우 박사 고회 기념 논총>. 한국어문교육연구회. 3-10쪽.

이숭녕(2011). 國語學史의 時代性論考-訓民正音問題를 主題로 하여. 심악이숭녕 전집 간행위원회 편. <심악이숭녕전집> 14(어학사 2). 한국학술정보.

이승욱(1972). 國語文字의 硏究史. <국어국문학> 58-60. 국어국문학회.

이승은(1996). 15世紀 國語의 各自竝書 硏究. 忠北大學校 敎育大學院 석사학위 논문.

이승재(1989). 借字表記 硏究와 訓民正音의 文字論的 硏究에 대하여. <국어학> 19. 국어학회. 203-239쪽.

이승재(1991). 訓民正音의 言語學的 理解. <언어> 16-1. 한국언어학회. 181-211쪽.

이안나(1996). 훈민정음과 한글에 관한 퀴즈. <함께여는 국어교육> 29. 전국 국어교사모임. 94-110쪽.

이영삼(1938). 朝鮮文字의 由來와 趨向. <정음> 23. 조선어학연구회. 10-13쪽.

이영월(2005). 訓民正音의 中國 音韻學的 照明. <중국어문학논집> 35. 중국어 문학연구회. 7-26쪽.

이영월(2008). <훈민정음 연구 결과 보고서>. 한국연구재단.

이영월(2008). 훈민정음 제자원리 재고. <중국언어연구> 27. 한국중국언어학회. 453-473쪽.

이영월(2009). 훈민정음에 대한 중국운서의 영향-삼대어문사업을 중심으로-. <중국학연구> 50. 중국학연구회. 255-274쪽.

이영월(2010). 등운이론과 훈민정음 28자모의 음운성격-창제 동기와 목적을 중심으로. <중국어문논역총간> 27. 중국어문논역학회. 123-150쪽.

이우성(1976). 朝鮮王朝의 訓民政策과 正音의 機能. <진단학보> 42. 진단학회. 182-186쪽. 진단학회. 재수록 : 이우성(1982). <韓國의 歷史像 : 李佑成 歷史論集>. 창작과비평사. 223-230쪽.

이유나(2005). <한글의 창시자 세종대왕>. 한솜.

이윤재(1932). 訓民正音의 創定. <한글> 5. 조선어학회. 180-182쪽. 박지홍 (1988). 훈민정음에서 나타나는 역학적 배경. 신상순·이돈주·이환 묵 편(1988). <훈민정음의 이해>. 한신문화사.

이윤재(1935). 세종대왕과 문화사업. <신동아> 40. 동아일보사.

이윤하(1999). 세종대왕과 정음. 세종성왕육백돌기념문집위원회 편(1999). <세 종성왕육백돌>. 세종대왕기념사업회. 281-282쪽.

이응백(1988). 訓民正音 창제의 근본 뜻 : 愚民·耳를 중심으로. <어문연구> 57. 일조각. 118-124쪽.

이응백(1989). 訓民正音 訓習의 基本資料. <어문연구> 17-4. 한국어문교육연 구회. 417-419쪽.

이응백(1990). 世宗大王의 訓民正音 御制序文의 再吟味. <어문연구> 68. 일조각. 450-458쪽.

이응백(1994). 訓民正音 序文에 나타난 世宗大王의 생각. <어문연구> 81·82. 한문어문교육연구회. 일조각. 264-271쪽.

이응호(1999). 한국 초기 개신교의 전도용 한글 번역 책. 세종성왕육백돌기념 문집위원회 편(1999). <세종성왕육백돌>. 세종대왕기념사업회. 391-400쪽.

이익섭(1971). 문자의 기능과 표기법의 이상. 김형규 박사 송수 기념 논총 간
　　행위원회 편. <金亨奎 博士 頌壽紀念論叢>. 일조각. 679-694쪽.

이익섭(1988). 文字史에서 본 東洋 三國 文字의 특성. <새국어생활> 8-1. 국립
　　국어연구원. 221-231쪽.

이재면(1977). 훈민정음과 음양오행설의 관계. <동국> 13. 동국대학교.

이재철(1973). 集賢殿의 機能에 대한 硏究. <인문과학> 30. 연세대 인문과학
　　연구소. 127-168쪽.

이재철(1978). <集賢殿考>. 한국도서관협회.

이재철(1978). 世宗朝 集賢殿의 機能에 관한 硏究. 성균관대 대학원 박사학위
　　논문.

이재형(2004). 세종의 훈민정음 창제와 신미의 역할. <불교문화연구> 4. 한
　　국불교문화학회. 137-156쪽.

이재홍 편역(2011). <동국정운 : 훈민정음의 창제 동기와 의의>. 어문학사.

이정인(1979). 훈민정음 제정 동기에 관한 고찰. 명지대 대학원 석사학위 논문.

이정호(1972). <(해설 역주) 訓民正音>. 한국도서관학연구회.

이정호(1972·1986 : 개정판). <국문·영문 해설 역주 훈민정음>. 보진재.

이정호(1972가). 訓民正音의 易學的 硏究. <논문집>(인문·사회과학 편) 11.
　　충남대학교. 5-42쪽.

이정호(1972나). 訓民正音圖에 對하여. <백제연구> 3. 충남대 백제연구소.
　　99-110쪽.

이정호(1974). <역주 주해 훈민정음>. 아세아문화사.

이정호(1975). <訓民正音의 構造原理 그 易學的 硏究>. 아세아문화사.

이정호(1975). 訓民正音의 올바른 字體. <논문집> 3. 국제대학교(서경대학교).
　　83-100쪽.

이정호(1979). 한국역학의 인간학적 조명 : 특히 훈민정음과 금화정역에 대하여.
　　<국제대학논문집> 7. 국제대학. 305-326쪽.

이정호(1984). 世宗大王의 哲學精神 : 人間尊嚴思想과 訓民正音의 創製原理를 中心으로. <世宗朝 文化研究> II. 한국정신문화연구원. 308-343쪽.

이정호(1986 : 개정판). <국문·영문 해설 역주 훈민정음>. 보진재.

이종우(2009). 세종조의 불교 정책. <종교연구> 50. 한국종교학회. 159-185쪽.

이주근(1983). 한글의 생성조직과 뿌리의 논쟁. 추강 황희영 박사 송수 기념 논총 간행위원회 편. <韓國語 系統論 訓民正音 研究>. 집문당. 357-370쪽.

이중건(1927). 世宗大王과 訓民正音. <한글 동인지> 1. 조선어학회. 41-47쪽.

이 청 편(1946). <한자해례본·월인석보본 합부 훈민정음>(석판본). 창란각.

이 탁(1932). ㆆ·ㅿ·◇을 다시 쓰자. <한글> 4. 한글학회. 161-167쪽.

이 탁(1949). 言語上으로 考察한 先史時代의 桓夏 文化의 關係. <한글> 106. 한글학회. 4-24쪽.

이 탁(1958). <國語學論攷>. 정음사.

이태극(1978). 세종대왕과 정음반포. <세종문화> 12. 세종대왕기념사업회.

이토 이데토(伊藤英人)(1995). 申景濬의 '운해 훈민정음(韻解訓民正音)'에 대하여. <국어학> 25. 국어학회. 293-306쪽.

이한우(2006). <세종. 조선의 표준을 세우다>. 해냄출판사.

이현규(1976). 訓民正音 字素體系의 修正. <朝鮮前期의 言語와 文學>. 형설출판사. 139-168쪽.

이현규(1983). 訓民正音解例의 언어학적 연구─형태소 표기론─. 추강 황희영 박사 송수 기념 논총 간행위원회 편. <韓國語 系統論 訓民正音 研究>. 집문당. 371-386쪽.

이현복(1971). 한글 음성 문자 시안. <한글학회 50돌 기념 논문집>. 한글학회. 11-18쪽.

이현복(1981). <국제 음성 문자와 한글 음성 문자─원리와 표기법>. 과학사.

이현복(1986). 외국인은 한글을 이렇게 본다. <한글 새소식> 170. 한글학회. 4-5쪽.

이현복(1990). 자랑스런 우리의 말과 글. <산업디자인> 112. 한국디자인포장
　　　센터. 6-11쪽.

이현복(1999). 21세기 지구촌을 한글 문화권으로!-한글은 국보 제1호이며
　　　인류의 문화 유산이다-. <한글 새소식> 324. 한글학회. 7-11쪽.

이현희(1990). 訓民正音. 서울대 대학원 국어연구회 편. <國語研究 어디까지
　　　왔나>. 동아출판사. 615-631쪽. 재수록(제목 수정. 논문해설 첨부) :
　　　이현희(2003). 訓民正音 硏究史. <한국의 문자와 문자연구(송기중·이
　　　현희·정재영·장윤희·한재영·황문환 편)>. 집문당.

이현희(1991). 訓民正音의 異本과 관련된 몇 문제. <어학교육> 21. 전남대 언
　　　어교육원. 59-74쪽.

이현희(1997). 훈민정음. <새국어생활> 7-4. 국립국어연구원. 237-254쪽.

이현희(2002). 신숙주의 국어학적 업적. <보한재 신숙주의 역사적 재조명(문화
　　　관광부 2002년도 10월의 문화인물 선정 '보한재 신숙주선생의 달' 출판
　　　및 학술대회)>. 고령 신씨 대종회 고령신씨 문충공파 종약회. 7-22쪽.

이현희·두임림·사화·스기야마·유타카·정혜린·김소영·김주상·백채
　　　원·가와시키 케이고·이상훈·김한결·김민지·왕철(2014). <『訓民
　　　正音』의 한 이해>. 역락.

이혜숙(2005). 디자인으로서의 한글과 디자이너로서의 세종. 국민대 테크노
　　　디자인 전문대학원 석사학위 논문.

이호권(1993). '한글갈'의 문헌 연구. <새국어생활> 3-3. 국립국어연구원.
　　　114-132쪽.

이호권(2008). 조선시대 한글 문헌 간행의 시기별 경향과 특징. <한국어학> 41.
　　　한국어학회. 83-114쪽.

이호우(1964). 한글과 세종대왕. <약진 경북> 14. 경북도청.

이홍로(1956). 훈민정음 변천의 일단. <한글> 119. 한글학회. 92-99쪽.

이환묵(1987). 훈민정음 모음자의 제자원리. <언어> 12-2. 한국언어학회.

347-357쪽.

이환묵(1988). 훈민정음의 제자원리. 신상순・이돈주・이환묵 편(1988). <훈민정음의 이해>. 한신문화사. 183-198쪽.

이희승(1937). 문자 이야기. <한글> 44. 조선어학회. 1-6쪽.

이희승(1946). 문자사상 훈민정음의 지위. <한글> 94. 조선어학회. 4-13쪽.

일치인(1941). 訓民正音에서 뽑은 語彙. <한글> 83. 조선어학회. 10-11쪽.

임군택(1999). 어문사상 철학사적 고찰 : 왜곡 해석된 훈민정음 철학적 조명. <대동철학> 6호. 대동철학회. 307-319쪽.

임동철(2004). 補閑齋 申叔舟의 生涯와 業績. <충북향토문화> 16. 충북향토문화연구소. 35-48쪽.

임 영(1968). 訓民正音 創制의 學問的 背景에 關한 硏究. 성균관대 대학원 석사학위 논문.

임영천(1974). 正音形成의 背景的 諸與件에 關하여. <사대논문집> 5. 조선대학교. 61-76쪽.

임용기(1991). 훈민정음의 삼분법 형성 과정. 연세대 대학원 박사학위 논문.

임용기(1991). 훈민정음의 이본과 언해본의 간행 시기에 대하여. <국어의 이해와 인식>(갈음 김석득 교수 회갑 기념 논문집). 한국문화사. 673-696쪽.

임용기(1992). 훈민정음에 나타난 삼분법의 형성 과정에 대하여. <세종학 연구> 7. 세종대왕기념사업회. 73-97쪽.

임용기(1996). 삼분법의 형성 배경과 '훈민정음'의 성격. <한글> 233. 한글학회. 5-68쪽.

임용기(1997). 삼분법과 훈민정음 체계의 이해와 관련한 몇 가지 문제. <제24회 국어학회 공동연구회 발표집>. 국어학회.

임용기(1997). 삼분법과 훈민정음의 체계. 국어사연구회 편. <국어사연구>(전광현・송민 선생의 화갑을 기념하여). 태학사. 247-282쪽.

임용기(1997). 세종대왕과 훈민정음의 창제. <나라사랑> 94. 외솔회. 71-103쪽.

임용기(1997). 세종대왕과 훈민정음의 창제. 문화체육부 편. <세종대왕 : 탄신 600돌 기념>. 문화체육부. 48-85쪽.

임용기(1999). 이른바 이체자 'ㆁ. ㄹ. ㅿ'의 제자방법에 대한 반성. <새국어생 활> 9-4. 161-167쪽. 재수록 : 송기중·이현희·정재영·장윤희·한재 영·황문환 편(2003). <한국의 문자와 문자연구>. 집문당. 627-636쪽.

임용기(2000). 훈민정음. <문헌과 해석> 12. 문헌과해석사. 312-335쪽.

임용기(2002). 삼분법의 형성 과정에 대한 이해와 중성체계 분석의 근거에 관한 몇 가지 문제. <애산학보> 27. 애산학회. 65-90쪽.

임용기(2006). 훈민정음의 구조와 기능의 과학성. 편집위원회(2006). <國語學 論叢 : 李秉根 先生 退任記念>. 태학사. 1415-1438쪽.

임용기(2006). 훈민정음의 제자 원리와 음양·오행. <진리·자유> 62. 연세 대학교.

임용기(2008). 세종 및 집현전 학자들의 음운 이론과 훈민정음. <제2회 한국 어학회 국제학술대회>. 한국어학회. 282-299쪽.

임용기(2008). 세종 및 집현전 학자들의 음운 이론과 훈민정음. <한국어학> 41. 한국어학회. 115-156쪽.

임용기(2008). 세종 및 집현전 학자들의 음운 이론과 훈민정음. 훈민정음과 파 스파 문자 Workshop 조직위원회 편. <훈민정음(訓民正音)과 파스파 문자(八思巴文字) 국제 학술 Workshop 논문집>. 한국학중앙연구원. 205-227쪽.

임용기(2009). 음운자질과 훈민정음. 국어학회 편. <국어학회 50년 國語學 50년> (국어학회 창립 50주년 기념 국제학술대회 자료집). 국어학회. 12.19 (서강대 다산관).

임용기(2010). 초성, 중성, 종성의 자질과 훈민정음. <국어학> 57. 국어학회. 75-106쪽.

임용기(2012). 문자체계와 표기법─훈민정음의 한자음 표기와 관련하여─.

<韓國學寶> 第23期. 臺灣(臺北) : 中華民國 韓國研究學會.

임용기(2012). 훈민정음의 한자음 표기와 관련한 몇 가지 문제. <人文科學> 96. 연세대 인문학연구원. 5-44쪽.

임용기(2014). '훈민정음(訓民正音)'을 어떻게 연구할 것인가(석좌강의). <제41회 전국학술대회 발표자료집>. 국어학회.

임임표(1965). <訓民正音>. 사서출판사.

임채욱(1986). '한글날'과 '훈민정음창제기념일'. <북한> 178. 북한연구소. 92-99쪽.

임헌도(1956). 세종대왕과 한글. <조선일보> 10. 조선일보사. 8-10쪽.

임헌도(1966). 正音消長史管見. <제주도> 27. 제주도. 111-116쪽.

임홍빈(1999). 훈민정음의 명칭에 대한 한 가지 의문. 세종성왕육백돌기념문집 위원회 편(1999). <세종성왕육백돌>. 세종대왕기념사업회. 283-288. 재수록 : 임홍빈(2005). <우리말에 대한 성찰> 1. 태학사. 745-753쪽.

임홍빈(2006). 한글은 누가 만들었나 : 한글 창제자와 훈민정음 대표자. 편집위원회(2006). <國語學論叢 : 李秉根 先生 退任紀念>. 태학사. 1347-1395쪽.

임홍빈(2008). 訓民正音 創製와 관련된 몇 가지 問題. 훈민정음과 파스파 문자 Workshop 조직위원회 편. <훈민정음(訓民正音)과 파스파 문자(八思巴文字) 국제 학술 Workshop 논문집>. 한국학중앙연구원. 163-195쪽.

임홍빈(2013). 실록의 훈민정음 간행 기사의 비밀. <언어와 정보사회> 20. 서강대 언어정보연구소. 51-91쪽.

임홍빈(2013). 정음 창제와 세종조 유교와 불교의 구도. <2013년 한글날 기념 전국학술대회 불교와 한글>. 동국대 불교학술원·인문한국(HK)연구단. 13-49쪽.

장소원·이병근·이선영·김동준(2003). <조선시대 국어학사 자료에 대한 기초연구>. 서울대학교 한국학 장기기초연구비지원 연구과제 결과보고서.

장영길(2001). 훈민정음 자소 체계와 음성자질 체계의 조응 관계. <동악어문
　　논집> 37. 동악어문학회. 1-22쪽.

장영길(2008). 한글의 문자학적 우수성. <국제언어문학> 17. 국제언어문학회.
　　79-99쪽.

장윤희(2010). 문자생활사의 측면에서 본 甲子 上疏文. 해동공자 최충선생기
　　념사업회(사)(2010). <청백리 최만리 선생의 행적과 사대의식(역사
　　인물 재조명 학술세미나 자료집)>. 신정. 263-286쪽.

장윤희(2011). 문자생활사 관점에서의 '갑자 상소문' 재평가. <국어교육> 134.
　　한국어교육학회. 131-154쪽.

장윤희(2013). 訓民正音 制字原理의 位階性과 異體. <語文研究> 158. 韓國語文教
　　育研究會. 37-56쪽.

장장효(1963). 訓民正音과 日本 神代文字. <한양> 2-3. 한양사. 97-102쪽.

장진식(1975). 훈민정음 자모체계의 연구-제자해를 중심으로-. 원광대 대
　　학원 석사학위 논문.

장태진(1958). 傍點의 機能 : 十五世紀 國語韻素 設定을 爲한 試圖. <어문학> 3.
　　한국어문학회.

장태진(1983). 世宗朝 國語問題論의 硏究. <국어국문학> 5. 조선대 국어국문학과.
　　5-26쪽.

장태진(1983). 訓民正音 序文의 言語計劃論的 構造. <金判永 博士 華甲紀念論文
　　集>. 199-222쪽.

장태진(1987). 서구의 초기 언어계획 기관과 훈민정음 관계기관에 대하여.
　　<于海 李炳銑 博士 華甲紀念論叢>.

장태진(1988). <訓民正音> 序文의 談話 構造. 이동림 편. <꼭 읽어야 할 국어
　　학 논문집>. 집문당. 433-451쪽.

장향실(1999). 翁齋 李思質의 <訓音宗編> 考. <어문논집> 39. 안암어문학회.
　　108-130쪽.

장희구(1999가). 訓民正音 創製의 참뜻 I. <한글＋漢字문화> 6. 전국 한자교
　　육 추진 총연합회. 104-108쪽.

장희구(1999나). 訓民正音 創製의 참뜻 II. <한글＋漢字문화> 7. 전국 한자교
　　육 추진 총연합회. 122-125쪽.

전남대 어학연구소 편(1992). <훈민정음과 국어학>. 전남대 출판부.

전몽수(1936). 字母 이름에 對하여(야). <한글> 30. 조선어학회. 30-31쪽.

전몽수(1949). 訓民正音의 音韻 組織. 전몽수·홍기문 공저. <訓民正音 譯解>
　　조선어문고 1책. 평양 : 조선어문연구회. 38-81쪽.

전몽수·홍기문 역주(1949). <訓民正音 譯解> 조선어문고 1책. 평양 : 조선어
　　문연구회.

전상운(1984). <세종 시대의 과학>. 세종대왕기념사업회.

전영숙(1999). 훈민정음 연구. <논문집> 22. 신흥대학. 113-122쪽.

전인초(2004). 崔恒과 龍飛御天歌. <어문연구> 124. 한국어문교육연구회. 449-
　　474쪽.

전정례·김형주(2002). <훈민정음과 문자론>. 역락.

정　광(1978). 16·17世紀 訓民正音의 音韻變化에 대하여. <국어국문학> 78. 국
　　어국문학회. 125-127쪽.

정　광(1981). The Hunmin Chungum and the Cause of King Sejong's Language
　　Policy. <논문집> 10. 덕성여자대학교. 127-148쪽.

정　광(2002). 成三問의 학문과 조선전기의 譯學. <어문연구> 30-3. 한국어문
　　교육연구회. 259-291쪽.

정　광(2002). 훈민정음 중성자의 음운대립-한글 창제의 구조언어학적 이해
　　를 위하여-. 고영근 편. <문법과 텍스트>. 서울대 출판부. 31-46쪽.

정　광(2005). 申叔舟와 訓民正音 創製. <논문집> 5. 국제고려학회 서울지회.
　　3-40쪽. 재수록 : 정광(2006). <훈민정음의 사람들>. 제이앤씨.

정　광(2006). <훈민정음의 사람들>. 제이앤씨.

정　광(2006). 새로운 자료와 시각으로 본 훈민정음의 創製와 頒布. <언어정
　　　보> 7. 고려대 언어정보연구소. 5-38쪽. 재수록 : 정광(2006). <훈민
　　　정음의 사람들>. 제이앤씨. 20-36쪽.

정　광(2008). <蒙古字韻>의 八思巴 문자와 訓民正音. <제2회 한국어학회 국
　　　제학술대회>. 한국어학회. 10-26쪽.

정　광(2008). 訓民正音 字形의 獨創性-<蒙古字韻>의 八思巴 文字와의 비교를
　　　통하여. 훈민정음과 파스파 문자 Workshop 조직위원회 편. <훈민정
　　　음(訓民正音)과 파스파 문자(八思巴文字) 국제 학술 Workshop 논문
　　　집>. 한국학중앙연구원. 65-93쪽.

정　광(2008). 訓民正音의 制定과 頒布 再考. 훈민정음과 파스파 문자 Workshop
　　　조직위원회 편. <훈민정음(訓民正音)과 파스파 문자(八思巴文字) 국제
　　　학술 Workshop 논문집>. 한국학중앙연구원. 235-256쪽.

정　광(2009). 훈민정음의 中聲과 파스파 문자의 모음자. <국어학> 56. 국어학회.

정　광(2015). <한글의 발명>. 김영사.

정기호(1986). 한자 음소(Phoneme)의 체계 변천 고찰-언해본 훈민정음에
　　　나오는 한자를 중심으로-. <淸泉 康龍權 博士 頌壽紀念論叢>. 논총기
　　　념간행회.

정다함(2009). 麗末鮮初의 동아시아 질서와 朝鮮에서의 漢語. 漢史文. 訓民正音.
　　　<韓國史學報> 36. 고려사학회. 269-305쪽.

정달영(2002). 국제 정음 기호의 제정에 관한 연구. <한국민족문화연구> 10.
　　　한민족문화학회. 29-58쪽.

정달영(2007). 세종 시대의 어문정책과 훈민정음 창제 목적. <한민족 문화연
　　　구> 22. 한민족문화학회. 7-30쪽.

정범진(1999). 세종대왕의 훈민정음 창제를 둘러싼 최만리 등과의 논쟁. 세
　　　종성왕육백돌기념문집위원회 편(1999). <세종성왕육백돌>. 세종대왕
　　　기념사업회. 411-414쪽.

정병우(1981). 訓民正音硏究 : 制子解 中心으로. <국어국문학연구> 7. 원광대
　　　문리과대학 국어국문학과. 15-30쪽.

정병우(1981). 訓民正音硏究 : 制子解 中心으로. <논문집> 21. 광주교대. 183-
　　　195쪽.

정병우(1981). 訓民正音硏究 : 制子解 中心으로. <학위논총> 6. 원광대 대학원.
　　　103-118쪽.

정병우(1983). 訓民正音 硏究 : 初·中·終聲解 中心. <논문집> 24. 광주교육대학.
　　　91-103쪽.

정병우(1985). 訓民正音 硏究 : 合字解·用字例·序를 中心으로. <논문집> 26.
　　　광주교육대학. 111-123쪽.

정병우(1994). 訓民正音 硏究 : 制子解 中心으로. <국어교육연구> 6. 광주교육
　　　대학 초등국어교육학회. 1-14쪽.

정복동(2008). 訓民正音 構造와 한글 書藝의 審美的 硏究. 성균관대 대학원 박
　　　사학위 논문.

정승철·정인호 공편(2010). <이중모음>. 태학사.

정승혜(2009). 훈민정음과 일본어 표기. <훈민정음을 통한 외국어 표기>(훈
　　　민정음학회 2009 전국 학술대회 발표논문집). 훈민정음학회. 33-50쪽.

정연찬(1970). 世宗代의 漢字 四聲 表記法. <국어국문학> 49·50. 국어국문학회.
　　　277-291쪽.

정연찬(1972). <洪武正韻譯訓의 硏究>. 일조각.

정연찬(1987). '欲字初發聲'을 다시 생각해 본다. <국어학> 16. 국어학회. 11-40쪽.

정연찬(1989). 十五世紀 國語의 母音體系와 그것에 딸린 몇 가지 問題. <국어
　　　학> 18. 국어학회. 3-41쪽.

정연찬(2008). 音節 二分法과 三分法에 대한 吟味 서너 가지. <한국어연구> 5.
　　　한국어연구회. 47-61쪽.

정열모(정렬모)(1927). 聲音學上으로 본 正音. <한글 동인지> 1. 조선어학회.

57-61쪽.

정요일(2008). 訓民正音 '序文'의 '者'·'놈' 意味와 관련한 古典 再檢討의 必要性
　　　論議 : '者'와 '놈'. '것' 또는 '경우'를 뜻한다. <어문연구> 139. 한국어
　　　문교육연구회. 269-295쪽.

정용호(1962). 훈민정음을 반대한 최만리 일파. <말과 글> 4.

정우상(1991). 訓民正音의 統辭構造. <갈음 김석득 교수 회갑 기념 논문집>.
　　　한국문화사. 663-671쪽.

정우상(1993). 訓民正音의 統辭構造. 춘허 성원경 박사 화갑 기념 논총 간행위
　　　원회 편. <韓中音韻學論叢> 1. 서광학술자료사. 113-121쪽.

정우영(1985). 15世紀 國語의 初聲合用並書論. 동국대학교. 석사학위 논문.

정우영(1996). 15世紀 國語 文獻資料의 表記法 研究. 동국대학교. 박사학위 논문.

정우영(2000). 훈민정음 한문본의 원문 복원에 대한 연구. <동악어문논집> 36.
　　　동악어문학회. 107-135쪽.

정우영(2000). 訓民正音諺解의 異本과 原本再構에 관한 研究. <불교어문논집> 5.
　　　한국불교어문학회. 25-58쪽.

정우영(2001). <訓民正音> 한문본의 낙장 복원에 대한 재론. <국어국문학> 129.
　　　국어국문학회. 191-227쪽.

정우영(2005가). 국어 표기법의 변화와 그 해석 : 15세기 관판 한글문헌을 중
　　　심으로. <한국어학> 26. 한국어학회. 293-326쪽.

정우영(2005나). 훈민정음 언해본의 성립과 원본 재구. <국어국문학> 139.
　　　국어국문학회. 75-113쪽.

정우영(2008). <訓民正音> 해례본(해설). <문화재 사랑> 10. 문화재청.

정우영(2010). '訓民正音解例' 制字解의 '異體'와 관련된 문제. <2009년 겨울 국
　　　어사학회 전국학술대회 논문집>. 국어사학회·한국학중앙연구원 어
　　　문생활사연구소. 22-37쪽(수정 별지 1-18쪽).

정우영(2012).『訓民正音』해례본의 번역을 위한 기본적 이해. 동국대 번역학

연구소 봄학술대회(5.19). 동국대 번역학연구소.

정우영(2013가). <訓民正音> 언해본 텍스트의 새로운 분석. <제63차 한국어
학회 전국학술대회>. 한국어학회. (별쇄 1-16).

정우영(2013나). <訓民正音> 해례본 '例義篇'의 구조 분석-'解例篇'과의 상관
관계를 중심으로-. <2013년 훈민정음학회 국내학술대회 발표논문
집>. (사)훈민정음학회. 67-100쪽.

정우영(2013다). 세종시대 훈민정음 관련 문헌의 국어학적 재조명. <세종학
연구> 15. 세종대왕기념사업회. 51-72쪽.

정우영(2014). <訓民正音> 해례본의 '例義篇' 구조와 '解例篇'과의 상관관계.
<국어학> 72. 국어학회. 103-153쪽.

정인보(1937). 訓民正音韻解 解題. <한글> 44. 조선어학회. 7-9쪽.

정인승(1940). 古本訓民正音의 硏究. <한글> 82. 조선어학회. 3-16쪽.

정인승(1946). 훈민정음의 연혁. <한글> 98. 한글학회. 28-31쪽. 재수록 : 정
인승(1997). 훈민정음의 연혁. <나라사랑> 95. 외솔회. 239-245쪽.

정재도(1974). 한글 이전의 글자. <신문연구> 20. 관훈클럽. 170-186쪽.

정재도(1999). 한글과 글자의 돐. 세종성왕육백돌기념문집위원회 편(1999).
<세종성왕육백돌>. 세종대왕기념사업회. 415-416쪽.

정제문(2015). 파스파 문자와 훈민정음. <한글> 307. 한글학회. 5-43쪽.

정 철(1954). 原本 訓民正音의 保存 經緯에 대하여. <국어국문학> 9. 국어국
문학회. 15쪽(한 쪽).

정철주(1990). 중세국어의 이중모음과 활음화 : 訓民正音 창제 초기 문헌을
중심으로. <계명어문학> 5(목천 유창균교수 정년퇴임 기념). 계명어
문학회. 103-121쪽.

정철주(1996). 한음과 현실 한자음의 대응 : 15세기 현실 한자음의 치음을 중
심으로. <어문학> 59. 한국어문학회. 481-496쪽.

정태진(1946). 世界文化史上으로 본 우리 語文의 地位. <신세대> 1. 신세대사.

정화순(1996). 音樂에 있어서 訓民正音 聲調의 適用 實態 : 龍飛御天歌에 基하여. <청예논총> 10. 청주대 예술문화연구소. 335-396쪽.

정희선(1982). 訓民正音의 易學的 背景論에 관한 一考察. 중앙대 대학원 석사 학위 논문.

정희성(1989). 수학적 구조로 본 훈민정음의 창제 원리. <1989년도 한글날 기념 학술 대회 논문집>. 한국 인지과학회·정보과학회.

정희성(1989). 한글문자의 구조원리에 대한 과학적 고찰. <전자통신 ETRI Journal> 10-4. 한국전자통신연구소. 99-117쪽.

정희성(1994). 훈민정음의 창제 원리를 위한 과학 이론의 성립. <한글> 224. 한글학회. 193-222쪽.

鄭喜盛(정희성)(1985). ハングル(韓國語) 情報處理. 東京大學 博士論文.

제어드 다이아몬드(1995). 미국 학자가 본 세종대왕의 업적. <세계어의 필요 성과 한글의 시사점>(세종대학교 주최 학술 자료집). 세종호텔. 16-21쪽. 재수록 : 국어순화추진회 엮음(1996). <한글과 겨레 문화>. 과학사. 182-190쪽.

조건상(1974). 訓民正音에 對한 小論. <월간 충청> 5. 월간충청사. 74-77쪽.

조건상(1978). <해설역주 諺文志>. 형설출판사.

조규태(1985). '훈민정음' 지도 방안에 대하여. 소당 천시권박사 화갑기념 국 어학논총간행위원회(1985). <소당 천시권박사 화갑기념 국어학논 총>. 형설출판사. 859-869쪽.

조규태(1998). 훈민정음 창제와 상상력. <인문학 연구> 4. 경상대 인문학연구 소 재수록 : 조규태(2000).<번역하고 풀이한 훈민정음>. 한국문화사. 113-136쪽.

조규태(2000). <번역하고 풀이한 훈민정음>. 한국문화사.

조규태(2000·2007 : 수정판·2010 : 개정판). <번역하고 풀이한 훈민정음>. 한국문화사.

조규태(2005). 최초의 옛한글 표기법 재구. <국어사 연구> 5. 국어사학회. 121-142쪽.

조규태·정우영 외(2007). <훈민정음 언해본 이본 조사 및 정본 제작 연구> (학술연구용역사업보고서). 문화재청.

조규태·정우영 외(2007). <훈민정음 언해본 이본 조사 및 정본 제작 연구>. <국어사연구> 7. 국어사학회. 재수록 : 조규태·정우영 외(2007). <훈민정음 언해본 이본 조사 및 정본 제작 연구>(학술연구용역사업보고서). 문화재청. 7-40쪽에 핵심 논문 재수록.

조규태·정우영 외(2007). 訓民正音 諺解本의 정본 제작에 관한 연구. <국어사 연구> 7. 국어사학회. 7-40쪽. 재수록 : 조규태·정우영 외(2007). <훈민정음 언해본 이본 조사 및 정본 제작 연구>(학술연구용역사업보고서). 문화재청.

조두상(2001). 세종 임금이 훈민정음 창제 때 참고한 문자 연구-인도 글자가 한국 글자에 미친 영향에 대하여-. <人文論叢> 57. 부산대 인문학연구소 65-88쪽.

조배영(1994). <반 천년을 간직한 훈민정음의 신비>. 발행처 표기 없음(연세대 도서관 소장).

조선어학과연구실(朝鮮語學科硏究室)(1987). <中世朝鮮語 資料選>. 日本 : 東京外國語大學校.

조선어학연구회 편(1940). 훈민정음(해례본 활자 재현). <正音> 35호 1-22쪽.

조선어학연구회 편(1940). 訓民正音. <정음> 33. 조선어학연구회. 1-22쪽.

조선어학연구회(1934). 訓民正音頒布日에 對한 考證. <정음> 4. 조선어학연구회. 34-40쪽.

조선어학회 편(1927). <한글 동인지> 1. 조선어학회.

조선어학회 편(1946). <訓民正音>. 보진재.

조선어학회 편(1948). <訓民正音>. 보진재(정인승 해제본).

조영진(1969). 훈민정음 자형의 기원에 대하여. <국어국문학> 44·45. 국어
　　　국문학회. 195-207쪽.

조오현(1993). 15세기 모음 체계에 대한 연구 흐름. 춘허 성원경 박사 화갑 기념
　　　논총 간행위원회 편. <한중음운학논총> 1. 서광학술자료사. 177-192쪽.

조오현(2008). 훈민정음 창제 목적 연구와 관련된 몇 가지 문제. 이석규 외.
　　　<우리말의 텍스트 분석과 현상 연구>. 역락. 431-446쪽.

趙義成 譯註(2010). <訓民正音>. 平凡社(일본).

조철수(1997). 훈민정음은 히브리 문자를 모방했다 : 한글의 비밀을 밝힌다.
　　　<신동아> 452. 동아일보사. 360-373쪽.

조흥욱(2001). 용비어천가의 창작 경위에 대한 연구 : 국문가사와 한문가사 창
　　　작의 선후관계를 중심으로. <어문학논총> 20. 국민대학교. 143-162쪽.

조희웅(1998). 세종 시대의 산문 문학. <세종문화사대계 1 : 어학·문학>. 세
　　　종대왕기념사업회. 501-607쪽.

주명건(1999). 세종의 훈민정신과 세계 공용어. 세종성왕육백돌기념문집위원
　　　회 편(1999). <세종성왕육백돌>. 세종대왕기념사업회. 423-424쪽.

中村完(1968). 訓民正音における文化の意識について. <朝鮮學報> 47.

지춘수(1964). 종성 8자 제한에 있어서 'ㄷ·ㅅ' 설정에 대한 고찰. <국어국
　　　문학> 27. 국어국문학회. 145-165쪽.

지춘수(1986). 終聲 'ㅿ'의 몇 가지 資質에 대하여. 유목상 외 편. <國語學 新研
　　　究>(김민수 교수 화갑 기념). 탑출판사. 40-50쪽.

지춘수(1999). 세종대왕과 최만리. 세종성왕육백돌기념문집위원회 편(1999).
　　　<세종성왕육백돌>. 세종대왕기념사업회. 425-427쪽.

진달래(2003). 훈민정음의 변증법적 구조에 관한 연구. 홍익대 대학원 석사
　　　학위 논문.

진두봉(1960). 훈민정음에 대한 소고. <국제대학 논지> 1. 국제대학.

진문이(2000). 15세기 국어의 중성모음 'ㅣ' 연구. 이화여자대 대학원 석사학

위 논문.

진보배(2011). 훈민정음을 소재로 한 교양서적의 비판적 읽기. 영남대 교육
　　대학원 석사학위 논문.

진영환(1966). 御製 訓民正音 序文의 새로운 解釋－國子 創製의 目的이 무엇인
　　가를 爲하여－. <논문집> 21권-2. 대전공업전문학교. 13-25쪽.

진용옥(2004). 악률에 기초한 다국어 정음 표기와 정보화 문제. <세종 탄신
　　607돌 기념 학술대회 자료집-우리의 소리와 말은 어떻게 만났는가>.
　　한국국악학회·한국어정보학회.

진용옥(2005). 존경하는 음성언어학자 이도 선생님(세종)께. <한글 새소식> 400.
　　한글학회.

진용옥·안정근(2001). 악리론으로 본 정음창제와 정음소 분절 알고리즘.
　　<음성과학> 8권 2호. 한국음성과학회. 49-60쪽.

진태하(1996). 주먹구구로 정한 '한글날' 바로 잡아야 한다. <월간조선> 201.
　　조선일보사. 398-404쪽.

진태하(1997). 訓民正音의 創制年代와 한글날. <어문연구> 94. 한국어문교육
　　연구회.

진태하(1998). 訓民正音에 대한 南北韓의 誤謬와 統一案. <새국어 교육> 55.
　　한국국어교육학회. 165-183쪽.

채영현(2005). 훈민정음 해례본의 진실은? <한글 새소식> 397. 한글학회.

천기석(1999). 문자의 창제와 수리논리. 세종성왕육백돌기념문집위원회 편
　　(1999). <세종성왕육백돌>. 세종대왕기념사업회. 289-294쪽.

천병식(1990). 諺解文學－번역 문학사의 정립을 위하여－. <인문논총> 1. 아
　　주대 인문과학연구소. 21-40쪽.

최국봉(2002). <訓훈民민正정音흠 성명학>. 서진출판사.

최기호(1983). 훈민정음 창제에 관한 연구 : 집현전과 언문 반대 상소. <동방
　　학지> 36·37. 연세대학교. 531-557쪽.

최기호(2002). 신숙주의 <해동제국기>에 대한 고찰. <한힌샘 주시경 연구>
　　　14·15. 한글학회. 77-102쪽.

최기호(2004). 훈민정음 창제와 정의공주의 변음토착 문제. <세종 탄신 607
　　　돌 기념 학술대회 자료집－우리의 소리와 말은 어떻게 만났는가>.
　　　한국국악학회·한국어정보학회.

최기호(2006). 훈민정음 원본의 발견 경위와 언어학적 가치. <세종학 연구> 14.
　　　세종대왕기념사업회. 5-17쪽.

최기호(2007). '한글 창제원리와 자모 순서'의 토론. <훈민정음 창제 원리와
　　　한글 자모 순서>. 주관 : 국어문화운동본부. 주최 : 강길부 의원실. 국
　　　립국어원(2007.10.5). 65-71쪽.

최명재(1994). 訓民正音의 '異乎中國'에 관한 考察. <어문연구> 81·82. 한국어
　　　문교육연구회. 179-185쪽.

최명재(1997). <訓民正音과 崔恒 先生 : 訓民正音創制의 主體와 東國正韻 및 龍
　　　飛御天歌의 撰述에 관한 硏究>. 정문당.

최명재(2004). 최항 선생의 생애와 주요 업적. <새국어생활> 14-3. 국립국어
　　　연구원. 127-134쪽.

최명재(2011). <訓民正音의 숨겨진 진실>. 한글정음사(복원본 수록).

최명환(2006). 한국의 언어문화와 글쓰기의 원리. <국어교육> 119. 한국어교
　　　육학회. 31-60쪽. 재수록 : 최명환(2009). <글쓰기 원리 탐구>. 지식
　　　산업사. 15-48쪽.

최민홍(1998). 훈민정음이 말한 세 가지 정신. <한글 새소식> 311. 한글학회.

최범훈(1985). <한국어발달사(韓國語發達史)>. 통문관.

최병선(1998). 중세국어의 모음 연구. 한양대 대학원 박사학위 논문.

최병식(1978). 梅竹軒 成三問 硏究. 고려대 교육대학원 석사학위 논문.

최상진(1994). 훈민정음 음양론에 의한 어휘의미 구조 분석. <국어국문학> 111.
　　　국어국문학회. 109-132쪽.

최상진(1997). 훈민정음의 언어유기체론에 대하여. <논문집> 26. 경희대학교.
    79-96쪽.

최상진(1999). 세종대왕과 언어학. 세종성왕육백돌기념문집위원회 편(1999).
    <세종성왕육백돌>. 세종대왕기념사업회. 295-296쪽.

최석기(1986). <東洲蔓說 及 經解疑節・國文正音 合編>. 백산자료원.

최석정(1678/숙종4). <經世正韻>(經世訓民正音圖說). 영인본 : 김지용 해제(1990).
    <經世訓民正音圖說>. 연세대인문과학연구소. 김지용 해제(2011). <경
    세훈민정음도설(經世訓民正音圖說)>. 명문당.

최성해(1999). 월인천강지곡 심상. 세종성왕육백돌기념문집위원회 편(1999).
    <세종성왕육백돌>. 세종대왕기념사업회. 297-298쪽.

최세화(1975). 15世紀 國語의 重母音 硏究. 동국대 대학원 박사학위 논문.

최세화(1982). <15세기 국어의 중모음 연구>. 아세아문화사.

최세화(1989). 世宗御製訓民正音 序文에 대해. <어문연구> 17-4. 한국어문교
    육연구회. 420-421쪽.

최세화(1997). 訓民正音 落張의 復原에 대하여. <국어학> 29. 국어학회. 1-32쪽.

최세화(1997). 訓民正音解例 後序의 번역에 대하여. <동국어문학> 9. 동국대
    국어교육과. 1-26쪽.

최세화(1999). 겨레의 보배. 나라의 큰 자랑 훈민정음. 세종성왕육백돌기념문집
    위원회 편(1999). <세종성왕육백돌>. 세종대왕기념사업회. 299-302쪽.

최승희(1966). 集賢殿 硏究 상. <역사학보> 32. 역사학회. 1-58쪽.

최승희(1967). 集賢殿 연구 하. <역사학보> 33. 역사학회. 39-80쪽.

최영선 편저(2009). <한글 창제 반대 상소의 진실>. 신정.

최용기(2008). 세종의 문자 정책과 한글 진흥 정책의 미래. <제28회 한말연
    구학회 전국학술발표대회 자료집>. 한말연구학회.

최용기(2010). 세종의 문자 정책과 한글 진흥 정책의 미래. <국어문학> 49.
    국어문학회. 39-64쪽.

최용호(2004). 한글과 알파벳 두 문자체계의 기원에 관한 기호학적 고찰. <불어불문학연구> 59. 한국불어불문학회. 337-353쪽.

최윤현(1982). 15世紀 國語의 重母音 硏究. 건국대 대학원 석사학위 논문.

최윤현(1985). 訓民正音에 대한 理解. 남기탁 등 편. <國語와 民族文化>. 청문각. 219-226쪽.

최장수(1964). 訓民正音 創制에 對한 一考察. <강원교육> 35. 강원도 교육연구소.

최정후(1963). 훈민정음 창제자들의 음운에 대한 견해. <조선어학> 4. 조선 민주주의 인민공화국 과학원 언어문학연구소.

최종민(1996가). 우리말과 음악의 소리울림틀(1)-낱덩이소리 울림의생김새-. <국악교육> 14. 한국국악교육학회. 79-98쪽.

최종민(1996나). 우리말과 음악의 소리울림틀(2)-노랫말 받침소리꼴과 소리내기-. <韓國音樂史學報> 17. 韓國音樂史學會. 129-144쪽.

최종민(1998가). 우리말과 음악의 소리울림틀(3)-말소리와 거문고 구음의 낱덩이 소리틀-. <韓國音樂史學報> 20. 韓國音樂史學會. 381-407쪽.

최종민(1998나). 우리말과 음악의 소리울림틀(4)-음운으로 본 입소리의 성질-. <韓國音樂硏究> 26. 韓國國樂學會. 47-75쪽.

최종민(2001). 우리말과 음악의 소리울림틀 5-훈민정음과 <세종실록> 32칸 악보의 소리묶임틀-. <한국음악 연구> 31. 한국국악학회. 451-474쪽.

최종민(2002). 우리말과 음악의 소리울림틀(5)-훈민정음과 세종실록 32칸악 보의 소리묶임틀-. <韓國音樂硏究> 31. 韓國國樂學會. 451-474쪽.

최종민(2003). 우리말과 음악의 소리울림틀(6)-틀장단과 율정틀의 형태와 장단성-. <자하어문논집> 18. 상명어문학회. 39-66쪽.

최종민(2003). 훈민정음과 세종악보의 상관성 연구. 상명대 대학원 박사학위 논문.

최종민(2004). 우리말과 음악의 소리울림틀(7)-3^2틀의 의미와 음수율 틀장 단-. <자하어문논집> 19. 상명어문학회. 7-29쪽.

최종민(2004). 훈민정음 초성과 음악 용비어천가의 율정틀과 초성가락. <세종 탄신 607돌 기념 학술대회 자료집-우리의 소리와 말은 어떻게 만났는가>. 한국국악학회·한국어정보학회.

최종민(2006). 듣고 싶은 세종대왕의 음악 용비어천가. <나라사랑> 111. 외솔회.

최종민(2007). 우리말과 음악의 소리 울림틀(8)-후음 [ㅇ]의 발명과 3·2틀 오행선율-. <한국어의 역사와 문화>(솔재 최기호 박사 정년 퇴임 기념 논총). 박이정. 307-332쪽.

최종민(2013). <훈민정음과 세종악보>. 역락.

최준식(2007). <세계가 높이 산 한국의 문기>. 소나무.

최지훈(1988). 훈민정음 낱글자의 이름에 대하여. <한글 새소식> 195. 한글학회. 13-14쪽.

최 철(1984). <세종 시대의 문학>. 세종대왕기념사업회.

최 철(1998). 세종 시대의 시가 문학. <세종문화사대계 1 : 어학·문학>. 세종대왕기념사업회. 419-498쪽.

최 항/세종대왕 기념사업회 편(1997). <(국역) 태허정집>. 세종대왕기념사업회.

최현배(1927). 우리 한글의 世界文字上의 地位. <한글 동인지> 1(창간호). 조선어학회. 54-56쪽. 재수록 : 이기문 편(1977). <文字>(國語學 論文選) 7. 민중서관. 235-248쪽.

최현배(1928). 朝鮮文字史論. <현대평론> 10. 현대평론사.

최현배(1938). 조선문자 '정음' 또는 '언문'. 웹스/기다가와시브로(1938). <세계문화사대계>(일본어판 번역판) 상권. 324-339쪽. 하동호 번역.

최현배(1942). <한글갈>. 정음사.

최현배(1942·1982 : 고친판). <한글갈>. 정음문화사.

최현배(1946). 세종대왕의 이상과 한글. <한글> 94. 조선어학회. 36-37쪽.

최현배(1959). "·" 자의 소리값 상고 : 배달말의 소리뭇[音韻]연구. <동방학

지> 4. 연세대 동방학연구소. 1-98쪽.

최현배(1961). <고친 한글갈>. 정음사.

최현섭(1999). 훈민정음의 반포와 세종대왕의 전략. 세종성왕육백돌기념문집
    위원회 편(1999). <세종성왕육백돌>. 세종대왕기념사업회. 432-433쪽.

최형인·이성진·박경환(1996). 훈민정음 해례본 글꼴의 기하학적 구성에
    관한 기초 연구. <새국어생활> 6-2. 국립국어연구원. 36-64쪽.

카이 홍(2009). 세종의 한글창제와 문화자본론. <동아시아문화와예술> 6. 동
    아시아문화학회. 111-132쪽.

코리아 스토리 기획 위원회 편(2006). 한글(자연의 모든 소리를 담는 글자).
    허워미디어.

콘체비치(Le Kont sevich)(1997). '훈민정음'은 한국 전통적인 언어학적 이론
    의 초석이다—세종대왕 탄신 600돌에 대하여. <세종대왕 탄신 600돌
    기념 유네스코 제8회 세종대왕상 시상 및 국제학술 회의 논문 초록—
    문맹 퇴치와 한글—>. 문화체육부 유네스코 주최·국제한국어교육
    학회 주관.

콘체비치(Le Kont sevich)(1997). 세계 문자상으로 본 한글의 특이성 <세종대
    왕 탄신 600돌 기념 제6회 국제 한국어 학술대회>. 한글학회. 151-174쪽.

필 마샬(1965). 極東의 알파벳 : 訓民正音의 世界性. <사상계> 13-6. 사상계사.
    313-319쪽.

河野六郎(1947). 新發見の訓民正音に就いて. <東洋學報> 31-2.

한갑수(1982). <한글(한국의 글자와 말)>. 문화공보부 해외공보관.

한국고전총서간행위원회 편(1973). <訓民正音>. 대제각.

한국어문학회 편(1973). <중세어문선>. 형설출판사.

한국어연구회(2007). <한국어연구> 4(서울대 규장각 상백문고본). 역락.

한국어학연구회 편(1994). <국어사 자료선집>. 서광학술자료사.

한국정신문화연구원 엮음(2001). <세종 시대의 문화>. 태학사.

한국정신문화연구원 연구부 편(1998). <世宗時代 文化의 現代的 意味>. 한국
   정신문화연구원.

한국학연구소 편(1985). <原本 訓民正音・龍飛御天歌・訓蒙字會>. 대제각.

한글학회 역(1997). <訓民正音>. 한글학회.

한글학회 편(1985). <訓民正音>. 한글학회.

한글학회 편(1998). <訓民正音>. 해성사.

한말연구회 편(2000). <국어사 강독선>. 박이정.

한명희(2001). 세종조의 음악 사상. <세종문화사대계 5 : 음악・미술>. 세종
   대왕기념사업회. 63-86쪽.

한애희(2010). 훈민정음과 용비어천가의 서체미 연구. 경기대 미술・디자인
   대학원 석사학위 논문.

한영순(1963). 훈민정음 창제자들의 음운에 대한 견해. <조선어학> 4. 조선
   민주주의 인민공화국 과학원 언어문학연구소.

한재영(1990). 방점의 성격 규명을 위하여. <姜信沆 敎授 回甲紀念 國語學論文
   集>. 태학사.

한재준(1996). 훈민정음에 나타난 한글의 디자인적 특성에 관한 연구. <디자
   인학연구> 17. 한국디자인학회. 57-58쪽.

한재준(2001). 한글의 디자인 철학과 원리. <디자인학연구> 42. 한국디자인
   학회. 235-244쪽.

한재준(2010). 한글에서 디자인의 미래를 발견하다 : 디자인과 문자. <세종대
   왕과 한글창제와 리더십 승계(2회 세종학 학술회의 훈민정음 564돌
   기념). 한국학중앙연구원. 61-73쪽.

한태동(1983). 훈민정음의 음성 구조 <537돌 한글날 기념 학술 강연회 자료
   집>(단독). 세종대왕기념사업회. 재수록 : 한태동(1985). 훈민정음의 음
   성 구조 <나라글 사랑과 이해>(국어순화 추진회 엮음). 종로서적.
   214-266쪽.

한태동(2003). <세종대의 음성학>. 연세대 출판부.

해동공자 최충선생기념사업회(사)(2010). <청백리 최만리 선생의 행적과 사
     대의식(역사 인물 재조명 학술세미나 자료집)>. 신정.

허경무(2010). '훈민정음 해례본' 영인 이본이 왜 존재하는가. <월간서예> 11.

허경무(2012). 한글 제자원리에서 변모된 문자 활용 양상과 앞으로의 과제.
     <예술문화비평> 7. 한국예술문화비평가협회. 241-249쪽.

허동진(1998). <조선어학사>. 한글학회.

허   웅(1953). 申叔舟의 中國語 入聲處理에 對하여. <국어국문학> 5. 국어국문
     학회. 69-71쪽.

허   웅(1965). <국어 음운학(개고신판)>. 정음사.

허   웅(1974). <한글과 민족 문화>. 세종대왕기념사업회.

허   웅(1975). <우리 옛말본(형태론)>. 샘문화사.

허   웅(1977). 훈민정음 창제의 동기와 그 역사적 의의. <수도교육> 29. 서울
     시 교육연구원. 4-7쪽. 재수록 : 허웅. 1979. 훈민정음 창제의 동기와 그
     역사적 의의. <우리말과 글에 쏟아진 사랑>. 문성출판사. 621-626쪽.

허   웅(1979). <우리말 우리글>. 계몽사.

허   웅(1979). 훈민정음의 우수성과 그 나아갈 길. <정훈> 70. 국방부. 52-56쪽.

허   웅(1980). 세종의 언어 정책과 국어순화 정신. <교육문제 연구> 1. 동국대
     교육문제연구소. 53-60쪽.

허   웅(1982). 世宗朝의 言語政策과 그 精神을 오늘에 살리는 길. <世宗朝 文化의
     再認識>(보고논총 1982-2). 한국정신문화연구원. 35-42쪽.

허   웅(1985). <국어 음운학—우리말 소리의 오늘·어제>. 정음사.

허   웅(1988). 15세기의 음운 체계. 신상순·이돈주·이환묵 편(1988). <훈민
     정음의 이해>. 한신문화사.

허   웅(1996). 훈민정음의 형성 원리와 전개 과정. <세계의 문자>. 예술의 전당.
     27-69쪽.

허 웅(1998). 세종 시대 우리 옛말본 체계. <세종문화사대계 1 : 어학·문학>. 세종대왕기념사업회. 49-87쪽.

허 웅(1998). 세종 시대 우리말의 음운 체계. <세종문화사대계 1 : 어학·문학>. 세종대왕기념사업회. 7-48쪽.

허재영(1993). 훈민정음에 나타난 성운학의 기본 개념. 춘허 성원경 박사 화갑 기념 논총 간행위원회 편. <한중음운학논총> 1. 서광학술자료사. 295-314쪽. 재수록 : 허재영(2008). <국어의 변화와 국어사 탐색>. 소통. 87-112쪽.

허재영(1994). 한글날 들려주는 훈민정음 이야기. <함께여는 국어교육> 21. 전국국어교사모임. 34-44쪽.

허재영(2000). 훈민정음 해례 합자해의 '아동·변야지언(兒童邊野之言)'. <한말연구> 6. 한말연구학회. 217-225쪽. 재수록 : 허재영(2008). <국어의 변화와 국어사 탐색>. 소통.

허철구(2007). 한글 자모 순에 대한 일고. <훈민정음 창제 원리와 한글 자모 순서>. 주관 : 국어문화운동본부. 주최 : 강길부 의원실. 국립국어원 (2007.10.5). 73-85쪽.

허춘강(2000). 成三問의 訓民正音創製와 文化政策. <한국행정사학지> 8. 한국행정사학회. 119-136쪽.

허호익(2004). 훈민정음의 천지인 조화의 원리와 천지인 신학의 가능성 모색. <신학과 문화> 13. 대전신학대학교. 226-252쪽.

허호정(2004). 15세기 국어 표기의 지도 방법 연구. 국민대 대학원 석사학위 논문.

현용순(1998). 훈민정음 서체의 조형적 특성에 관한 연구. <생활문화예술론집> 21. 건국대 생활문화연구소. 201-212쪽.

홍기문(1940). 訓民正音의 各種本. <조광> 6-10. 조선일보사 출판부. 164-171쪽.

홍기문(1941). 三十六字母의 起源. <춘추> 2-7. 조선춘추사. 162-169쪽.

홍기문(1941). 訓民正音과 漢字音韻 : 漢字反切의 起源과 構成 上. <조광> 7-5.
　　京城 : 朝鮮日報社出版部. 66-71쪽.

홍기문(1941). 訓民正音과 漢字音韻 : 漢字反切의 起源과 構成 下. <조광> 7-6.
　　京城 : 朝鮮日報社出版部. 198-207쪽.

홍기문(1946). <正音發達史> 상·하 합본. 서울신문사 출판국.

홍기문(1946). <正音發達史> 상·하. 서울신문사 출판국.

홍기문(1949). 訓民正音의 成立 過程. 전몽수·홍기문 공저. <訓民正音 譯解>
　　조선어문고 1책. 평양 : 조선어문연구회. 1-37쪽.

홍윤표(1997). 훈민정음은 왜 창제하였나? <함께여는 국어교육> 32. 전국국
　　어교사모임. 245-259쪽.

홍윤표(1999). 한글이 익히기 쉽다는 것은. 세종성왕육백돌기념문집위원회
　　편(1999). <세종성왕육백돌>. 세종대왕기념사업회. 441-444쪽.

홍윤표(2003). 훈민정음 명칭과 제자 원리에 대한 새로운 해석. <북경 국제
　　학술대회 발표문>. 이중언어학회.

홍윤표(2005). 국어와 한글. <영남국어교육> 9. 영남대 국어교육과. 167-198쪽.

홍윤표(2005). 訓民正音의 '상형이자방고전(象形而字倣古篆)'에 대하여. <국어
　　학> 46. 국어학회. 53-66쪽.

홍윤표(2008). 訓民正音의 '여문자불상유통(與文字不相流通)'에 대하여. <이숭녕
　　근대국어학의 개척자 : 심악 이숭녕 선생 탄신 100주년 기념 논문집
　　(서울대 대학원 국어연구회 편>. 태학사. 767-786쪽.

홍윤표(2010). 한글을 어떻게 배워왔을까요?(국어학자 홍윤표의 한글이야기 10).
　　<쉼표. 마침표(국립국어원 소식지)> 60<웹진>. 국립국어원.

홍윤표(2011). 한글 이름을 왜 '훈민정음'이라고 했을까요?(국어학자 홍윤표의
　　한글이야기 13). <쉼표. 마침표(국립국어원 소식지)> 63. <웹진>. 국
　　립국어원.

홍윤표(2012) 훈민정음에 대한 몇 가지 주장. <훈민정음과 오늘(2012년 훈민

정음학회 국내학술대회 자료집)>. (사)훈민정음학회. 1-29쪽.

홍윤표(2012). 훈민정음에 대한 몇 가지 주장. 2012 훈민정음학회 국내학술대회발표논문집 <훈민정음과 오늘>. (사) 훈민정음학회. 1-29.

홍윤표(2012). 한글 문헌의 편찬과 보급. 토지주택박물관(2012). <한글과 세종>. 토지주택박물관.

홍이섭(1971・2004 : 수정판). <세종대왕>. 세종대왕기념사업회.

홍찬희(1938). 訓民正音의 竝書 調査. <한글> 52. 조선어학회. 10쪽.

홍현보(2012). 우리 사전의 왜곡된 '언문' 뜻풀이에 관한 연구. <한글>. 298. 한글학회. 51-105쪽.

황경수(2005). 훈민정음의 기원설. <새국어교육> 70. 한국국어교육학회. 221-238쪽.

황경수(2006). 訓民正音 制字解와 初聲의 易學思想. <새국어교육> 72. 한국국어교육학회. 373-395쪽.

황병오(1994). 訓民正音 '字倣古篆'에 對한 한 試論. 한국외대 대학원 석사학위논문.

황선엽(2004). 최만리와 세종. <문헌과 해석> 26. 문헌과해석사. 87-98쪽.

후쿠이 레이(2006). 훈민정음의 문자론적 성격. <세종학 연구> 14. 세종대왕기념사업회. 121-131쪽.

Ahn Ho-Sam(안호삼). J.Daly(정일우). Right Sounds to Educate the People. 이정호(1972). <(해설 역주) 訓民正音>. 한국도서관학연구회. 쪽수 별도. 이정호(1986 : 개정판). 이정호(Jung Ho Yi). <국문・영문 해설 역주 훈민정음(The Korean Alphabet Explanation in Korean and English)>. 보진재(Po Chin Chai Printing Co..Ltd). 30-63쪽(이정호 역주 포함).

Bell. E. C(1867). Visible Speech. Knowledge Resources Inc.

Byoung-ho Park(1992). "King Sejong's Contributions to the Development of Legal Institutions." edited by Young-Key Kim-Renaud. *King Sejong the Great-the light of 15th century Korea*. International Circle of Korean Linguistics.

Chao. Y. R(1968). *Language and Symbolic Systems*. Cambridge University Press.

CHIN W. KIN(1997). "The Structure of Phonological Units in Han'gŭl." Edited by YOUNG-KEY KIM-RENAUD. *THE KOREAN ALPHABET*. University of Hawaii Press. 145-160쪽.

Coulmas. F(1989). *The Writing Systems of the World*. Basil Blackwell.

Coulmas. F(2003). *Writing Systems*. Cambridge University Press.

Daniels. P. T(1996). The Study of Writing Systems. in Daniels. P. T. and W. Bright (eds.). *The World's Writing Systems*. Oxford University Press. pp.3-17.

Daniels. P. T(2001). Writing Systems. in Aronoff. M. & J. Rees-Millers (eds.). *The Handbook of Linguistics*. Blackwell Publishers. pp.43-80.

Décret de promulgation de han-gŭl par le roi Sejong. Des sons corrects pour l'instruction du peuple(Textes réunis et présentés par Jean-Paul Desgoutte(2000. L'ÉCRITURE DU CORÉEN : Genèse et avènement. L'Harmattan).

DeFrancis. J(1989). *Visible Speech : The Diverse Oneness of Writing Systems*. University of Hawai'i Press.

Don Baker(1992). "King Sejong the Great : Bringing Heaven and Earth into Harmony." edited by Young-Key Kim-Renaud. *King Sejong the Great-the light of 15th century Korea*. International Circle of Korean Linguistics.

Edkins. D. D. J(1987). "Korean Writing." *The Korean Re pository Vol. IV.*

pp.301-307.

French. M. A. 1976. Observations on the Chinese Script and the Classification of Writing-Systems. Haas (ed.). *Writing without Letters*. Manchester University Press. pp.101-129.

G. K. Ledyard(1966). "*The Korean Language Reform of 1446 : The Origin. Background. and Early History of the Korean Alphabet.*" Ph.D. Dissertation. University of California(국립국어연구원 총서 2. 신구문화사. 1998).

G. Sampson(1985). *WRITING Systems : A linguistic introduction*. London : Hutchinson Publishing Group. 신상순 역(2000). <세계의 문자 체계>. 한국문화사. 샘슨/서재철 옮김(1995). 자질 문자 체계 : 한국의 한글. <초등국어교육 논문집> 1. 강원초등국어교육학회. 137-157쪽. 박선자 옮김(1992). 자질 체계로서의 한글(7장 번역). 전남대 어학연구소 편(1992). <훈민정음과 국어학>. 전남대 출판부. 217-240쪽.

Gale. J. S(1892). "The Inventor of the En-Moun." *The Korean Repository Vol. 1*.

Gale. J. S(1912). "The Korean Alphabet." *Transactions of the Korean Branch of the Royal Asiatic Society Vol IV*. Part I.

Gari Keith Ledyard(1966). "The Korean language reform of 1446 : the origan. background. and early history of the Korean alphabet." Thesis (Ph.D.) Univ. of California(국립국어연구원 총서 2. 신구문화사. 1998).

Gari Keith Ledyard(1966). *Translation of Hunminjeongeum-The correct sounds for the Instruction of the People and Hunminjeongeum haerye Explanation and Examples of The Correct Sounds for the Instruction of the People*. "The Korean language reform of 1446 : the origan. background. and early history of the Korean alphabet."

Thesis (Ph.D.) Univ. of California. 221-260쪽.

＊ '훈민정음' 현대 로마자표기법으로 바꿈.

Gari Ledyard(1997). "The International Linguistic Background of the Correct Sounds for the Instruction of the People." Edited by YOUNG-KEY KIM-RENAUD. *THE KOREAN ALPHABET.* University of Hawaii Press.

Gari Ledyard(1997). 세종의 문자 정책과 한글(Memory of the 600th Anniversary of King Sejong : Sejong and Illiteracy). <세종대왕 탄신 600 돌 기념 유네스코 8회 세종대왕상 시상식 및 국제학술회의 논문초록집>. 국제한국어교육학회. 26-31쪽.

Gari Ledyard(2008). The Problem of the 'Imitatio of the Old Seal' : Hunmin-jŏngŭm and ḥPags-pa script. 훈민정음과 파스파 문자 Workshop 조직위원회 편. <훈민정음(訓民正音)과 파스파 문자(八思巴文字) 국제학술 Workshop 논문집>. 한국학중앙연구원. 11-31쪽.

Hansang Park(박한상)(2014). Hunminjeongeum Medials and Cardinal Vowels. <언어학> 70. 한국언어학회. 275-303쪽.

HO-MIN SOHN(손호민. 1997). "Orthographic Divergence in South and North Korea : Toward a Unified Spelling System." Edited by YOUNG-KEY KIM-RENAUD. *THE KOREAN ALPHABET.* University of Hawaii Press.

Hope. E. R(1957). Letter Shapes in Korean Önmun and Mongol hp'ags-pa Alphabet. <Oriens> 10.

Hulbert. H. B(1892). "The Korean Alphabet." *The Korean Repository Vol. I* (1-9). March. 69-75쪽.

Hwi Joon Ahn(1992). "Ceramic Art of Early Choson Dynasty." edited by Young-Key Kim-Renaud. *King Sejong the Great-the light of 15th century Korea.* International Circle of Korean Linguistics.

Hyeon-hie Lee(이현희. 2008). "The History of the Research into Hunmin-jeongeum." *Hunminjeongeum and Alphabetic Writing Systems (Proceedings of the SCRIPT 2008).* The Hunminjeongeum Society (훈민정음학회). 21-22쪽.

Hyeon-hie Lee(이현희. 2010). "A Survey of the History of Hunmin jeongeum Research. *SCRIPTA vol.2.* The Hunminjeongeum Society (훈민정음학회). 15-59쪽.

I. J. Gelb(1952 · 1963). *A Study of Writing.* University of Chicago Press.

J. D. McCawley(1966). "Review of Yamagiwa." 1964. *Language 42.1.* pp.170-175.

Jared Diamond(1994). "Writing Right." *Discover.* June. 이현복 옮김(1994). 바른 글자살이. <한글 새소식> 264. 한글학회. 12-14쪽(부분 번역). 이광호 옮김(1994). 디스커버지의 한글 극찬-올바른 표기법. <말글 생활> 2. 말글사.

Jean-Paul Desgoutte[et. al](2000). *L'ecriture du coreen : genese et avenement : la prunelle du dragon*=訓民正音. Paris : Harmattan.

John Man(2001). *ALPHA BETA : How 26 Letters Shaped The Western World.* John Wiley & Sons. Inc(남경태 역. 2003. <세상을 바꾼 문자 알파벳>. 예지).

Junast(照那斯圖)(2008). 訓民正音字母與八思巴字的關係. 훈민정음과 파스파 문자 Workshop 조직위원회 편. <훈민정음(訓民正音)과 파스파 문자(八思巴文字) 국제 학술 Workshop 논문집>. 한국학중앙연구원.

KI-MOON LEE(이기문. 1997). "The Inventor of the Korean Alphabet." Edited by YOUNG-KEY KIM-RENAUD. *THE KOREAN ALPHABET.* University of Hawaii Press.

KI-MOON LEE(이기문. 2009). Reflections on the Invention of the Hunmin-jeongeum. *SCRIPTA* vol.1. 훈민정음학회. 1-36쪽.

Lee Hyeon-hie & Lee Soo Yeon(2012). A different interpretation of the preface to Hunmin jeongeum by King Sejong. <Preceedings of the SCRIPTA 2012>. The Hunmin jeongeum Socity. pp.225-237.

Lee J. K(1972). *"Korean Character Display by Variable Combination and Its Recognition by Decomposition Method."* Ph.D. dissertation. Keio University. Japan.

Lee Sangbaek. Litt. D(1970). *A History of Korean Alphabet and Movable Types.* Ministry of Culture and Information Republic of Korea.

Lee. Ki-Moon(2009). Reflections on the Invention of the Hunminjeongeum. *SCRIPTA. Volume 1.* pp.1-36.

Mark Peterson(1992). "The Sejong Sillok." edited by Young-Key Kim-Renaud. *King Sejong the Great-the light of 15th century Korea.* International Circle of Korean Linguistics.

Martina Deuchler(1992). "Rites in Early Choson Korea." edited by Young-Key Kim-Renaud. *King Sejong the Great-the light of 15th century Korea.* International Circle of Korean Linguistics.

Milan Hejtmanek(1992). "Chiphyonjon." edited by Young-Key Kim-Renaud. *King Sejong the Great-the light of 15th century Korea.* International Circle of Korean Linguistics.

Noma Hideki(野間秀樹)(2010). <ハングルの誕生>. 일본 동경 : Heibonsha(平凡社).

par Chǒng Inji. ministre des cultes du roi Sejong. Commentaires et exemples (Textes réunis et présentés par Jean-Paul Desgoutte (2000). L'ÉCRI-TURE DU CORÉEN : Genèse et avènement. L'Harmattan).

par Jean Doneux. professeur émérite de l'université de Provence. Une leçon d'écriture (Textes réunis et présentés par Jean-Paul Desgoutte(2000).

L'ÉCRITURE DU CORÉEN : Genèse et avènement. L'Harmattan).

par Kim Jin-Young et Jean-Paul Desgoutte. Les enjeux sémiologuques (Textes réunis et présentés par Jean-Paul Desgoutte(2000). L'ÉCRITURE DU CORÉEN : Genèse et avènement. L'Harmattan).

par Kim Jin-Young et Jean-Paul Desgoutte. Une lente maturation (Textes réunis et présentés par Jean-Paul Desgoutte(2000). L'ÉCRITURE DU CORÉEN : Genèse et avènement. L'Harmattan).

par Lee Don-Ju. professeur de l'université de Chŏnnam. Les sources phnologiques chinoises (Textes réunis et présentés par Jean-Paul Desgoutte(2000). L'ÉCRITURE DU CORÉEN : Genèse et avènement. L'Harmattan).

Peter H. Lee(1992). "King Sejong and Songs of Flying Dragons." edited by Young-Key Kim-Renaud. *King Sejong the Great-the light of 15th century Korea.* International Circle of Korean Linguistics.

Pokee Sohn(1992). "King Sejong's Innovations in Printing." edited by Young-Key Kim-Renaud. *King Sejong the Great-the light of 15th century Korea.* International Circle of Korean Linguistics.

PYONG-HI AHN(1997). "The Principles Underlying the Invention of the Korean Alphabet." Edited by YOUNG-KEY KIM-RENAUD. *THE KOREAN ALPHABET.* University of Hawaii Press.

Rainer Dormels(2006). 洪武正韻譯訓의 正音研究와 訓民正音 창제에 끼친 영향. 최남희·정경일·김무림·권인한 편저. <國語史와 漢字音>. 박이정. 605-646쪽.

Rainer Dormels(2008). 訓民正音과 八思巴文字 사이의 연관관계-洪武正韻譯訓 분석에 따른 고찰. 훈민정음과 파스파 문자 Workshop 조직위원회 편. <훈민정음(訓民正音)과 파스파 문자(八思巴文字) 국제 학술 Workshop

논문집>. 한국학중앙연구원. 115-136쪽.

Reischauer. E.O.J.K.Fairbank(1960). *East Asia : The Great Tradition.* Boston : Houghton Mifflin Company.

Robert C. Provine(1992). "King Sejong and Music." edited by Young-Key Kim-Renaud. *King Sejong the Great-the light of 15th century Korea.* International Circle of Korean Linguistics.

Robins(1979). *A Short History of Linguistics.* London : Longman.

Rogers. H(2005). *Writing Systems : A Linguistic Approach.* Blackwell Publishing.

ROSS KING(1997). "Experimentation with Han'gǔl in Russia and the USSR 1914-1937." Edited by YOUNG-KEY KIM-RENAUD. *THE KOREAN ALPHABET.* University of Hawaii Press.

S. Robert Ramsey(1992). "The Korea Alphabet." edited by Young-Key Kim-Renaud. *King Sejong the Great-the light of 15th century Korea.* International Circle of Korean Linguistics.

S. ROBERT RAMSEY(1997). "The Invention of the Alphabet and the History of the Korean Language." Edited by YOUNG-KEY KIM-RENAUD. *THE KOREAN ALPHABET.* University of Hawaii Press.

S. Robert Ramsey(2010). "The Korean Writing System in the World of the 21 Century. *SCRIPTA vol.2.* The Hunminjeongeum Society(훈민정음학회). pp.1-13.

Sampson. G(1985). *Writing Systems : A Linguistic Introduction.* Stanford University Press.

SANG-OAK LEE(이상억. 1997). "Graphical Ingenuity tn the Korean Writing System : With New Reference to Calligraphy." Edited by YOUNG-KEY KIM-RENAUD. *THE KOREAN ALPHABET.* University of Hawaii

Press.

Sang-woon Jeon · Tae-jin Yi(1992). "Science. Technology. and Agriculture in Fifteenth Century Korea." edited by Young-Key Kim-Renaud. *King Sejong the Great-the light of 15th century Korea.* International Circle of Korean Linguistics.

Sek Yen Kim-Cho(1977). *"Verification of the Relationships between the Graphic Shapes and Articulatory-Acoustisc Correlates in Korean Consonants of 1446 (Using Cineradiographic Technique)."* Ph. D. dissertation. State university of New York at Buffalo.

Sek Yen Kim-Cho(2001). *The Korean Alphabet of 1446 : Exposition. OPA. the Visible Speech Sounds. Annotated Translation. Future Applicability Hwun Min Ceng Um.* Humanity Books & AC Press(아세아문화사).

Sek Yen Kim-Cho(2001). *The Korean Alphabet of 1446 : Exposition. OPA. the Visible Speech Sounds. Annotated Translation. Future Applicability Hwun Min Ceng Um.* Humanity Books & AC Press(아세아문화사).

Sek Yen Kim-Cho(2001). ANNOTATED TRANSLATION OF Hwunmin Cengum(HC-例義本) and Hwunmin Cengum Haylyey(HCH-解例本). *The Korean Alphabet of 1446 : Exposition. OPA. the Visible Speech Sounds. Annotated Translation. Future Applicability Hwun Min Ceng Um.* Humanity Books & AC Press(아세아문화사). 197-254쪽 (역주 포함).

Shin sangsoon(신상순)(2008). *Hunmin jeongeum as Read in the Modern Korean Language : Hunmin Jeongum(the correct sounds for educating the people).* 국립국어원 편. <알기 쉽게 풀어 쓴 훈민정음>. 생각의 나무. 117-161쪽(강신항 현대말 번역에 대한 영문 번역).

SINHANG KANG(강신항. 1997). "The Vowel System of the Korean Alphabet and Korean Readings of Chinese Characters." Edited by YOUNG-KEY

KIM-RENAUD. *THE KOREAN ALPHABET.* University of Hawaii Press.

Sproat. R(2000). *A Computational Theory of Writing Systems.* Cambridge University Press.

Vos. F(1964). "Korean Writing : Idu and Han'gul." ed. by J. K. Yamagiwa. The Univ. Papers of CIC Far Eastern Language Institute.

Won Sik Hong·Quae Jung Kim(1992). "King Sejong's Contribution to Medicine." edited by Young-Key Kim-Renaud. *King Sejong the Great-the light of 15th century Korea.* International Circle of Korean Linguistics.

Yersu Kim(1992). "Confucianism under King Sejong." edited by Young-Key Kim-Renaud. *King Sejong the Great-the light of 15th century Korea.* International Circle of Korean Linguistics.

YOUNG-KEY KIM-RENAUD(2008). "The Vowel System and Vowel Harmony in 15th Century Korean Revisited." *Hunminjeongeum and Alphabetic Writing Systems (Proceedings of the SCRIPT 2008).* The Hunminjeongeum Society(훈민정음학회). 23-36쪽.

Young-Key Kim-Renaud(edited by)(1997). *The Korean Alphabet.* Honolulu : University of Hawai'i Press.

YOUNG-KEY KIM-RENAUD(김영기. 1997). "The Phonological Analysis Reflected in the Korean Writing System." Edited by YOUNG-KEY KIM-RENAUD. *THE KOREAN ALPHABET.* University of Hawaii Press.

[부록] 북한의 '훈민정음' 연구 목록(가나다순)*

김병제(1954). 훈민정음 성립에 관한 몇가지 문제(훈민정음창제 510주년).
    <조선과학원보> 54-3.5.

김병제(1956). 조선의 고유문자 <훈민정음>. <조선어문> 56-1. 조선과학원
    출판원.

김영황(1959). 훈민정음이 창조되기전에 조선인민은 어떤 글을 썼는가? <말
    과글> 59-1.

김영황(1965). <훈민정음>의 음운리론(1964년 10월 1일 조선언어학회 2차
    연구발표). <조선어학> 65-1. 사회과학원출판사.

김영황(1982). <훈민정음>에 대하여. 김일성종합대학출판사.

김영황(1984). 우리의 우수한 민족글자 : 훈민정음(훈민정음 창제540되을 맞
    으며). <문화어학습> 1.

김영황(1994). 훈민정음 중성자 < · >와 관련하여 제기되는 몇 가지 문제.
    <조선어문> 94-2.

김인호(1984). 훈민정음의 창제와 그 우수성. <력사과학> 1.

---

* 이 목록은 아래 저작물에서 훈민정음 관련 목록만 모아놓은 것임.
  이득춘・임형재・김철준(2001). 광복후 조선어 논저 목록 지침서. 연변대학교 동방문
  화연구원(역락) : 일부 출판사 빠진 정보 등은 원 목록에서 빠진 것임.

김인호(1987). 훈민정음은 과학적 근거에 기초하여 창제된 가장 발전된 글자.
　　　　<언어학론문집> 7. 과학백과사전출판사.

김인호1(994). 훈민정음은 독창적인 글자리론에 기초하여 만든 가장 과학적
　　　　인 글자. <조선어문> 94-1.

렴종률(1963). 우리의고유문지 <훈민정음>의 창제. <조선어학> 63-4. 과학원.

렴종률(1982). <훈민정음>에 대하여. 김일성종합대학출판사.

렴종률(1985). <훈민정음> 해례에서 설정하고 있는 8종성과 끝음절자음의
　　　　내파음화. <김대학보> 85-4.

렴종률(1987). 훈민정음의 <△>는 음운이 아니라 어음의 특수한 표기. <조
　　　　선어문> 87-1. 과학백과사전출판사.

렴종률(1988). <ㅸ>는 음운이 아니라 어음의 특수한 표기. <조선어문>
　　　　89-1. 과학백과사전종합출판사.

렴종률(1990). <훈민정음해례>에 반영된 훈민정음창제자들의 음운리론의 몇
　　　　가지 내용. <3차조선 학국제학술제>.

렴종률(1990). 우리의 민족문자창제에 구현된 훈민정음 창제들의 음운리론.
　　　　<조선어문> 90-1. 사회과학출판사.

렴종률(1992). <·>자의 음가와 그 설정의 근거(1). <김대학보> 92-10.

렴종률(1993). <·>자의 음가와 그 설정의 근거(2). <김대학보> 93-3.

렴종률(1993). <ㅸ>는 음운이 아니라 모음 <오/우>에 대치되여쓰인 문자.
　　　　<김대학보> 93-9.

렴종률(1994). (훈민정음해례)에 반영된 훈민정음창제들의 음운리론의 몇가
　　　　지 문제. <언론학문제집> 11. 과학백과사전종합출판사.

로경애(1958). 훈민정음이란 무엇인가? <말과글> 58-5.

로경애(1961). <훈민정음(해례)>에 대하여 (해례, 자료). <조선어학> 61-4.
　　　　과학원.

로경애(1961). 훈민정음에 반영된 주제적립장과 주체적태도. <말과글> 61-1.

로경애(1963). 민족문자 <훈민정음> 창제의문자적의의. <조서어학> 63-4. 과학원.

류 렬(1958). 훈민정음이란 무엇인가? <말과글> 58-5.

류 렬(1961). <훈민정음(해례)>에 대하여(해례, 자료). <조선어학원> 61-4. 과학원.

류 렬(1961). 훈민정음에 반영된 주체적립장과 주체적태도. <말과글> 61-1.

류 렬(1963). 민족문자 <훈민정음> 창제의 문자사적의의. <조선어학> 63-4. 과학원.

리상춘(1958). 훈민정음 자랑. <말과글> 58-1.

서윤범(1957). 훈민정음연구를 위한 몇가지 기본자료. <조선어문> 57-1.

원응국(1962). <훈민정음>에 대한 이음론적 고찰. <조선어학> 62-1. 과학원.

원응국(1963). <훈민정음>의 철자원칙. <조선어학> 63-4. 과학원.

전몽수(1949). 훈민정음역해(공적).

전몽수(1949). 훈민정음의 음운조직. <조선어연구> 49-1.

정용호(1959). 훈민정음이 걸어온 길. <말과글> 59-1.

최능선(1965). <훈민정음해례>에 반영된 우리 문자교수방법. <조선어학> 65-1. 사회과학원.

최완호(1959). 훈민정음창제의 력사적의의. <말과글> 59-1.

한영순(1963). <훈민정음>창제자들의 음운에 대한견해. <조선어학> 63-4. 과학원.

홍기문(1949). 훈민정음역해(공저). 록원출판사.

• 엮은이 : 김슬옹

연세대 국어국문학과 마침(1986), 연세대학교 대학원 국어국문학과 석사, 박사과정 수료. 상명대학교 대학원 국어국문학과 문학박사(훈민정음학), 동국대학교 대학원 국어교육학과 국어교육학 박사(맥락 전공).

현재 Washington Global University 한국어교육학과 교수. 세종대왕기념사업회 전문위원, 한글학회 연구위원, 세종나신곳성역화국민위원회(www.king-seongplace.com) 사무총장, 한글문화연대 운영위원, 국어운동단체연합 국어문화원 부원장으로 활동.

‣ 주요 논문 : 「세종과 소쉬르의 통합언어학적 비교 연구」 외 다수
‣ 주요 저서 : 『조선시대의 훈민정음 발달사』(역락), 『<훈민정음> 해례본 간송본 해제』(교보문고), 『세종대왕과 훈민정음학』(지식산업사) 외 다수

• 감수 : 정우영(鄭宇永)

동국대학교 국어국문학과 졸업(1976), 동국대학교 대학원 국어국문학과 졸업(문학석사・박사), 현재 동국대학교 국어국문・문예창작학부 교수(음운론/국어사 전공).

현재 훈민정음학회 부회장으로, 국어사학회 부회장과 한국어학회, 한국어문학연구학회 편집위원장을 역임.

‣ 주요 논문 : 「훈민정음 한문본의 낙장 복원에 대한 재론」(2001), 「훈민정음 언해본의 성립과 원본 재구」(2005) 외 다수
‣ 주요 저서 : 『역주 원각경언해(서) 1』(세종대왕기념사업회, 2002), 『초발심자경문언해, 100대 한글 문화유산-39』(한국어세계화재단, 2005) 외 다수

훈민정음(언문·한글) 논저·자료 문헌 목록

초판 1쇄 인쇄 2015년 9월 30일
초판 1쇄 발행 2015년 10월 6일

엮은이 김슬옹
감　수 정우영
펴낸이 이대현
편　집 오정대
디자인 이홍주

펴낸곳 도서출판 역락
등　록 1999년 4월 19일 제303-2002-000014호
주　소 서울시 서초구 동광로 46길 6-6(문창빌딩 2F)
전　화 02-3409-2058(영업부), 2060(편집부)
팩시밀리 02-3409-2059
e-mail youkrack@hanmail.net
역락블로그 http://blog.naver.com/youkrack3888

정가 20,000원
ISBN 979-11-5686-246-8 93710

이 도서의 국립중앙도서관 출판예정도서목록(CIP)은 서지정보유통지원시스템 홈페이지(http://seoji.nl.go.kr)와 국가자료공동목록시스템(http://www.nl.go.kr/kolisnet)에서 이용하실 수 있습니다.(CIP제어번호 : CIP2015026546)